U0806990

此防伪页系专门制造

※此防伪页内有多层次固定水印，透光看水印清晰，
水印凹凸立体感明显。

※此防伪页上有开天窗安全线，安全线在可见光下
改变角度可变色，线上印有“自学考试”激光字。

发现盗版　请即举报

※全国“扫黄打非”工作领导小组办公室
举报热线：010-65212870

※教育部考试中心
举报电话及传真：010-61957687
举报短信号：13911597580
举报 QQ 号：3022464619
举报网址：http://zkjc.neea.edu.cn

全国高等教育自学考试指定教材

公共政策

（含：公共政策自学考试大纲）　　课程代码　00318

（2023 年版）

全国高等教育自学考试指导委员会　组编

主编　傅广宛

中国人民大学出版社

· 北京 ·

中国人民大学出版社自考数字教材配套数字资源使用指南

由全国高等教育自学考试指导委员会组织国内相关领域知名专家，编写了最新版自考教材，并首次配套数字资源。本数字教材有以下特点：

（1）知识点微课贯穿全书，视频扫码随时学。

（2）在线自测题按章分布，边学边练效果好。

（3）支持课程互动和评论，让学习不再孤单。

（4）考试资讯和资源更新，关注公号享服务。

凡是购买正版教材的考生，可凭封面的兑换码免费兑换教材配套数字资源。

数字资源获取方法和使用说明如下：

（1）扫描并关注教材中的“人大社 e 自考”微信公众号。

（2）点击“课程中心”，下拉进入“个人中心”，找到“兑换中心”。

（3）刮开本书所附卡片涂层，获取数字资源兑换码，即可兑换教材配套数字资源。

（4）在“个人中心”—“我的课程”里找到已兑换的课程进行学习。

如兑换码有误或有其他问题，请关注“人大社 e 自考”微信公众号并留言。

组编前言

21 世纪是一个变幻莫测的世纪，也是一个催人奋进的时代。科学技术飞速发展，知识更替日新月异。希望、困惑、机遇、挑战，随时随地都有可能出现在每一个社会成员的生活之中。抓住机遇、寻求发展、迎接挑战、适应变化的制胜法宝就是学习——依靠自己学习、终身学习。

作为我国高等教育组成部分的自学考试，其职责就是在高等教育这个水平上倡导自学、鼓励自学、帮助自学、推动自学，为每一个自学者铺就成才之路。组织编写供读者学习的教材就是履行这个职责的重要环节。毫无疑问，这种教材应当适合自学，应当有利于学习者掌握和了解新知识、新信息，有利于学习者增强创新意识，培养实践能力，形成自学能力，也有利于学习者学以致用，解决实际工作中所遇到的问题。具有如此特点的书，我们虽然沿用了“教材”这个概念，但它与那种仅供教师讲、学生听，教师不讲、学生不懂，以“教”为中心的教科书相比，已经在内容安排、编写体例、行文风格等方面都大不相同了。希望读者对此有所了解，以便从一开始就树立起依靠自己学习的坚定信念，不断探索适合自己的学习方法，充分利用自己已有的知识基础和实际工作经验，最大限度地发挥自己的潜能，达到学习的目标。

欢迎读者提出意见和建议。

祝每一位读者自学成功。

全国高等教育自学考试指导委员会

2022 年 8 月

目录

公共政策自学考试大纲

公共政策

全国高等教育自学考试

公共政策
自学考试大纲

全国高等教育自学考试指导委员会　制定

大纲前言

为了适应社会主义现代化建设事业的需要，鼓励自学成才，我国在 20 世纪 80 年代初建立了高等教育自学考试制度。高等教育自学考试是个人自学、社会助学和国家考试相结合的一种高等教育形式。应考者通过规定的专业课程考试并经思想品德鉴定达到毕业要求的，可获得毕业证书；国家承认学历并按照规定享有与普通高等学校毕业生同等的有关待遇。经过 40 多年的发展，高等教育自学考试为国家培养造就了大批专门人才。

课程自学考试大纲是规范应考者学习范围、要求和考试标准的文件。它是按照专业考试计划的要求，具体指导个人自学、社会助学、国家考试及编写教材的依据。

随着经济社会的快速发展，新的法律法规不断出台，科技成果不断涌现，原大纲中有些内容过时、知识陈旧。为更新教育观念，深化教学内容方式、考试制度、质量评价制度改革，使自学考试更好地提高人才培养的质量，各专业委员会按照专业考试计划的要求，对原课程自学考试大纲组织了修订或重编。

修订后的大纲，在层次上，本科参照一般普通高校本科水平，专科参照一般普通高校专科或高职院校的水平；在内容上，及时反映学科的发展变化，增补了自然科学和社会科学近年来研究的成果，对明显陈旧的内容进行了删减，以更好地指导应考者学习使用。

全国高等教育自学考试指导委员会

2023 年 5 月

I　课程性质与课程目标

一、课程性质和特点

本课程在本专业中的地位：公共政策是一门新兴的跨学科、综合性的交叉学科。在社会公共事务管理及其他管理领域，公共政策具有很强的应用性和巨大的理论探索空间。作为第二次世界大战之后发展最快的社会科学学科，公共政策是公共权力机关改造自然和社会的基本工具，也是当代社会科学的核心学科之一。本课程在习近平新时代中国特色社会主义思想的指导下，认真研究公共政策系统及其运行过程的一般规律，分析和总结我国在公共政策实践中的丰富经验，探索不断改进公共政策系统、优化公共政策过程和提高公共政策质量的途径与方法。

设置本课程的目的、任务与作用：使自学考试应考者比较全面系统地掌握公共政策的基本理论、基本知识和基本方法，结合本土情境下的典型案例，了解公共政策的产生和发展，了解公共政策的基本概念和要素，认识公共政策系统的理论框架，认识公共政策问题构建、政策规划、政策执行、政策评估、政策监控、政策终结等政策过程诸环节，了解公共政策分析的价值观念和思维方法，认识公共政策分析的模型与路径、了解公共政策量化分析的技术。其作用在于提高自学考试应考者的公共政策分析能力，使其更好地理解和执行新时代的总政策、基本政策和各项具体政策。本课程的适用专业是交通管理、公共关系学等，适用层次为专升本。

本课程的学分是 4 学分。

二、课程目标（评价目标）

1. 了解公共政策学科的产生和发展历程及其中国化。

2. 认识公共政策的基本概念、分类、组成要素。

3. 认识公共政策系统和公共决策体制，掌握政策工具的类型与选择。

4. 掌握公共政策问题构建、政策规划、政策执行、政策评估、政策监控、政策终结等政策过程诸环节的特征、内涵与理论。

5. 掌握公共政策分析的价值观念、思维方法、分析路径，熟悉政策过程的各种分析模型。

6. 了解公共政策量化分析方法的基本内容，掌握政策数据收集的基本方法和描述性统计方法，掌握统计推断、回归分析、线性规划、成本-收益分析等公共政策分析的常用方法。

7. 提高自学考试应考者的公共政策能力，包括分析公共政策现象的能力、挖掘公共政策规律的能力、利用政策规律实现公共利益的能力等。

三、与相关课程的联系与区别

学习本课程应具备政治学和管理学的基础知识。

公共政策的源头是政治学和管理学。公共政策借鉴了政治学和管理学的理论与方法，并逐渐形成了一门以研究公共政策为核心，具有跨学科特点的独立学科体系。与政治学和管理学不同，公共政策在研究领域上，既关注理论的构建与验证，也关注实践的经验和逻辑，处于纯理论研究和纯操作性研究之间的过渡性研究领域；在研究方法上，公共政策强调质性研究与量化研究并重，侧重于实证研究；在培养特点上，公共政策致力于培养兼具理论素养和实践能力的学生。

四、课程的重点和难点

本课程的重点是：公共政策问题与议程设定、公共政策方案的规划与抉择、公共政策执行、公共政策的评估与监控、公共政策的终结。

本课程的次重点是：政策过程及其理论模型。

本课程的一般重点是：公共政策与政策工具。

本课程的难点是：公共政策量化分析方法的应用。

Ⅱ　考核目标

本大纲在考核目标中，按照识记、领会、简单应用和综合应用四个层次规定考生应达到的能力层次要求。这四个能力层次是递进关系，各能力层次的含义如下：

识记（Ⅰ）：要求考生能够识别和记忆本课程中有关公共政策的概念及公共政策原理的主要内容，如定义、特点、原则、规律、模型、原理等，并能够根据考核的不同要求，做正确的表述、选择和判断。

领会（Ⅱ）：要求考生能够领悟和理解本课程中有关公共政策的概念及原理的内涵及外延，理解相关公共政策知识的区别和联系，并能根据考核的不同要求对公共政策现象进行逻辑推理和论证，做出正确的判断、解释和说明。

简单应用（Ⅲ）：要求考生能够根据已知的公共政策现象，综合运用公共政策学的基本概念、原理和方法，对公共政策现象进行分析和论证，得出正确的结论或做出正确的判断，或者能运用本课程的知识点，简要分析和解决我国公共政策实践中存在的一些简单问题。

综合应用（Ⅳ）：要求考生能够综合运用公共政策学的基本概念、原理和方法，分析和解决我国公共决策过程中存在的一些比较复杂的理论和实际问题，进行多个政策领域的综合分析和论证，并得出解决问题的综合方案。

Ⅲ　课程内容与考核要求

第一章　公共政策学的产生和发展

一、学习目的与要求

1. 掌握公共政策的含义。
2. 了解公共政策学科在国内外发展的历程。
3. 掌握马克思主义在公共政策学科中国化进程中的作用。
4. 掌握公共政策的社会本质。

二、课程内容

第一节　公共政策的含义与学科发展

（一）公共政策的含义

（二）公共政策学科的产生

第二节　公共政策学科在中国的发展

（一）公共政策学科的系统引入

（二）公共政策学科的快速发展

（三）中国公共政策学科的发展特点

第三节　马克思主义与公共政策学中国化

（一）马克思主义提供了公共政策学科的方法论指导

（二）马克思主义提供了公共政策学科的价值引领

第四节　公共政策的分类、功能与社会本质

（一）公共政策的分类

（二）公共政策的功能

（三）公共政策的社会本质

三、考核知识点与考核要求

（一）公共政策的含义与学科发展

识记：（1）公共政策的含义。（2）古代中国的政策研究。（3）西方近现代的公共政策研究。（4）作为学科的公共政策的产生。

（二）公共政策学科在中国的发展

识记：中国公共政策学科的发展特点。

（三）马克思主义与公共政策学中国化

领会：马克思主义对公共政策学科的方法论指导与价值引领。

（四）公共政策的分类、功能与社会本质

1. 识记：（1）按照公共政策的统摄关系分类。（2）按照公共政策执行的范围分类。（3）按照公共政策内容的分布分类。（4）公共政策的功能。

2. 领会：公共政策的社会本质。

四、本章重点、难点

重点：公共政策的含义；马克思主义与公共政策学中国化；公共政策的社会本质。

难点：公共政策的社会本质。

第二章　公共政策的基本概念和要素

一、学习目的与要求

1. 了解公共政策学的学科性质和研究特点，掌握主要的公共政策分析模型。

2. 了解政策过程的内涵、划分、特征以及主要的分析框架。

3. 了解公共政策的主体、客体和环境的含义及具体构成。

二、课程内容

第一节　公共政策学的基本概念

（一）公共政策学的学科性质

（二）公共政策学的研究特点和分析模型

第二节　政策过程

（一）政策过程的形成

（二）政策过程的分析框架

第三节　公共政策的要素

（一）公共政策主体

（二）公共政策客体

（三）公共政策环境

三、考核知识点与考核要求

（一）公共政策学的基本概念

1. 领会：（1）公共政策学的学科性质。（2）公共政策学的研究特点。

2. 领会：公共政策分析模型的运用。

（二）政策过程

1. 识记：（1）政策过程的内涵。（2）政策过程的基本特点。（3）政策过程的基本形态和阶段构成。（4）政策过程的分析框架。

2. 简单应用：政策过程分析框架在实践中的运用。

（三）公共政策的要素

1. 识记：（1）公共政策主体的内涵。（2）公共政策主体的类型。（3）公共政策客体的含义。（4）目标群体的含义。（5）公共政策环境的内涵。（6）公共政策环境的具体要素及其影响。

2. 领会：（1）公共政策主体的作用。（2）公共问题到政策问题的转化过程。（3）目标群体和政策主体的相互作用。

3. 简单应用：公共政策的主体、客体和环境在实际政策制定中的影响。

四、本章重点、难点

重点：政策过程的内涵、基本形态、特点；公共政策的要素。

难点：公共政策分析模型；政策过程分析框架；公共政策的要素。

第三章　公共政策系统的理论框架

一、学习目的与要求

1. 掌握公共政策系统的含义，了解公共政策系统的构成。

2. 了解公共决策权力与公共决策体制的概念，掌握公共决策的规则，熟悉公共决策体制的类型。

3. 了解政策工具的定义，熟悉政策工具的类别，掌握影响政策工具选择的要素。

二、课程内容

第一节　公共政策系统与公共决策体制

（一）公共政策系统

（二）公共决策体制

第二节　政策工具与政策工具选择

（一）政策工具的分类

（二）政策工具的选择

三、考核知识点与考核要求

（一）公共政策系统与公共决策体制

1. 识记：（1）公共政策系统的概念。（2）政策系统的划分。（3）公共决策权力的概念。（4）公共决策体制的概念。（5）公共决策的规则。（6）公共决策体制的类型。

2. 领会：政策主体、客体与环境的相互关系。

3. 简单应用：结合实际简述公共决策的规则。

（二）政策工具与政策工具选择

1. 识记：(1) 政策工具的含义。(2) 政策工具的分类。(3) 政策工具的选择要素。

2. 领会：(1) 政策工具的不同分类法。(2) 政策工具的选择要素的影响。

3. 简单应用：分析具体政策实践中涉及的政策工具及其作用。

四、本章重点、难点

重点：公共政策系统中政策主体、客体与环境的相互关系；政策系统的划分；公共决策的规则；公共决策体制的类型；政策工具的分类和选择。

难点：政策主体、客体与环境的相互关系；政策工具的选择。

第四章　公共政策问题构建、政策规划与政策执行

一、学习目的与要求

1. 理解政策问题的概念，熟悉政策问题构建的四个阶段。

2. 理解政策规划的含义与原则，了解政策规划的程序和方法，掌握政策规划的理论模型、政策合法化的概念等。

3. 理解政策执行的含义、特点与作用，掌握影响政策执行的主要因素以及政策执行的理论模型，了解政策执行的过程、原则与手段。

二、课程内容

第一节　公共政策问题与政策议程

（一）公共政策问题构建的程序

（二）公共政策议程的建立

第二节　公共政策规划的相关理论

（一）公共政策规划的含义及原则

（二）公共政策规划的程序与方法

（三）公共政策规划的理论模型

（四）公共政策合法化

第三节　公共政策执行的相关理论

（一）公共政策执行的含义、特点与作用

（二）公共政策执行的影响因素与理论模型

（三）公共政策执行的过程、原则与手段

三、考核知识点与考核要求

（一）公共政策问题与政策议程

1. 识记：(1) 政策问题的概念。(2) 公共问题的基本内涵。(3) 政策问题构建的阶

段。(4) 政策问题的论证。(5) 政策议程的含义。(6) 政策议程的类型。(7) 公共问题进入政策议程的触发机制。(8) 政府议程的主要内容。

2. 领会：(1) 政策问题构建的四个阶段。(2) 政策议程的含义。

3. 简单应用：识别某一问题进入政策议程的具体过程。

(二) 公共政策规划的相关理论

1. 识记：(1) 政策规划的含义。(2) 政策规划的原则。(3) 公共政策规划的理论模型。

2. 领会：(1) 政策规划的程序。(2) 政策规划的方法。(3) 政策内容的合法化、决策程序的合法化和政策法律化。

3. 简单应用：(1) 描述一项实际政策规划的程序。(2) 使用政策规划的理论模型分析一项实际政策规划。

(三) 公共政策执行的相关理论

1. 识记：(1) 政策执行的含义。(2) 政策执行的特点。(3) 政策执行的原则。

2. 领会：(1) 政策执行的作用。(2) 政策执行的影响因素。(3) 政策执行的理论模型。(4) 政策执行的过程。(5) 政策执行的手段。

3. 简单应用：运用政策执行的理论模型描述具体政策的执行过程。

4. 综合应用：结合政策问题、政策规划和政策执行的有关知识，分析政策在规划和执行阶段可能产生的冲突及其解决方法。

四、本章重点、难点

重点：政策议程的建立；政策规划的原则、程序和理论模型；政策执行的影响因素、理论模型和过程。

难点：政策规划的理论模型；政策执行的理论模型。

第五章　公共政策评估、政策监控与政策终结

一、学习目的与要求

1. 掌握公共政策评估的基本概念。

2. 掌握公共政策评估的方法。

3. 掌握公共政策监控的内涵与作用，了解政策监控机制的构成。

4. 了解公共政策监控的社会系统核算方法、社会审计方法。

5. 了解公共政策终结的含义及方式。

二、课程内容

第一节　公共政策评估的理论

(一) 公共政策评估的基本概念

(二) 公共政策评估的基本作用

(三) 公共政策评估的主要类型

（四）公共政策评估的内容

第二节　公共政策评估的标准与过程

（一）公共政策评估的标准

（二）公共政策评估的过程

第三节　公共政策评估的方法

（一）定量评估方法

（二）定性评估方法

第四节　公共政策监控

（一）公共政策监控的内涵

（二）公共政策监控的类型

（三）公共政策监控的机制

第五节　公共政策监控的方法

（一）社会系统核算

（二）社会审计

第六节　公共政策的终结

（一）公共政策终结的含义和方式

（二）公共政策终结的障碍

（三）公共政策终结的策略

三、考核知识点与考核要求

（一）公共政策评估的理论

1. 识记：（1）公共政策评估的基本概念。（2）公共政策评估的基本作用。（3）公共政策评估的主要类型。

2. 领会：（1）政策效果的分类。（2）政策评估的一般内容。

（二）公共政策评估的标准与过程

1. 识记：（1）公共政策评估的标准。（2）公共政策评估的过程。

2. 领会：不同公共政策评估阶段的内容。

（三）公共政策评估的方法

1. 识记：（1）定量评估方法的类型。（2）定性评估方法的含义。

2. 领会：定性评估方法的要点。

3. 简单应用：定量评估方法在政策实践中的简单运用。

（四）公共政策监控

1. 识记：（1）公共政策监控的内涵。（2）公共政策监控机制的构成。

2. 领会：公共政策监控机制的内容。

3. 简单应用：结合有关材料，分析我国某一类型政策的监控机制。

（五）公共政策监控的方法

1. 识记：（1）社会系统核算的含义。（2）社会审计的含义。

2. 领会：社会系统核算、社会审计在政策监控中的作用。

（六）公共政策的终结
1. 领会：公共政策终结的含义和方式。
2. 简单应用：应用公共政策终结的障碍和策略的知识，举例说明政策的终结过程。

四、本章重点、难点

重点：定量评估方法在政策实践中的简单运用
难点：间断时间序列分析方法在政策评估中的运用。

第六章　政策分析的价值观念和思维方法

一、学习目的与要求

1. 掌握价值和价值分析的内涵，了解价值分析在公共政策研究中的重要作用。

2. 掌握价值冲突的内涵与特征，理解价值冲突产生的原因，掌握政策分析中价值冲突的类型。

3. 掌握政策分析中伦理选择的内容，理解政策分析中的伦理困境的表现，了解政策分析中伦理要素的重要性。

4. 掌握运用价值分析的方法对公共政策进行价值分析的实践技能，理解政策分析中价值分析的内容。

5. 掌握系统分析的内涵，理解系统分析在政策分析中的重要作用，能够在政策分析中运用系统分析的思维方法。

6. 掌握辩证唯物主义的内涵，能够运用辩证唯物主义的思维方法进行政策分析。

7. 掌握量化思维的内涵及特征，理解量化思维方法的重要作用，能够在政策分析中融入量化思维的观念。

二、课程内容

第一节　政策分析的价值观念
（一）价值在政策分析中的作用
（二）价值冲突的背景和类型
（三）政策分析中的伦理选择
（四）政策分析中的价值分析

第二节　政策分析的思维方法
（一）系统分析的思维方法
（二）辩证唯物主义的思维方法
（三）量化思维方法

三、考核知识点与考核要求

（一）政策分析的价值观念

1. 识记：(1) 价值与价值观的内涵。(2) 公共政策研究中的“价值中立”。(3) 价值冲突的内涵与特征。(4) 伦理要素在政策分析中存在的必然性。(5) 政策分析中伦理选择的内容。(6) 价值分析的评价标准类型。(7) 价值分析的方法。(8) 价值分析的内容。

2. 领会：(1) 价值分析在公共政策分析中的重要作用。(2) 价值冲突的背景。(3) 价值冲突的类型。(4) 政策分析的伦理困境。(5) 政策分析中伦理选择的特征。(6) 个人道德品质的内容选择和职业伦理的内容选择。(7) 价值分析的内容（各步骤及其联系）。

3. 简单应用：(1) 能够对一项公共政策进行价值冲突判断。(2) 从个人道德品质和职业伦理角度对具体政策的伦理内容选择进行分析。(3) 对一项公共政策进行价值分析。

4. 综合应用：结合政策过程和价值分析的有关内容，对一项公共政策进行价值分析。

（二）政策分析的思维方法

1. 识记：(1) 系统及系统分析的内涵。(2) 辩证唯物主义的内涵与本质。(3) 量化思维的内涵和特征。

2. 领会：(1) 系统分析在公共政策研究中的作用。(2) 系统分析的内容。

3. 简单运用：(1) 针对一项政策进行基于政策过程的系统分析。(2) 运用辩证唯物主义基本观点和思维方法指导政策分析。(3) 结合政策实践讨论量化思维在政策过程中的运用。

4. 综合运用：运用系统分析的有关知识，选择一项现行政策进行分析。

四、本章重点、难点

重点：价值和价值冲突的内涵、价值冲突的根源和实质、价值冲突的类型；政策分析的伦理困境的表现，政策分析的伦理选择的内容；价值分析的内容；系统和系统分析的内涵、系统分析在政策分析过程中的应用；辩证唯物主义的内涵、充分运用辩证唯物主义基本观点和思维方法指导政策分析；量化思维的内涵及其在政策分析中的运用。

难点：逻辑实证主义和行为主义政治学“价值中立”原则的基本观点及其对政策分析的影响；价值冲突的背景；政策分析中的伦理困境及伦理选择；价值分析的评价标准类型及方法；系统分析、辩证唯物主义及量化思维的具体运用。

第七章　公共政策过程的模型与分析路径

一、学习目的与要求

1. 理解政策过程模型的内涵。

2. 理解和应用“上下来去”政策过程模型、有限理性决策模型和渐进决策模型。

3. 理解和应用公共政策分析的经济分析路径、社会分析路径和历史分析路径。

二、课程内容

第一节　描述政策过程的模型

（一）政策过程模型的内涵

（二）“上下来去”政策过程模型

（三）有限理性决策模型
（四）渐进决策模型
第二节　公共政策分析的路径
（一）经济分析路径
（二）社会分析路径
（三）历史分析路径

三、考核知识点与考核要求

（一）描述政策过程的模型

1. 识记：（1）政策过程模型的内涵。（2）政策理论模型的作用。（3）基于中国经验的政策理论模型。（4）有限理性决策模型的含义。（5）渐进决策模型的含义。

2. 领会：（1）“学习-适应”分析模型的运用。（2）有限理性决策模型的运用。（3）渐进决策模型的运用。

3. 简单应用：“上下来去”政策过程模型在实践中的具体运用。

4. 综合运用：分析基于西方经验的政策过程理论模型的参考意义。

（二）公共政策分析的路径

1. 识记：（1）经济分析路径的内涵。（2）社会分析路径的内涵。（3）历史分析路径的内涵。

2. 领会：（1）经济分析路径的主要理论工具。（2）社会分析路径的社会形态分析、社会阶级与阶层分析。（3）公共政策的历史分析法。

四、本章重点、难点

重点：“上下来去”政策过程模型的应用。
难点：公共政策经济分析路径的理论工具的实际应用。

第八章　定量公共政策分析技术

一、学习目的与要求

1. 掌握概率抽样和非概率抽样的方法。
2. 掌握描述性统计分析方法。
3. 了解中心极限定理及其用途。
4. 掌握回归分析、线性规划方法的内涵及在公共政策分析中的应用。

二、课程内容

第一节　数据收集方法
（一）抽样的基本概念
（二）概率抽样的方法

（三）非概率抽样的方法

第二节　描述性统计方法

（一）集中趋势测定

（二）离散趋势测定

第三节　推断方法

（一）与推断有关的概念与定理

（二）决策树

（三）假设检验

第四节　回归分析

（一）回归分析的步骤

（二）一元线性回归分析

（三）多元线性回归分析

（四）回归输出结果

第五节　线性规划方法

（一）线性规划的概念

（二）线性规划的求解步骤

第六节　成本-收益分析

（一）成本-收益分析的任务

（二）成本-收益分析的类型

（三）净现值、收益成本比率及内部报酬率

（四）成本-效益分析

三、考核知识点与考核要求

（一）数据收集方法

1. 识记：（1）抽样的基本概念。（2）概率抽样的方法。（3）非概率抽样的方法。

2. 领会：（1）概率抽样方法的实际运用。（2）非概率抽样方法的实际运用。

3. 简单应用：简述概率抽样方法和非概率抽样方法在实际研究过程中的操作。

（二）描述性统计方法

1. 识记：（1）集中趋势测定的有关概念。（2）离散趋势测定的有关概念。

2. 领会：（1）不同的集中趋势测定指标。（2）离散趋势测定指标的作用和差异。

3. 简单应用：运用集中趋势测定、离散趋势测定的方法描述政策问题。

（三）推断方法

1. 识记：样本均值与中心极限定理。

2. 领会：（1）中心极限定理的作用。（2）决策树的意义和使用方法。（3）假设检验的基本思想、两类错误和显著性水平。

3. 简单应用：理解样本均值、决策树和假设检验在政策分析中的应用。

（四）回归分析

1. 识记：（1）回归分析的内涵。（2）一元线性回归分析的内涵。（3）多元线性回归分析的内涵及回归分析结果的理解。

2. 领会：回归分析的步骤。

3. 简单应用：理解回归分析在政策分析中的运用。

（五）线性规划方法

1. 识记：（1）线性规划的概念。（2）线性规划的求解步骤。

2. 领会：线性规划的方法。

3. 简单应用：理解线性规划在政策分析中的运用。

（六）成本-收益分析

1. 识记：（1）成本-收益分析的任务。（2）成本-收益分析的类型。（3）净现值。（4）收益成本比率。（5）内部报酬率。（6）成本-效益分析的内涵。

2. 领会：（1）成本-收益分析的运用。（2）成本-效益分析的运用。（3）成本-收益分析和成本-效益分析的差异。

四、本章重点、难点

重点：描述性统计方法。

难点：多元线性回归分析方法。

Ⅳ　关于大纲的说明与考核实施要求

一、课程自学考试大纲的目的和作用

课程自学考试大纲是根据专业自学考试计划的要求，结合自学考试的特点而确定的。其目的是对个人自学、社会助学和课程考试命题进行指导和规定。

课程自学考试大纲明确了课程学习的内容以及广度、深度，规定了课程自学考试的范围和标准。因此，它是编写自学考试教材和辅导书的依据，是社会助学组织开展自学辅导的依据，是自学者学习教材、掌握课程内容知识范围和程度的依据，也是进行自学考试命题的依据。

二、课程自学考试大纲与教材的关系

课程自学考试大纲是进行学习和考核的依据，教材是学习掌握课程知识的基本内容与范围，教材的内容是大纲所规定的课程知识和内容的扩展与发挥。课程内容在教材中可以体现一定的深度或难度，但在大纲中对考核的要求一定要适当。

大纲与教材所体现的课程内容应基本一致；大纲里面的课程内容和考核知识点，教材里一般也要有。反过来，教材里有的内容，大纲里就不一定体现。

三、关于自学教材

《公共政策》，全国高等教育自学考试指导委员会组编，傅广宛主编，中国人民大学出版社，2023 年出版。

四、关于自学要求和自学方法的指导

本大纲的课程基本要求是依据专业考试计划和专业培养目标而确定的。课程基本要求还明确了课程的基本内容，以及对基本内容掌握的程度。基本要求中的知识点构成了课程内容的主体部分。因此，课程基本内容掌握程度、课程考核知识点是高等教育自学考试考核的主要内容。

为有效地指导个人自学和社会助学，本大纲已指明了课程的重点和难点，在章节的基本要求中一般也指明了章节内容的重点和难点。

本课程共 4 学分，不包括实验内容的学分。

对于本课程的学习，广大考生可参考以下几点自学建议：

（1）阅读参考资料。除了学习本课程的内容外，应考者可以通过阅读一些有关公共政策的参考书籍，深入了解公共政策学的历史发展、主要流派、经典案例等。

（2）关注实际问题。公共政策是一门与社会现实密切相关的学科，应考者可以通过关注国内外的公共政策问题和现象，来提高对公共政策的敏感度和理解力，并尝试运用所学的知识和方法来分析和评价不同的政策方案和执行效果。

（3）进行交流讨论。应考者可以与其他有兴趣或专业背景的人士进行交流讨论，分享对公共政策的看法和心得，听取他们的意见和建议，从而拓宽视野和思路，提高表达和沟通能力。

五、应考指导

1. 如何学习？

（1）制订合理的学习计划。应考者应当根据自己的时间、精力、专业和目标，制订一个包括报考科目、学习进度、复习安排等在内的学习计划，并根据自己的实际情况，合理分配时间和精力，做到张弛有度。

（2）掌握有效的学习方法。掌握有效的学习方法有助于提高应考者的学习效率和效果。例如，先从教材序言和目录中了解教材的结构和重点，然后根据目录梳理出教材的知识框架，配合知识框架对教材进行深入阅读和理解，最后结合大纲指出的重点难点内容进行背诵记忆。此外，还需要定期完成练习题或模拟题，检验学习效果和查漏补缺。

（3）养成良好的生活习惯。良好的生活习惯有助于应考者保持健康的心态和状态，具体而言：应当保持良好的饮食习惯和合理的膳食结构；应当坚持适量的运动以强身健体；应当保证健康的作息习惯和充足的睡眠时间。

2. 如何考试？

在考试时，可以合理使用答题技巧，科学分配答题时间，具体如下：

（1）注意认真审题，仔细理解题目考查的知识点和考查方式。

（2）可采取先易后难的答题策略，从简单题目入手，遇到不会做的题目时可先跳过，将简单题目答完后再思考较难的题目。

（3）采用合适的解答方法，切忌“小题大做”，将精力和时间合理分配于不同类型和分值的题目。

（4）及时检查，在作答后迅速检查一下答案，避免错填、漏填。

3. 如何处理紧张情绪？

正确处理对失败的惧怕，要正面思考。考试是一种挑战，也是一种机会。要保持积极的心态，相信自己有能力和潜力实现自己的目标。要避免过分担心考试的结果，把注意力集中在考试的过程和内容上。

向已经参加过考试的人请教有关考试的问题。可以选择向那些与你报考的专业、学校、科目相同或相近的人进行请教，他们的经验更有针对性和参考价值。请教时可以提出一些具体的问题，比如“你是怎么复习这门课的重点和难点内容的？”“你是怎么应对这种题型的？”“你是怎么安排自己的学习时间和计划的？”，这样更容易得到清晰和有用的答案。

学习过程中产生焦虑情绪时，应适当转移注意力。当应考者感到焦虑的时候，不要让自己陷入负面的思维循环，可以将注意力转移到一些个人感兴趣或喜欢的事情上，这样可以放松心情，减轻压力。

考试前和考试时若感到紧张，可以做深呼吸放松。深呼吸是一种简单而有效的缓解焦虑的方法，它可以帮助人体调节心率、血压、肌肉紧张等焦虑引起的生理反应。

4. 如何克服心理障碍？

接受和正视心理障碍。心理障碍是应考者可能遇到的问题，它是一种正常的人类情绪反应，是可以予以克服的。

（1）找出产生心理障碍的原因并采取合适的应对措施。产生心理障碍的原因是多种多样的，可能是因为对考试缺乏了解或信心，或对考试有过高的期望，或是受到了外界影响，等等。找出原因有助于应考者有针对性地采取措施，如暂时转移注意力、列举自己的优点、调整自己的心态、向他人倾诉或寻求建议等。

（2）寻求专业人士的帮助。若应考者觉得自己无法独立地克服心理障碍，或者心理障碍已经严重影响了自己的正常学习与生活，应当及时寻求专业人士的帮助。

六、对社会助学的要求

1. 符合成人自考的规范和要求

社会助学应当遵守国家关于成人自考的法律法规和暂行条例，按照教育部制定的有关规则和课程自学考试大纲的要求，提供规范、有效、适合应考者的助学服务。

2. 满足成人自考者的需求和期望

社会助学应当充分了解应考者的学习目标、动机、特点和困难，对不同类型和层次的应考者提供多样化的助学内容和方式，激发其学习兴趣和积极性。

3. 提高成人自考者的能力和素质

社会助学应当注重培养成人自考者的基础知识、专业技能、创新思维、批判性思维等方面的能力，同时也要强化其职业道德、社会责任、公民意识等方面的素质，使其既能适应社会发展的需要，又能为社会进步做出贡献。

七、对考核内容的说明

（1）本课程要求考生学习和掌握的知识点内容都作为考核的内容。课程中各章的内容均由若干知识点组成，在自学考试中成为考核知识点。因此，课程自学考试大纲中所规定的考试内容是以考核知识点的方式给出的。由于各知识点在课程中的地位、作用不同，以及知识自身的特点不同，自学考试对各知识点分别按四个认知（或称能力）层次确定考核要求。

（2）在考试之日起 6 个月前，由全国人民代表大会和国务院颁布或修订的法律、法规都将列入相应课程的考试范围。凡大纲、教材内容与现行法律法规不符的，应以现行法律法规为准。命题时也会对我国经济建设和科技文化发展的重大方针政策的变化予以体现。

（3）按照重要性程度的不同，考核内容分为重点内容、次重点内容、一般内容。在本课程试卷中对不同考核内容要求的分数比例大致为：重点内容占 60%，次重点内容占 30%，一般内容占 10%。

八、关于考试命题的若干规定

（1）对考试的方法、考试时间的长度、本课程考试须携带的工具等作出明确、具体的规定。

（2）本大纲各章所规定的基本要求、知识点及知识点下的知识细目，都属于考核的内容。考试命题既要覆盖到各章，又要避免面面俱到，要注意突出课程的重点、章节重点，加大对重点内容的覆盖面。

（3）命题不应有超出大纲中考核知识点范围的题目，考核目标不得高于大纲中所规定的相应的最高能力层次要求。命题应着重考核应考者对基本概念、基本知识和基本理论是否了解或掌握，对基本方法是否会用或熟练。

（4）本课程在试卷中对不同能力层次要求的分数比例大致为：识记占20%，领会占30%，简单应用占30%，综合应用占20%。

（5）要合理安排试题的难易程度。试题的难度可分为：易、较易、较难和难四个等级。必须注意：试题的难易程度与能力层次有一定的联系，但二者不是等同的概念。在各个能力层次中，对于不同的考生存在着不同的难度，切勿混淆。

（6）课程考试的题型主要有：单项选择题、多项选择题、简答题、论述题、案例分析题等。

题型举例

一、单项选择题（在每小题列出的备选项中只有一项是最符合题目要求的，请将其选出）

1. 公共政策的基本特质之一就是要体现出（　　）

A. 公共性　　B. 滞后性　　C. 标志性　　D. 私利性

2.《逆境中的政策制定》的作者是（　　）

A. 邓恩　　B. 安德森　　C. 戴伊　　D. 德洛尔

二、多项选择题（在每小题列出的备选项中至少有两项是符合题目要求的，请将其选出，错选、多选或少选均无分）

1. 政策终结的常用方式是（　　）

A. 政策废止　　B. 政策替代　　C. 政策分解

D. 政策合并　　E. 政策缩减

2. 政策分析中价值冲突的一般表现类型为（　　）

A. 短期利益取向与长期利益取向的价值冲突　　B. 利益分配区域差异的价值冲突

C. 政策问题排序优选的价值冲突　　D. 政策分析师角色定位的价值冲突

E. 代际利益间的价值冲突

三、简答题

1. 简述公共政策的引导功能。

2. 简述公共政策分析中利用抽样调查方法收集数据的过程。

四、论述题

1. 试论公共政策分析中利用矛盾分析方法的路径。

2. 试论公共政策的研究特点。

五、案例分析题

截至北京时间 2020 年 3 月 16 日 18 时，新冠肺炎在中国以外地区累计确诊超过 8.6 万例，国外累计确诊病例已超过国内。彼时，境外输入病例已经成为我国新增病例的主体。

网友@棕榈树 Joan 提出建议，把国外入境的人员全部集中到武汉进行为期 14 天的隔离观察。“武汉有方舱”“为了我们大中国全盘考虑，武汉人民值得这样做”。此言一出，舆论大哗，引发了一场颇为激烈的网络争论。

网友@大榆树 Mike 认为：武汉大学的樱花已经盛开，但从未如此落寞。在这场疫情中，武汉经历了怎样的苦难，无须赘言。这场飞来横祸让多少原本幸福的家庭破碎，又砸烂了多少人的饭碗？外界能做的，是驰援武汉，别让她独自承受千钧重担；是竭尽全力医治，让武汉尽快走出阴霾。别说是 14 天，就是多增加 1 天，对有一千多万人口的大武汉来说，也是一千多万份痛苦的叠加。

网友@微山湖 Tom 也认为，武汉市民对“解封”的期待超过任何一个城市，孩子的成长需要阳光，老人的腿脚需要锻炼，年轻人需要重返工作岗位，学生们想要回到校园。这时候，一句轻飘飘的“入境病例集中到武汉”，不是什么“全国一盘棋”，而更像是在武汉的伤口上撒盐。无论是从情感还是从现实的角度看，这样的建议都太“差火”。

最终，@棕榈树 Joan 的建议没有得到主流媒体的肯定，也没有被有关部门采纳。

1. 试述政策分析中伦理选择内容的社会公平要求。

2. 试依据政策分析中伦理选择内容的社会公平要求，分析微博网友@棕榈树 Joan 的政策建议为何不能得到采纳。

参考答案

一、单项选择题

1. A　2. D

二、多项选择题

1. ABCDE

2. ABCD

三、简答题

1. 公共政策本身具有政策目标，这个目标除了规范政策制定过程和执行过程等之外，还有一系列的规范作用。根据这个政策目标，通过政策对人们的行为和事物的发展加以引导，就使得政策本身被赋予了导向性，实际上是利用公共政策给社会的发展和人们的行动确定了方向。这个过程能够减少社会的混乱度，使整个社会生活按照减少混乱度的要求，纳入政策目标上来，使之按既定政策目标有序前进。引导功能属于政策的积极功能之一。这项功能使人们认识到应该具备怎样的行为及具备这些行为的原因。引导功能的基础在于创造人们符合政策要求的动机，动机产生之后人们自然就要寻找能够满足动机的目标，如果能够使人们寻找的目标与公共政策目标保持一致，就能够成功实现公共政策的引导功能。

2. 按照一定的程序从政策研究对象的全体（总体）中抽取一部分（样本）进行调查、观察或实验，并于后续的政策研究中，运用一定的定量处理方法，对政策研究对象（总体）的数量特征进行描述和推断。简单地说，抽样就是从较大的总体中选取一组单个观测值的过程。

四、论述题

1. 矛盾普遍性和特殊性的辩证关系是辩证唯物主义的主要原理之一。该原理要求必须在普遍性原理的指导下，具体地分析矛盾的特殊性，遵循从特殊到普遍，再由普遍到特殊的认识规律，准确把握政策过程的规律及其特点。同时政策过程的展开必须走“从群众中来，到群众中去”“解剖麻雀”的路径。为此，需要通过政策制定和政策执行等一系列政策过程的试点来总结经验和寻求政策创新。首先选择条件适宜的地方进行政策试验，取得经验，对于相关政策进行补充、调整和完善，然后才能逐步推广。矛盾的特殊性是指，事物的矛盾及每一个矛盾的各个方面都有它的特点，事物的矛盾在发展的不同阶段也各有特点，矛盾普遍性和特殊性属于描述矛盾存在的特点的范畴。在政策实践中，这一原理规定了政策实践必须注意矛盾的特殊性，要善于全面分析矛盾，根据政策实践中矛盾的特殊性，灵活制定和执行政策，正确处理发展改革的全局和局部的关系，坚持一分为二的观点，坚持留有政策的回旋空间和调整余地，防止片面性。

2.（1）研究宗旨的问题导向。

公共政策的研究宗旨是改进政策工具以便更好地解决社会问题。公共政策产生于实践之中，也在实践中得以应用和不断得到发展。公共政策指导国家的各种政策实践活动，以实践为中心，旨在发现和解决社会问题，服务于实践；与此同时，政策实践又为政策研究提供经验教训和需要加以解决的问题，并在对各种公共政策理论进行检验的过程中促进其不断发展。

（2）研究方法的多学科性。

公共政策综合运用系统分析、定量分析以及质性研究等多学科的研究方法，借助各种模型和技巧处理信息，以识别和发现可能的政策选择，从而制定出符合社会价值取向且满足公众利益的政策。公共政策研究应基于多学科的复合视角，在多学科性的基础上，对知识进行杂交和差异化整合。

（3）研究认识论的事实与价值统一。

政策分析不仅关心事实，更关心价值和行动。一方面，公共政策研究对社会现象或公共政策进行系统、精确的测量和叙述，进而形成命题和假设；另一方面，公共政策基于某一种或几种理论的视角开展研究，而各种理论都有其价值前提，因此，公共政策研究免不了进行价值判断。

五、案例分析题

1. 公共政策虽然追求的是社会福利的最大化，但是公共资源具有稀缺性，需要通过公共政策来分配和协调社会各方的利益，由于技术、结构、制度等因素，分配不可能满足社会公众的所有需求，不可能做到完全平等的分配，必然有少部分人的利益受损或获得的利益较少。在政策分析时，必须考虑每个公民基本权利的保障，抛弃种族歧视、性别歧视等社会歧视，给每个公民提供平等的发展机会，给弱势群体提供底线的物质保障和相应的利益补偿，利益分配向弱势群体倾斜，保护和扶助弱势群体，体现社会公平正义。

2. @棕榈树 Joan 的建议涉及政策分析中伦理选择内容的社会公平要求。把境外入境人员都集中到武汉进行隔离观察，有可能会增加当地疫情“死灰复燃”的风险。此举将会带来伦理考量方面的问题。政策分析中伦理选择内容的社会公平要求，其精神是公共政策要体现相对的社会公平，关心帮助社会中的弱势群体。武汉人民是英雄的人民，但在“盛开的樱花从未如此落寞”的时刻，“把入境人员集中到武汉进行隔离”的建议，显然缺乏对于武汉已经承受重大灾难的伦理考量，有悖于政策分析中伦理选择内容的社会公平要求，理所当然不能得到采纳。

大纲后记

《公共政策自学考试大纲》是根据《高等教育自学考试专业基本规范（2021 年）》的要求，由全国高等教育自学考试指导委员会公共管理类专业委员会组织制定的。

全国考委公共管理类专业委员会对本大纲组织审稿，根据审稿会意见由编者做了修改，最后由公共管理类专业委员会定稿。

本大纲由中国政法大学傅广宛教授担任主编。参加审稿并提出修改意见的有中国人民大学杨宏山教授、中央财经大学崔晶教授和南京农业大学向玉琼教授。

在此，对所有付出辛勤劳动的本大纲编审人员深表感谢。

全国高等教育自学考试指导委员会

公共管理类专业委员会

2023 年 5 月

全国高等教育自学考试指定教材

公共政策

全国高等教育自学考试指导委员会　组编

编者的话

公共政策是政府的主要治理形式之一。国家治理体系和治理能力现代化对公共政策提出了新的要求，全球化、信息化等一系列发展趋势也为公共政策的学科发展带来了新的命题。新的理论和研究方法不断出现，丰富了公共政策的研究内容并推动着公共政策学科的快速发展。公共政策的学科价值日益得到表现，激发了人们学习和掌握公共政策理论知识的迫切要求。为了顺应这一社会需求，为参加高等教育自学考试的考生提供力所能及的帮助，在全国高等教育自学考试指导委员会的指导下，我们编写了这本《公共政策》教材。

本教材的特点如下：

坚持以马克思主义为指导，服务经济社会发展格局和以人民为中心的发展理念，在吸纳学科前沿知识的同时，根据自考生特点，尽可能降低教材难度。公共政策的理论必须与本国的政策实践相结合才能够充分发挥作用，为此，本教材坚持公共政策学科发展的本土化方向。

在内容安排上，本教材紧密结合公共政策学科的概念、理论和我国实践经验，注重公共政策的理论介绍，尽量体现基础性和前沿性。除了系统安排传统的教学内容之外，还根据国内实际，专章介绍公共政策的基础性量化研究方法。针对自考生的特点，本教材选用了大量公共政策案例以帮助自考生理解和掌握公共政策学科的基本原理，有助于提高自考生运用公共政策学科的理论知识解决实际政策问题的能力。

本教材在内容介绍和公共政策案例的编写过程中，参考了许多专家、学者和相关学术网络上未具名但内容符合要求的相关研究成果，在此对相关作者谨致以诚挚的谢意。

本教材由中国政法大学傅广宛担任主编。各章的编写人员为：

第一章　山东工商学院白光昭、于秀琴，中国政法大学傅广宛

第二章　武汉大学陈世香

第三章　中国政法大学傅广宛，中南大学刘媛，贵州师范学院郭建文

第四章　北京师范大学王洛忠

第五章　中国政法大学傅广宛

第六章　上海海洋大学唐仪、孔凡宏，中国政法大学傅广宛

第七章　北京林业大学林震，中国政法大学傅广宛

第八章　中国政法大学傅广宛

北京大学宁骚教授审阅了本教材部分初稿并提出了修改意见。

中国政法大学欧季维同志协助主编做了大量事务性工作，李心和欧季维两位同志对本

书第三章和第七章的编写也做出了一定贡献。马志红同志校对了部分书稿。

本教材在策划、编写和出版过程中，得到了全国高等教育自学考试指导委员会公共管理类专业委员会的大力支持和帮助，在此谨表深切谢意。

由于时间、经历和水平有限，教材中难免有不妥之处，欢迎广大读者批评指正。

主编　傅广宛

2023 年 5 月

第一章

公共政策学的产生和发展

学习目标

1. 掌握公共政策的含义。
2. 了解公共政策学科在国内外发展的历程。
3. 掌握马克思主义在公共政策学科中国化进程中的作用。
4. 掌握公共政策的社会本质。

本章提要

公共政策是政府或其他公共组织出于公共利益，为实现公共目标所做出的一种选择行为，其表现形式是规范、引导有关机构、团体和个人行动的行为准则和行动指南。同时，“公共政策”一词可以指代某项具体公共政策或政策集合，也指代专门研究“规范、引导有关机构、团体和个人行动的行为准则和行动指南”的学科。古代中国的政策研究十分发达，其影响十分深远。中国古代的史官制度、策士制度、谏议制度和科举制度在促进政策研究中起着非常重要的作用。马克思主义对于公共政策学科的中国化进程具有指导作用和引领作用，这些作用促进了公共政策学科中国化的发展。公共政策的分类标准主要有：公共政策的统摄关系、公共政策的执行范围，以及公共政策的内容分布等。公共政策的社会本质就是为着一定的目标而进行的社会资源的配置和社会价值的分配。公共政策的社会本质是公共政策本质的一种表现形式，是公共性与偏好性的矛盾体，这一本质通过社会资源配置和社会价值分配的行为表现出来。

引导案例

绿水青山就是金山银山

浙江安吉县有个因天目山余脉余岭得名的余村，在20世纪末，是安吉县有名的工业村。村民们靠开山采矿鼓了腰包，但村里的生态环境遭受破坏，常年灰尘漫天。

2005年8月15日，时任浙江省委书记的习近平到这里考察，首次提出“绿水青山就是金山银山”。寥寥数语，切中发展方式的症结，为当地发展打开了一片新天地。当地干部群众意识到旧的发展模式是不可持续的，需要转换发展方式了。几天后，习近平在《浙江日报》“之江新语”专栏发表短文，进一步阐释了这一论断的内涵：“我们追求人与自然的和谐，经济与社会的和谐，通俗地讲，就是既要绿水青山，又要金山银山。”“绿水青山与金山银山既会产生矛盾，又可辩证统一。”“在选择之中，找准方向，创造条件，让绿水青山源源不断地带来金山银山。”

以深远的目光，聚焦经济社会的长远发展，实现“绿水青山”与“金山银山”的辩证和谐、协同转变……在这一论断指引下，安吉县积极转换发展思路，出台了相应的发展政策，逐渐从以牺牲环境来换取经济增长的“靠山吃山”，转变为通过保护环境来优化经济增长的“靠山吃山”。

在新的发展政策的指引下，从2005年到2017年，安吉县财政总收入从7.81亿元增长到67.3亿元。环境恢复后吸引了无数游客，仅2017年，余村接待游客50万人次，带动农民人均增收5 000多元。15年来，安吉的蜕变，是把绿水青山蕴含的生态资源优势转化为金山银山的缩影，是“绿水青山就是金山银山”经历时代检验的实践样本。

党的十八大以来，“绿水青山就是金山银山”被赋予新的时代内涵，一套科学完整的政策体系跃然而出。“树立和践行绿水青山就是金山银山的理念”被写进党的十九大报告；“增强绿水青山就是金山银山的意识”被写入党章；生态文明被写入宪法；党的二十大报告对“推动绿色发展，促进人与自然和谐共生”做出重大部署，强调必须牢固树立和践行绿水青山就是金山银山的理念。在“绿水青山就是金山银山”理念的指引下，国家相继出台了一系列具体政策对生态文明建设进行部署，实现了顶层设计和制度安排协调发展。

“绿水青山就是金山银山”已成为重要的执政理念之一，贯穿于党和国家一系列生态文明建设的战略与政策。马克思主义认为，“人靠自然界生活”，自然不仅给人类提供了生活资料来源，而且给人类提供了生产资料来源。“绿水青山就是金山银山”的理念深刻揭示了发展与保护的辩证统一关系，实现了对马克思主义生产力理论的丰富与发展，是习近平生态文明思想的重要内容，对于国家生态文明建设和经济社会发展的各项政策具有重大的统领意义、指导意义和实践价值。

资料来源：新华社．鉴往知来——跟着总书记走进绿水青山［EB/OL］.（2020－03－31）［2023－05－08］. http://www.qstheory.cn/zdwz/2020－03/31/c_1125791213.htm，有改编.

案例思考：

1. 讨论：“绿水青山就是金山银山”体现了马克思主义的哪些理论特质？

2.“绿水青山就是金山银山”的理念通过哪些途径转化为具体政策？

本章建议学时：6 学时。

第一节　公共政策的含义与学科发展

一、公共政策的含义

公共政策的含义

“公共政策”这一概念具有多种含义，在不同场景下具有不同的用途。其较为常见的含义是指政府或其他公共组织为实现公共目标所做出的一种选择行为。诸如调节社会冲突、维护国家安全、发展生产力、向社会成员提供公共服务等。有学者甚至将其简化理解为“公共政策就是政府选择做与选择不做的事情”。[1] 除此之外，公共政策本身还具有其他含义。例如，公共政策可以指代某项公共政策或政策集合，也可以指代特定的学科。拉斯韦尔认为，公共政策是一种含有目标、价值观和策略的，经过设计的规划，这个含义就是指代某项公共政策或政策集合；威廉·詹金斯认为，公共政策是由政治行动主体在特定的情境中制定的一组相互关联的决策，包括目标选择、实现目标的手段，这些政策原则上是行动主体力所能及的。这个定义的含义也是指代“某项公共政策或政策集合”。张金马则认为，公共政策是党和政府采取的用以规范、引导有关机构、团体和个人行动的行为准则和行动指南。显然，在这个定义里，公共政策是这里的“行为准则和行动指南”的代称。但作为一种学科指代，公共政策是指对于专门研究“规范、引导有关机构、团体和个人行动的行为准则和行动指南”的这一门学科的简称。

随着社会的发展和学科的发展，公共政策的含义在逐渐丰富和完善，学界对其的理解和认识也在不断深入。将目前的各种认识归纳起来，公共政策的主要含义是：公共政策是政府或其他公共组织出于公共利益，为实现公共目标所做出的一种选择行为，其表现形式是规范、引导有关机构、团体和个人行动的行为准则和行动指南。同时，“公共政策”一词可以指代某项具体公共政策或政策集合，也指代专门研究前述“规范、引导有关机构、团体和个人行动的行为准则和行动指南”的学科，即公共政策学。公共政策学是一门为探讨公共政策运作过程所涉及的理论性、学术性及实务性等相关知识所形成的系统学科。

我们可以从如下四个方面来把握“公共政策”的主要特征：

第一，公共政策的公共性。政策可以是具有公共性的，也可以是不具有公共性的，可以是公共性强的，也可以是公共性弱的，因此，并不是任何政策都可以称为公共政策。个人的一些与公共利益无关的行动指南虽然有时也可以称为“政策”，但却不具有公共性。国家权力机关、国家权力机关的执行机关，以及一些国家政治体制下的执政党的政策，都体现了高度的公共性，因此可以称为公共政策。公共政策与个人、企业等所做出的决定不

① 托马斯·R 戴伊．理解公共政策［M］．12 版．谢明，译．北京：中国人民大学出版社，2011.

同，其以国家武装力量为后盾，公共政策的公共性与权威性相伴而生。

第二，公共政策的目标性。一定的公共政策是为了实现一定的公共目标而产生的，具有明确的实现公共利益的既定方向性。公共政策一旦失去了实现公共利益这个目标，其存在价值就会随之失去。同时，公共政策也是一个生命周期，政策目标在特定的历史时期和行政范围内起主要作用，超出了特定历史时期和行政范围，政策目标的指引效能将会大打折扣甚至是无效的。

第三，公共政策是行动过程。公共政策是政策主体为了实现特定政策目标而采取的具有过程特征的一系列能动活动，是与谋略、措施、办法、规定、规章、意见等密切相关的，经过一定政治过程的一系列政治行为。从发现公共问题开始，到形成公共政策问题，再到解决公共问题，最后是政策结束，经过了一个完整的行动过程。毛泽东同志指出：“政策是革命政党一切实际行动的出发点，并且表现于行动的过程和归宿。一个革命政党的任何行动都是实行政策。不是实行正确的政策，就是实行错误的政策；不是自觉地，就是盲目地实行某种政策。”①

第四，公共政策是行为规范。公共政策是一种规定性的分配社会资源的行为准则或行为规范，因此是社会群体或个人在参与社会活动中所必须遵循的规则或准则，是具有一般约束力的行为标准。由于公共政策是建立在分配社会资源、调整利益关系的基础之上，因此对全体社会成员具有引导、规范和约束的作用。引导和规范全体社会成员可以做什么、不可以做什么和怎样做等，规定了哪些行为应该受到鼓励、哪些行为应该被禁止。公共政策多数带有强制性，带有强制性的公共政策必须为政策对象所遵守。

二、公共政策学科的产生

公共政策
学科的产生

公共政策作为一门学科产生较晚，一直到 20 世纪 50 年代初才以独立学科的身份出现，但其孕育的过程却长达数千年。作为一门应用性很强的学科，将公共政策应用于中国的政策实践，服务于中国的现实需要，是彰显其学科存在价值的重要途径之一。为了实现这一目的，公共政策的中国化发展是必由之路。作为学科意义的公共政策，最早的源头可以上溯至中国的殷商时期，但作为一门第二次世界大战后的新兴学科却产生于国外，然后又被引入中国。此后，在结合中国的政策实践进行应用的过程中，其概念、理论、方法、模型和分析思路逐渐打上本土化的烙印，开始凸显中国特色。公共政策中国化是一个过程，影响因素很多，但从漫长的发展历史来看，其基础动力主要由历史渊源、现实需求、生产力推动等要素组成。随着政策实践的深入，作为学科的中国公共政策将继续朝着本土化的方向发展。

（一）古代中国的政策研究

公共政策是国家和政府治国理政的工具。政策与公共政策在一些条件下并不是同义词。公共政策的基本特质之一就是要体现出公共性，但政策却未必一定体现出公共性。在中国漫长的历史发展过程中，许多政策其实是属于“私政策”而非公共政策。这些“私政

① 毛泽东．毛泽东选集：第 4 卷［M］．2 版．北京：人民出版社，1991：1286.

策”主要是为了统治者的私人利益所制定，为了私人利益而执行。政策是国家产生后的产物。随着国家的产生，各种各样的政策就产生了，有了政策，也就有了关于政策的研究。我国古代关于政策的研究主要集中在史官制度、谏议制度、策士制度、科举制度等四个制度层面。

1. 史官制度

在殷商时期，对于政策的研究主要体现在史官制度的作用上。史官制度是一种官职设置制度。史官是宫廷中的一种官职。获宫廷任命撰写国家历史、集团历史或机构历史的人被称为史官。中国历代均设置史官。史官既负责整理编纂前朝史料史书，也负责搜集记录本朝史实。有关国家大典的文字记载、册命起草、法令归档管理等事项都由史官负责。中国最早的史书《尚书·周书》，就是西周史官保留下来的一部分公文，它实际上是周天子一系列重要决策的记录，其中蕴含着珍贵的政策思想。在履行史官职责的过程中，史官必然进行一定程度的政策思考，这可以看成中国最早的政策研究。

2. 谏议制度

谏议制度是指古代的一种进谏形式和制度，始于汉代。在辛亥革命以前，虽然我国的政治体制是君主制，但君主进行决策时，为了自身的利益，也常常会听取臣子的建议。臣子负有向君主反映情况、分析问题、提出对策的职责。专门负责提出谏议者被称为谏官。谏议包括奏议和封驳两种形式。奏议一般是指采取书面形式向君主提出批评性的意见。但如果上奏的谏官是统治集团议事机构成员，也可采取口头形式。封驳则是指当谏官认为敕令或其他含有君主旨意的文件不妥时，加封后退回，以示异议，甚至在君主已经做出决策的情况下，也可以要求其收回成命，但这种做法也常常会受到申斥和惩罚。从秦代开始，在中央集权的政治体制内建立起了一套由君主直接控制的监察系统，这套系统对政策制定负有谏诤之责，对政策执行具有监控功能。不管哪种谏议形式，谏官必须首先要对政策进行思考和研究，然后才能够向最高统治者进谏。这可以认为是古代中国在谏议制度层面的政策研究。

3. 策士制度

士是春秋、战国时期崛起的一个特殊的具有一定知识的人和思想者的阶层，后泛指中国古代社会的知识分子。策士是士的一个重要组成部分，原指战国时期游说诸侯的纵横之士，后泛指专为统治者出计策、献谋略的人。春秋战国时期是我国从奴隶制向封建制过渡的时期，在这一社会大变革的时代，策士的政策能力对各诸侯国的生存与发展至关重要，其以文韬武略、经国治世的才能为统治者所赏识。在长达百年的“合纵”“连横”中，策士为了所依附的政治集团利益和阶级利益奔走呼号，以政策设计和滔滔辩力为雄，凭借机谋智慧、口才辞令周旋于政治集团之间，在错综复杂的政治、军事和外交斗争中大显身手，乃至于当时形成了“得士者昌，失士者亡”的说法。策士从地位低下到受到赏识和任用，晋身之途就是向卿大夫甚至国君游说，而游说的资本则是其所拥有的政策设计、政策分析、政策预测等能力以及献策技巧。因此，策士是中国历史上较有影响的一批政策研究者。其留下的著作如《管子》《论语》《商君书》等，至今仍在治国安邦中发挥着重要的启示作用。这可以看作士和策士制度层面的政策研究。

4. 科举制度

科举制度是中国古代政治体制的政治录用机制，这个机制最重要的特征，是十分重视政策能力。为维护封建统治，大多数统治者都选择重视政策的制定与执行，由此发展为重视政治人才的征聘。在实践中，则在仕的入口处注重考核有待入仕者的施政能力。隋炀帝时“以试策取士”，唐代科举取士，贡举有明法、明策等科目；宋代在考试内容上强调“先策论后诗赋”；王安石变法的内容之一是考试项目取消诗赋，专考经义和时务策。因此，古代中国的大部分读书人以“读书做官”作为人生目标。“学而优则仕”的政治传统在我国古代先秦时期形成，科举制度则在隋唐时期形成。这些制度的共同特点是为学业优良者构建“朝为田舍郎，暮登天子堂”的跻身统治阶层的通道。这决定了古代的读书在一定意义上是为了将来做官而做准备的过程。为了金榜题名，读书人必然会关注政府运作，重视自身政策能力的养成，以至于有些古代读书人的考卷成为政策研究的杰出著作，如宋代苏轼在应考时所作的一篇策文《教战守策》甚至成为传世之作。这些可以视为科举制度层面的政策研究。

总之，古代中国的政策研究是十分发达的，其影响十分深远。中国古代的史官制度、策士制度、谏议制度和科举制度在促进政策研究中起着非常重要的作用。尽管如此，由于生产力发展滞后等原因，公共政策却没有在中国漫长的农业社会里形成一个独立的学科体系，而是产生在了其他国家，从学科发展来看，这不能不说是一个历史的曲折。

（二）西方近现代的公共政策研究

自公元前至 18 世纪，西方也开展了一些如何更好地应用政策手段去管理国家的研究实践，但成果寥寥。18 世纪时，以欧洲为代表的西方正处于剧烈变革时期，随着资本主义制度建立并快速发展，一些政策研究机构逐渐建立。如美国建立了隶属于总统的政策研究机构。19 世纪，应用社会科学作为了解和控制社会复杂性的工具在公共政策学科中得到认同，先是统计学的大量应用，后是经济学、社会学、政治学等在公共政策学科中应用价值的确立。英国古典政治经济学的大部分内容其实是经济政策研究。其内容涉及经济政策的制定原则和政策抉择等。经济学其他分支学科关于经济政策的研究也取得长足发展，其内容涉及经济领域中的政策制定、政策评估、政策工具等。这一时期，政策研究中经验的定量研究方法也得到了较快的发展。如 J. 丁伯根把计量经济学的理论和方法用于经济政策研究，成为进行公共政策量化研究的早期学者之一。经济学、政治学、社会学等学科的快速发展，为作为学科的公共政策的产生积累了成果。系统论、信息论、控制论的产生，决策科学、行为科学的形成，以及凯恩斯主义强力扩大行政领域的推动作用，都为作为一门学科的公共政策的产生积累了适宜条件。特别是进入 20 世纪，政策研究领域出现了一个明显的变化，即政策研究职业化态势逐渐清晰。美国兰德公司 1948 年正式成立，后成为著名的政策研究机构。这一态势为以后公共政策学科的建制化添加了推动力量。

到了近现代，随着工业革命的兴起，经验研究逐渐发展，政策研究和政策相关知识的产生逐步变成一种相对自主的由特殊程序所指导的活动。政策研究逐步建立在系统的经验数据的基础上。政策研究越来越多地依赖于经验获得的证据，政策建议最终也要由实际的证据来检验。这反映出经验的定量研究方法的作用日益重要。这种方法论上的变化并不仅仅是经验科学自身发展的结果，也是生产力发展到一定水平的结果，是人类社会由农业文明向工业文明过渡的必然产物。在19世纪和20世纪上半期，社会科学如经济学、社会学、政治学等已经积累的相关成果，也逐渐转化为政策研究的理论和方法。这些都为公共政策的产生奠定了基础。西方为公共政策的研究做出重大贡献的学者是卡尔·马克思、亚当·斯密、克劳塞维茨，以及马克斯·韦伯。马克思的《资本论》为世界各国无产阶级提供了思想引领和理论分析工具，尤其是辩证唯物论为政策研究提供了科学的方法论指导；亚当·斯密的《国富论》围绕当时资本主义经济的发展提出了一整套理论和经济政策，其提出的“经济人”的假设，对公共政策分析的研究方法产生重要影响；克劳塞维茨的《战争论》是军事理论研究的著名成果，其战略决策思想为政策研究中的要素划分奠定了基础；马克斯·韦伯的《新教伦理与资本主义精神》等著作中的文化解释、价值关联和价值分析对作为学科的公共政策具有显著影响，对于政策评估也具有指导意义，其官僚制模型则勾勒了政策过程的组织架构与机制，其在描述事实与价值关系问题时所主张的价值无涉观点则为公共政策研究提供了一定的价值取向的参照。

(三) 作为学科的公共政策的产生

数千年来，人类对于政策研究的探索以及政策的应用从未停止，作为学科的公共政策也经历了漫长曲折的历史孕育。古代中国丰富的政策研究成果和实践过程为公共政策学科积累了丰富的知识、启示和经验，西方中世纪的政策研究也为公共政策提供了早期的知识滋养。近现代经验研究的发展、应用社会科学的逐渐成熟、政策研究职业化的趋势等为丰富公共政策学科发展的框架提供了重要支持，而近现代社会科学对政策研究的理论探索则构成当代公共政策学科的大部分支撑性架构。第二次世界大战后，随着社会生产力的发展和行政管理实践的需要，就必然产生公共政策学科。1951年，斯坦福大学出版社出版了由拉斯韦尔等人主编的《政策科学：范围和方法的最近发展》一书。由于该著作首次对政策的对象、性质和发展方向做出规定，因此就成为现代政策科学产生的标志。在该学科的方法论上，拉斯韦尔指出，该学科的目标是追求政策的“合理性”，它必须使用数学公式和实证数据建立起可检验的经验理论；对于该学科与时空关系的研究，拉斯韦尔认为，公共政策学科是一门对于时间和空间都非常敏感的学问，因此它所选择的政策分析模型必须在时间和空间上加以明确的记录。对于这门学科与实践的关系，拉斯韦尔则认为，政策科学是一门需要学者和政府官员共同研究的学问，后者的实践经验对于政策科学的发展具有重大意义。对于公共政策学科的扩展性，拉斯韦尔认为其必须具有“发展建构”的概念。这门学科以社会的变化为研究对象，所以必须建立起动态研究模型以适应社会的发展变化。《政策科学：范围和方法的最近发展》一书出版后，在美国兴起了一场旷日持久的以研究公共政策为中心议题的“政策科学运动”。

应该看到，作为一门学科的公共政策是社会政治、经济及生产力发展到一定阶段的必然产物。西方国家的政策研究主要集中在工业革命之后。18、19世纪封建主义经济形态的衰落与新的生产力、生产关系的产生，要求国家政策进行相应的变革，从而被赋予了新的政策理念和价值取向。产业革命和科学技术的进步，为人们从经验和定量方面研究公共政策提供了新的条件和手段。从产业革命前后到第一次世界大战前，许多学者和思想家在政治学、经济学、军事学、社会学等领域做了大量的理论研究和方法论探索，中国古代的政策研究也为作为学科的公共政策研究提供了大量的经验借鉴。系统论、信息论、控制论的产生，决策科学的形成，行为科学的形成，凯恩斯主义的出台与政府政策领域的扩大等，为作为学科的公共政策的产生提供了获得加速度的基本动力。其中，系统论、信息论和控制论提供了一种新型的、科学的思维方式。这种思维方式的特点是系统性、动态性和最优化。

行为科学是运用自然科学的实验和观察的方法，研究在自然和社会环境中人的行为规律以及人与人的相互关系的学科。行为科学与行为主义政治学息息相关，从方法论上讲，行为主义政治学对公共政策学科中的量化分析方法也产生促进作用。行为主义和决策科学是这个学科的主导范式。公共政策分析与决策科学在创始阶段就形成了你中有我、我中有你的态势，这决定了公共政策学科天然的具有两大源头，即政治学和管理学。凯恩斯主义出台后，被奉为政府制定政策以扩大管制范围的依据，强化了公共政策对于经济、社会生活的正面作用。于是，公共政策领域自然得到了大大扩展。政策制定与执行中涉及的专门知识大大超出了传统的政府知识领域，这种局面使得政策分析、政策咨询、政策评估的职业化在发达国家应运而生。这也对公共政策学科的产生起到了直接的催化作用。邓恩等人认为，政策科学发展主要是当代社会问题的复杂化以及为处理这些问题而建立的政府组织扩展的结果。德洛尔则认为，现代政策科学的发展是众多因素相互作用的结果，这些因素包括思想库的成熟、人们对重大决策问题兴趣的增加、公众对科学能够解决政策难题的信赖、政策制定者日益增长的需要、经济学的示范性影响等。

第二节 公共政策学科在中国的发展

一、公共政策学科的系统引入

20 世纪 70 年代—80 年代是我国公共政策学科建设的初始阶段。公共政策学科正式形成于 20 世纪 50 年代的美国，其后至 70 年代在国外得到广泛应用和发展。1975 年，我国台湾地区的部分大学开设了“公共政策”这门课程。“由于当时的世界形势和中国的国内形势，将这门学科引入中国大陆的教育和科研体系是不可设想的。”[①] 党的十一届三中全会以后，邓小平同志指出，政治学、社会学等需要“补课”。此后，我国恢复了政治学、社会学等学科，这为公共政策的学科发展提供了有利条件。同时，决策科学化和民主化成为现代化建设的必然要求，由此公共政策学科开始被重视和引入。1983 年孟繁森在《理论探讨》杂志第七期发表文章，呼吁“建立一门研究党和国家生命的科学——政策学”。

1984 年，李铁映在《哲学研究》第四期上发表题为《决策研究》的文章，呼吁“加快决策科学化的步伐”，建议“各级领导应该学习决策科学的知识”，“各级干部学校、有关大学的某些系和专业应开设决策理论的选修课，系统地讲授各种决策知识和技术，培养造就未来的各级决策者”。1986 年 7 月，时任国务院副总理的万里在全国软科学研究工作座谈会上做了题为《决策民主和科学化是政治体制改革的一个重要课题》的报告，明确提

① 宁骚．公共政策学［M］. 3 版．北京：高等教育出版社，2018：31.

出进行“政策研究”这一重大任务。

在国家的重视和推动下，从中央到地方完善了从事政策研究的专门机构，一些干部培训工作也开始开设了公共政策课程。为了满足学科建设的需要，一批与公共政策相关的专著相继被介绍到国内，如西蒙的《管理决策新科学》(1985)、内田中夫的《预测与政策》(1985)、林德布洛姆的《政策制定过程》(1988)、克朗的《系统分析和政策科学》(1987)等。国内所介绍的公共政策的学科体系逐渐趋向系统化，作为一门学科的公共政策得以在我国逐渐建立。

二、公共政策学科的快速发展

20 世纪 90 年代是我国公共政策学科快速发展的时期。该时期的快速发展表现在如下几个方面。

（一）全国性学术机构大量建立

1991 年 8 月，中国行政管理学会在吉林省长春市召开了全国首届政策科学研讨会，会上就成立全国政策科学研究会事宜进行了讨论。1992 年 10 月在山东省曲阜市召开了全国政策科学研究会成立大会，大会决定以“联络、组织、交流、倡导”为活动方式，积极推动公共政策学的研究工作，这标志着公共政策学科已得到国家重要学术团体的认可和重视，加快了公共政策在我国学科化的前进步伐。1994 年 5 月，由中共中央政策研究室、国务院研究室、国务院发展研究中心和国家统计局等联合发起组织的中国政策科学学会在北京成立。1998 年成立全国民族政策学会。此外，一些省、自治区、直辖市也成立了综合性的政策科学研究会或部门性的政策研究会。1997 年初北京大学建立全国高校系统中第一个公共政策研究所。此后，不少大学和研究机构也纷纷跟进，建立了名称各异的政策研究机构并开展了大量的学术活动。

（二）公共政策类的课程在相关院系全面开设

20 世纪 80 年代后期，以复旦大学为首的国内一批高校率先开设了“决策科学”类课程。进入 90 年代，北京大学、中国人民大学、厦门大学率先将公共政策课程引入硕士研究生培养方案中，使得国内的相关专业研究生开始接受公共政策的系统教育。党校和行政学院系统在干部培养和培训中也将公共政策视作一门重要的核心课程。随着公共政策学科的重要性逐步得到认同，越来越多的高校也开设了相同的课程。1993—1994 年，北京大学、厦门大学分别在行政学硕士培养中设立公共政策分析研究方向，此后其他大学也纷纷跟进，公共政策分析成为行政学专业研究生教育阶段的重要研究方向之一。20 世纪 90 年代后期，全国高等教育自学考试委员会又将“公共政策”列为多个专业的必考科目。目前，“公共政策”已经被国务院学位委员会列为我国公共管理学科所属的二级学科之一。“公共政策”作为一门学科在我国高等教育这一层面得到正式确立。

（三）相关学术著作陆续出版

20 世纪 90 年代是我国公共政策学科快速发展的阶段，该阶段的学术成果具有两个重要特征：一是继续引进和翻译国外的专著，如安德森的《公共决策》(1990)、凯尔曼的《制定公共政策》(1990)、内格尔的《政策研究百科全书》(1990)、药师寺泰藏的《公共政策》(1991)、克鲁斯克的《公共政策词典》(1992)、德洛尔的《逆境中的政策制定》

(1996）等。二是本土化政策著作异军突起。国内学者出版了大量关于公共政策的著作。如，胡象明著的《地方政策分析——体制、文化与过程》（1994)、宁骚著的《民族与国家——民族关系与民族政策的国际比较》（1995)、陈庆云主编的《公共政策分析》（1996)、张国庆所著的《现代公共政策导论》（1997)、陈振明主编的《政策科学——公共政策分析导论》（1998）等。这些学术著作从理论层面支撑了公共政策学科在中国的快速构建，反映了公共政策学科本土化的趋势明显加快。

（四）公共政策学科的建制化有序发展

进入 21 世纪，公共政策学科在中国的发展步入快车道，许多院校在政治学、行政学、经济学和社会学等学科的硕士点中设立公共政策分析招生方向。北京大学和西北大学率先建立了公共政策系，开始招收公共政策分析专业的本科生。2001 年国务院学位委员会批准北京大学、清华大学、复旦大学等 24 所高校设立公共管理硕士学位（MPA)，规定“公共政策分析”为公共管理硕士学位的必修课程之一。公共政策分析的博士教育也迅速发展，许多高校在行政管理等专业中将政策分析作为主要的研究方向。2005 年，经国务院学位委员会批准，华中师范大学在国内率先开设了公共政策量化分析与评估博士招生方向。此后，北京师范大学也将公共政策量化分析与评估列为其博士招生方向。2013 年，经国务院学位委员会批准，中国政法大学在国内率先开设了公共政策量化分析博士招生专业。

这一时期，随着公共政策学科的发展，为满足研究和教学需要，相关的公共政策著作继续被引进，如帕顿的《政策分析和规划的初步方法》（2001，孙兰芝等译，宁骚校)、邓恩的《公共政策分析导论》（2002，谢明等译)、戴伊的《自上而下的政策制定》（2002，鞠方安、吴忧译)、萨巴蒂尔的《政策过程理论》（2004，彭宗超等译)、金登的《议程、备选方案与公共政策》（2004，丁煌等译）等。同时，各种结合中国的政策实际，具有本土化特色的研究成果不断涌现，如彭宗超与薛澜合著的《政策制定中的公众参与——以中国价格决策听证制度为例》（2000)、丁煌著的《政策执行阻滞机制及防治对策》（2002)、傅广宛著的《非线性视角中的公共政策执行过程》（2003)、宁国良著的《公共利益的权威性分配——公共政策过程研究》（2004)、林震著的《政策网络分析》（2005)、傅广宛和傅雨飞合著的《公民对公共政策制定过程关注度的若干影响因素研究——基于我国中部六省的量化分析》（2006)、薛澜与朱旭峰合著的《中国思想库的社会职能——以政策过程为中心的改革之路》（2009）等，这些在国内较有影响的研究极大地丰富了该时期中国公共政策研究的成果。

同时，公共政策研究的职业化发展速度也明显加快。大量从事实际政策研究的人员和公共政策专业的毕业生进入党政机关、高校、党校系统、科研院所从事政策研究。2015 年 1 月 20 日，中共中央办公厅、国务院办公厅印发了《关于加强中国特色新型智库建设的意见》，作为公共政策学科应用的重要体现，公共政策研究机构迎来了又一轮发展高潮。各类公共政策研究机构在开展政策分析、提出公共政策建议的过程中，推动了我国公共政策研究职业化态势的不断发展。

三、中国公共政策学科的发展特点

（一）马克思主义基本原理同中国具体政策实践相结合

公共政策学科的科学性首先应该体现在有正确的理论指导。中国公共政策学科的发展过程，始终坚持马克思主义，用马克思主义观察政策实践中的问题、把握政策实践中的问题、运用中国化的马克思主义世界观和方法论解决中国公共政策实践中的问题。解放思想、实事求是、与时俱进、求真务实，结合新时代社会主义现代化建设的实际问题，坚定马克思主义在公共政策学科的指导地位，坚持用马克思主义指导中国公共政策学科的发展。

（二）学科发展与中华优秀传统文化相结合

中国公共政策学科的演进发展过程，建立在中国政策发展实践的基础上。而中国公共政策的发展实践，既是坚持把马克思主义基本原理同中国具体实际相结合的过程，也是吸收中国优秀传统文化并同中华优秀传统文化相结合的过程。这一过程始终得到了国家领导人的关心、支持和推动。中国是“德治”思想传统深厚的国家，毛泽东同志在新中国成立之初曾经指出，治国就是治吏，礼义廉耻，国之四维，四维不张，国将不国。这是把政策问题构建与中华优秀传统文化相结合的典范。“以德治国”则是党所提出的重要治国方略，是把政策制定与优秀传统文化相结合的典范。“坚持以人民为中心的发展思想”创造性地吸收了“民惟邦本，本固邦宁”等民本思想的有益成分。“德才兼备、以德为先”这一用人政策的提出，与“制爵必俟有德，班禄必施有功”等选贤任能思想具有一定的相关性，是把政策执行与优秀传统文化相结合的楷模。“要像保护眼睛一样保护自然和生态环境，推动形成人与自然和谐共生新格局”的生态保护观，则汇合了“道法自然”的精髓。中国的公共政策与中华优秀传统文化相结合的实践，大大促进了中国公共政策学科发展与中华优秀传统文化相结合。中华优秀传统文化对于包括政策问题构建、政策制定以及政策执行等过程都产生了深刻的影响。

解释性案例 1－1

习近平总书记说：“殷墟我向往已久”

殷墟遗址位于河南安阳市西北郊，是我国历史上第一个有文献可考、为考古发掘所证实的商代晚期都城遗址，也是中国考古发掘时间最长、次数最多、面积最大的古代都城遗址。殷墟出土的甲骨文，为我们保存了3000年前的文字，是迄今为止中国发现的年代最早的成熟文字系统，是汉字的源头和中华优秀传统文化的根脉。党的二十大后，习近平总书记首次离京考察调研就来到了安阳。在河南安阳殷墟博物馆，习近平总书记仔细观摩青铜器、玉器、甲骨文等出土文物，并感慨地说：“殷墟我向往已久。”

早在2019年，习近平总书记就致信祝贺甲骨文发现和研究120周年，向长期致力于传承弘扬甲骨文等优秀传统文化的专家学者们表示热烈的祝贺，并致以诚挚的问候。在贺信中，习近平总书记寄语广大研究人员坚定文化自信，发扬老一辈学人的家国情怀和优良学风，深入研究甲骨文的历史思想和文化价值，促进文明交流互鉴，为推动中华文明发展和人类社会进步做出新的更大的贡献。

在殷墟遗址考察时，习近平总书记谈起此行的目的："这次来是想更深入地学习理解中华文明，古为今用，为更好建设中华民族现代文明提供借鉴。"

"要通过文物发掘、研究保护工作，更好地传承优秀传统文化。"

"中华优秀传统文化是我们党创新理论的'根'，我们推进马克思主义中国化时代化的根本途径是'两个结合'。"

"中华文明源远流长，从未中断，塑造了我们伟大的民族，这个民族还会伟大下去的。"

习近平总书记在考察时说的这些话，是透过中华文明五千多年漫长发展史的深刻洞见，更是在实现中华民族伟大复兴新征程上不断夺取新胜利的豪迈宣言，也是指导中国公共政策实践与中华优秀传统文化相结合、走中国公共政策学科本土化发展之路的根本遵循。

资料来源：金佳绪．习近平总书记说："殷墟我向往已久"[EB/OL].（2022-10-30）[2023-05-30]. http://www.news.cn/politics/xxjxs/2022-10/30/c_1129087710.htm. 有改编．

（三）学科发展与中国的政策实践相结合

公共政策学科能否获得其应有的学科地位，还取决于它能否服务于本国的经济社会发展，能否与本国的具体政策实践相结合。作为一门后发展学科，中国的公共政策学科一直都在为构建有中国特色的政策科学理论体系努力。在此基础上，公共政策学科从实际国情出发，充分吸收和借鉴其他学科的各种优秀的理论成果，为解决中国的现实问题做出了巨大的贡献。在党和政府的长期探索中，我国逐渐形成了一套具有自身特色及实践优势的公共政策制定模式和执行模式，形成了自己的政策过程模型。政策过程在政策主体与政策客体的关系上体现"从群众中来，到群众中去"的过程。在政策制定上，坚持实事求是，一切从实际出发，服务于中国实践，解决中国经济社会发展中的现实问题。在政策执行上，坚持执行方案科学民主、执行主体协同高效、执行对象合作参与，坚持从集中到民主，从一般到个别，坚持调查—试验—推广的行之有效的办法。在制度逻辑上，坚持中国特色社会主义制度是政策执行优势产生的根本基石，坚持党领导的决策体制是政策执行优势得以发挥的基本保证。这些政策实践为公共政策学科发展提供了实践基础和理论基础，公共政策学科发展是在与中国政策实践相结合的过程中不断吸收发展动力的过程，因此学科发展与中国的政策实践相结合的过程，也是充分推动中国特色公共政策学科发展的过程。

第三节　马克思主义与公共政策学中国化

马克思主义与公共政策学中国化

马克思主义对于公共政策学科的中国化进程具有指导作用和引领作用，这些作用促进了马克思主义公共政策学科中国化的发展。

一、马克思主义提供了公共政策学科的方法论指导

公共政策学科在中国的发展，离不开对马克思主义的立场、观点和方法的运用。马克思主义方法论中的一些基本方法，既是马克思主义的重要

组成部分，同时也是马克思主义理论体系的灵魂和精髓。这些基本方法在中国公共政策学科体系的发展中起着重要的引领作用和指导作用。

实事求是的方法。实事求是贯穿于马克思主义理论体系的始终，是马克思主义理论体系的精髓。作为马克思主义哲学方法论体系中的主线，实事求是方法为中国公共政策学科的方法论提供了理论基础。在分析政策时应该秉持的基本原则就是实事求是。构建政策问题、制定公共政策、执行公共政策等各个政策过程的展开都应如此。为了在政策实践中做到实事求是，必须做到具体问题具体分析。具体问题具体分析是马克思主义的一条原则，集中体现了唯物辩证法的理论品格，是马克思主义活的灵魂。具体问题具体分析为政策实践带来的启发是：政策实践应在矛盾普遍性原理的指导下，具体分析矛盾的特殊性，并找出解决矛盾的正确方法。在公共政策问题构建、政策制定和政策执行等过程中，要根据所面临实际问题的不同情况采取不同的政策措施。具体问题具体分析这一马克思主义活的灵魂，有助于克服公共政策制定和执行中的一刀切、一概而论等现象。

矛盾分析的方法。矛盾分析方法集中体现了辩证唯物主义的精神实质与核心，在我国公共政策实践中得到了广泛应用。毛泽东同志所写的《矛盾论》，就是将矛盾分析运用于中国革命的典范。在长期的政策实践过程中，矛盾分析始终是我国政策分析的主要方法之一。毛泽东同志所写的《论十大关系》是一篇马克思主义的经典文献，提出了正确处理文章中所述矛盾的方针和政策。矛盾分析的经典观点是：世界充满矛盾，没有矛盾就没有世界，认识世界就是认识矛盾、解决矛盾。邓小平同志指出："实现四个现代化是一场深刻的伟大的革命。在这场伟大的革命中，我们是在不断地解决新的矛盾中前进的。"① 邓小平及全党深入分析了我国社会主义的主要矛盾，深刻指出：在社会主义初级阶段，我国国内的主要矛盾是人民日益增长的物质文化需要同落后的社会生产之间的矛盾。这一主要矛盾决定了这一阶段必须集中力量发展生产力。把握好这一主要矛盾是制定社会发展战略和策略的主要依据。全党根据这一判断做出了全面改革的重大决策，制定了一系列基本政策和具体政策。

社会的主要矛盾不是一成不变的。在不同社会形态的条件下，或者相同社会形态的不同历史阶段，社会主要矛盾往往会有不同的表现。在党的十九大上，习近平总书记宣布中国特色社会主义进入了新时代，这标志着国家历史开始了一个新阶段，即从"新时期中国特色社会主义"进入了"新时代中国特色社会主义"。从"新时期"大步迈入"新时代"，这是中国特色社会主义事业的一个巨大历史跃升。进入新时代后，我们党根据政策环境的不断变化，顺应民心，及时从各种社会关系的不断调整之中深入认识、适时提出和正确处理社会不同时期的主要矛盾问题。习近平总书记在党的十九大报告中明确指出："中国特色社会主义进入新时代，我国社会主要矛盾已经转化为人民日益增长的美好生活需要和不平衡不充分的发展之间的矛盾。"这是党凭借高度的历史自觉和敏锐的前瞻而做出的具有科学性的论断，这一论断得到了全体人民的高度认同，为我国经济社会发展过程的各类政策实践奠定了理论基石。

在矛盾分析中，矛盾普遍性和特殊性的辩证关系是辩证唯物主义的主要原理之一。该

① 邓小平．邓小平文选：第2卷［M］．2版．北京：人民出版社，1994：152-153.

原理要求政策过程必须在普遍性原理的指导下，具体地分析矛盾的特殊性，遵循从特殊到普遍，再由普遍到特殊的认识规律，准确把握政策过程的规律及特点。同时政策过程的展开必须走“从群众中来，到群众中去”“解剖麻雀”的路径。为此，需要通过政策制定和政策执行等一系列政策过程的试点来总结经验和寻求政策创新。首先选择条件适宜的地方进行政策试验，取得经验、对于相关政策进行补充、调整和完善，然后才能逐步推广。矛盾的特殊性是指事物的矛盾及每一个矛盾的各个方面都有它的特点，事物的矛盾在发展的不同阶段也各有特点，矛盾普遍性和特殊性是描述矛盾存在的特点的范畴。在政策实践中，这一原理规定了政策实践必须注意矛盾的特殊性，要善于全面分析矛盾，根据政策实践中矛盾的特殊性，灵活制定和执行政策，正确处理发展改革的全局和局部的关系，坚持一分为二的观点，坚持留有政策的回旋空间和调整余地，防止片面性。

主要矛盾与次要矛盾的辩证关系，要求在构建公共政策问题、制定和执行政策时，首先要善于抓住重点、抓住关键，集中主要力量去寻找主要矛盾、解决主要矛盾，同时又要妥善地处理次要矛盾，使之与处理主要矛盾统筹兼顾。中国特色社会主义进入新时代，我国社会主要矛盾已经转化为人民日益增长的美好生活需要和不平衡不充分的发展之间的矛盾。这个主要矛盾贯穿社会生活的各个方面。因此，推动高质量发展是解决我国社会主要矛盾的必然要求。坚持以经济建设为中心，仍然是兴国之要；坚持发展不停步，仍是解决我国所有问题的关键。

这就决定了在政策的指导思想上，必须根据社会主要矛盾的转变，把政策目标从解决“有没有”转变到解决“好不好”上来，即为了满足人民日益增长的美好生活需要，应推动经济社会发展从高速度增长向高质量增长转变。政策的重心在于调整各类生产关系，科学合理地配置各种生产要素，以解决“不平衡”“不充分”的问题。不断增强人民群众的获得感、幸福感、安全感，始终贯彻以人民为中心的发展思想，不断促进人的全面发展，稳步推动全体人民共同富裕，使其成为各类政策的出发点。同时，还要根据推动高质量发展的必然要求，引导、培育、维护人民对于美好生活的需要。对于一些次要矛盾，例如铺张浪费、不顾生产力的发展阶段、违背社会公德的生活需要等，也要予以坚决抵制。

二、马克思主义提供了公共政策学科的价值引领

价值取向是公共政策对社会利益关系调整的基本指向或倾向，也是政策过程对各种资源配置的行动指南。公共政策学科所研究的主要问题，就是公共权力机关如何对于全社会的资源进行权威性分配。公共政策对社会利益关系的调整必须坚持一定的价值取向，作为研究公共政策的学科，自然也需要保持与公共政策相统一的价值取向。公共政策的价值取向直接影响公共政策学科的内容、特征和基本框架。因此，中国特色社会主义进入新时代，公共政策学科更需要以马克思主义为价值引领，这是公共政策学科发展的必然要求。

公平是社会存在和发展的必要条件，是维护社会秩序和稳定的基本保证，数千年来被人类视为永恒的价值追求之一。公平具有历史性，基于对资本主义社会不公平的现实批判，以及对为资本主义不公平的现实进行辩护的理论的批判，马克思主义公平观得以构建。马克思、恩格斯在《共产党宣言》《哥达纲领批判》等一系列经典著作中，系统阐述

了社会公平的一般特征，形成了马克思主义的公平观。《共产党宣言》指出，无产阶级的主要奋斗目标就是建立一个公平公正的社会。显然，这一要求为社会主义国家的公共政策目标赋予了明确的规定性意义，任何公共政策目标，都不能偏离无产阶级的主要奋斗目标。人类发展的历史实践证明，最具科学性的公平观就是马克思主义的公平观。人类有过形形色色的公平观，包括中国古代公平正义的理念和思想，包括西方古代柏拉图和亚里士多德的公平正义观等，但无论是内涵还是本质，都不可能与马克思主义公平观相提并论。马克思主义公平观是在批判地继承前人公平思想的基础上逐步发展起来的，是以辩证唯物主义和历史唯物主义为基础建立起来的，因此对于新时代的公共政策学科发展具有鲜明的价值引领作用，能够在公共政策目标的确立、公共政策过程的展开、公共政策行为的评价等一系列政策环节中成为各种社会资源配置的行动指南。

除了作为社会良性运行的基本条件之外，公平也是人类社会追求的最高目标。公平是由生产方式所决定的经济关系，而不是由分配方式决定的法权观念。实现公平正义需要大力发展社会生产力，建立以生产资料公有制为基础的社会制度。马克思主义认为，平等应当不仅是表面的，不仅在国家的领域中实行，它还应当是实际的，还应当在社会的、经济的领域中实行。这就为在公共政策领域全面体现公平思想提供了重要遵循。习近平同志深刻指出："实现社会公平正义是由多种因素决定的，最主要的还是经济社会发展水平。"①这个观点是对马克思主义公平观的发展。习近平同志强调："不论处在什么发展水平上，制度都是社会公平正义的重要保证。"② 这个观点揭示了制度与公平正义的关系，是我们党重视公平正义制度的具体体现。进入新时代，无论是规范市场竞争，还是维护公平正义，都需要一套更加完善的制度，而制度创新则是公共政策创新的重要形式之一。通过公共政策创新，能够在更高经济发展水平上维护社会公平正义。这种政策创新，必须全面遵循马克思主义公平观的价值引领。公共政策的公共性、权威性及合法性等都建立在公平理念的基础上，没有公平理念的支持，公共政策的公共性、权威性及合法性也将不复存在。因此，我国公共政策的各项功能发挥是以马克思主义公平观的引领作用为前提的。

解释性案例 1－2

让每个孩子享有受教育的机会

2019 年 4 月，习近平总书记在重庆考察的第一站，就是位于大山深处的石柱土家族自治县中益乡小学。习近平总书记 2013 年 12 月 23 日在中央农村工作会议上的讲话指出："再穷不能穷教育，再穷不能穷孩子，保证贫困家庭孩子受到教育，不要让孩子输在起跑线上。"

如今，中益乡小学有了可喜的新变化。"娃娃们用上了崭新的塑胶操场，住上了能洗热水澡的宿舍，还实现了网络教学环境全覆盖。"该校校长说，"我们的孩子越来越自信，越来越阳光。"

① 中共中央文献研究室．习近平关于社会主义社会建设论述摘编［M］．北京：中央文献出版社，2017：28.

② 同①29.

“两不愁三保障”，其中重要的一条就是义务教育有保障，而控辍保学则是实现目标的重要任务。党的十八大以来，各地多措并举加大劝返复学力度，制定“一生一案”工作方案精准施策，同时对劝返复学学生进行分类安置，合理安排教学内容，帮助他们尽快适应校园生活。

2021 年，全国九年义务教育巩固率达到 95.4%，比 2012 年提高了 3.6 个百分点，义务教育普及程度超过世界高收入国家平均水平。义务教育阶段建档立卡脱贫家庭辍学学生自 2020 年年底保持动态清零，历史性解决了长期存在的辍学问题，全面实现了义务教育有保障。

努力让每个孩子享有受教育的机会，这是庄严的承诺，也是奋进的方向。

——随迁子女入学不再难。各地积极贯彻落实随迁子女入学相关政策，以流入地政府管理为主、以公办学校为主安排随迁子女就学；进一步健全以居住证为主要依据的入学办法，简化证明材料，降低入学门槛；全面实行免试就近入学和“公民同招”，严禁收取借读费、赞助费，发现一起查处一起。2021 年，全国义务教育阶段随迁子女在公办学校就读和享受政府购买民办学校学位服务的占比达到 90.9%。

——家门口就有普惠幼儿园。党的十八大以来，“幼有所育”取得显著成效，各地以县为单位制订普惠性幼儿园布局规划，大力发展公办园，积极扶持民办园，提供普惠性服务。同时落实政府投入为主、家庭合理分担、其他多渠道筹措经费的学前教育投入机制。2021 年，全国学前三年毛入园率达 88.1%，普惠性幼儿园覆盖率达到 87.8%，公办园在园幼儿占比达 51.9%。

——残疾孩子受教育机会大幅增加。按照精准核查、科学评估、分类安置的原则，各地就近就便优先安排适龄残疾儿童就读，对重度残疾、无法到校就读的残疾儿童提供送教上门服务。2021 年，适龄残疾儿童义务教育入学率达 95%以上，在此基础上，全面向学前、高中以上阶段两端延伸，确保各类适龄残疾儿童“应入尽入”。

资料来源：丁雅诵．推进教育公平　共享优质教育［M］．人民日报，2022－05－05（6）．

马克思主义的公平观是我国公共政策公平正义价值取向的根本理论依据。党的十八大以来，我国的公共政策全面具体地体现了马克思主义公平正义的价值观，把追求社会公平正义提到了新的高度。对内的政策如精准扶贫等；涉外政策包括共同建设“一带一路”等。共同建设“一带一路”，旨在高举和平发展的旗帜，积极发展与沿线国家的经济合作伙伴关系，共同打造政治互信、经济融合、文化包容的利益共同体、命运共同体和责任共同体。这些政策实践体现着我国公共政策公平正义的价值取向，体现着马克思主义公平观的价值引领。习近平总书记强调：“我们要随时随刻倾听人民呼声、回应人民期待，保证人民平等参与、平等发展权利，维护社会公平正义，在学有所教、老有所得、病有所医、老有所养、住有所居上持续取得新进展，不断实现好、维护好、发展好最广大人民的根本利益，使发展成果更多更公平惠及全体人民，在经济社会不断发展的基础上，朝着共同富裕方向稳步前进。”① 显然，马克思主义的公平正义目标是融入我国政策理念并外化为各

① 中共中央文献研究室．习近平关于社会主义社会建设论述摘编［M］．北京：中央文献出版社，2017：25－26.

种形式的公共政策的不懈追求。在马克思主义的公平正义目标的引领下，如何构建以权利公平、机会公平、规则公平为主要内容的政策体系，成为我国公共政策学科的重要研究领域之一。

马克思主义人本思想为公共政策学科提供了人民利益至上的价值取向，奠定了公共政策学科中贯彻以人民为中心思想的价值基础。马克思主义人本思想的核心是注重实现人的自由全面发展。《共产党宣言》指出："每个人的自由发展是一切人的自由发展的条件。"① 人民不仅是国家的主人，也是创造世界历史的动力。以人为本，就是要把人民的利益作为一切工作的出发点和落脚点，不断满足人民的多方面需求和促进人的全面发展；促进城乡协调发展，区域协调发展、经济社会协调发展、坚持人与自然和谐发展，处理好经济建设、人口增长与资源利用、生态环境保护的关系。以习近平同志为核心的党中央提出以人民为中心的发展思想，坚持一切为了人民、一切依靠人民，始终把人民放在心中最高位置、把人民对美好生活的向往作为奋斗目标，推动整个社会走上生产发展、生活富裕、生态良好的文明发展道路。中国共产党人的初心和使命，就是为中国人民谋幸福，为中华民族谋复兴。这个初心和使命是激励中国共产党人不断前进的根本动力。因此，以人民为中心，促进人的全面发展，是我国公共政策的最根本的价值取向。所有政策过程必须首先考虑人民的需要，以让人民满意成为一切政策的价值取向，坚持把人民拥护不拥护、赞成不赞成、高兴不高兴、答应不答应作为衡量政策是否具有可行性的标准，作为制定各项方针政策的出发点和落脚点。

第四节　公共政策的分类、功能与社会本质

一、公共政策的分类

公共政策的分类是通过比较公共政策之间的相似性，把具有某些共同点或相似特征的公共政策归属于一个不确定集合的逻辑方法。分类的目的在于能够使大量纷繁复杂的公共政策系统化和条理化，以便更容易发现和掌握公共政策发展的普遍规律。一般来说，公共政策的分类标准主要有：公共政策的统摄关系、公共政策的执行范围、公共政策内容的分布等。

公共政策的分类

（一）按照公共政策的统摄关系分类

按照公共政策的统摄关系可以将公共政策划分为元政策、基本政策和具体政策。元政策、基本政策、具体政策之间则存在着衍生关系和统摄关系。

1. 元政策

元政策是用以指导和规范政府政策行为的一套理论理念和方法的总称。其统摄关系表现其在政策体系中居于管总的地位，所以又称为总政策、总路线或总方针。元政策对于其他各项政策起着指导作用和规范作用，对于其他政策的统摄能力最强，其他各类政策均服

① 马克思，恩格斯．马克思恩格斯文集：第2卷［M］．北京：人民出版社，2009：53.

从于元政策。元政策是整个政策系统中牵一发而动全身的政策，其任何变动都会引发其他政策在价值取向、政策目标、政策执行方式等方面的变动。在元政策与其他政策的关系处理上，毛泽东同志指出："我党规定了中国革命的总路线和总政策，又规定了各项具体的工作路线和各项具体的政策。但是，许多同志往往记住了我党的具体的各别的工作路线和政策，忘记了我党的总路线和总政策。而如果真正忘记了我党的总路线和总政策，我们就将是一个盲目的不完全的不清醒的革命者，在我们执行具体工作路线和具体政策的时候，就会迷失方向，就会左右摇摆，就会贻误我们的工作。"① 这就告诫全党，在处理元政策与其他政策的关系时，要始终把握元政策的统摄地位和其他政策的从属地位。"一个中心、两个基本点""四个全面""五位一体"等就属于为解决不同时期国家所面临的突出公共政策问题而制定的元政策。

2. 基本政策

基本政策是针对某一社会领域或社会生活某个基本方面制定的、在该领域或方面起全局性与战略性作用的政策，又被称作基本国策。基本政策是由总政策衍生出来的，是联结元政策与具体政策的中间环节，是总政策在某一领域的具体化；同时它又对该领域的具体政策起统摄作用。政策制定者的价值观和政治信仰能够通过基本政策得到反映。例如，在经济发展和生态环境保护方面制定的"坚持以提高发展质量和效益为中心""绿水青山就是金山银山""加快实施创新驱动发展战略"，在国际关系方面制定的"打造人类命运共同体""一带一路"发展战略等，就属于基本政策。

3. 具体政策

具体政策是由基本政策衍生而来的，又称为部门政策。具体政策在整个政策体系中处于从属地位，既从属于元政策，也从属于基本政策。具体政策是基本政策的具体化方案，是为了贯彻基本政策而制定的可操作性特点突出的政策。在形式上一般表现为明确的具体行动准则或者具体行为规范。例如，国家制定的"全面二孩政策""九年义务教育政策"等。

（二）按照公共政策执行的范围分类

按照政策执行的范围，公共政策可划分为中央政策和地方政策。在我国，中央政策是党中央或广义的中央政府所制定的政策；地方政策则是地方党的领导机关或广义的地方政府所制定的政策。两类政策的实施范围不同，一类在全国实施，一类在地方行政区域内实施。在单一制国家，两类政策存在服从与被服从的关系。服务于局部的地方政策必须服从服务于全局的中央政策。

（三）按照公共政策内容的分布分类

公共政策是为解决一定的社会公共问题而制定的。政策内容所针对的社会公共问题分布的领域，也是所制定的政策内容分布的领域。按照政策内容的分布，公共政策可划分为政治政策、经济政策、科技政策、教育政策、卫生政策、文化政策、交通运输政策等。虽然政策内容是针对这些领域的，但实施后的政策效力未必会局限在这些领域，往往会超出

① 毛泽东．毛泽东选集：第4卷［M］．2版．北京：人民出版社，1991：1316.

这些领域。例如，早年我国在人口领域所实行的计划生育政策，实施后的政策效力远远超出了人口领域，甚至超出了经济领域和政治领域。因此这种分类方法只是根据政策内容所针对的社会公共问题分布的领域所进行的一种理想化的分类。在这种分类结果下，其政策效力作用于政策对象的广度与深度、时间与空间等需要具体问题具体分析。

二、公共政策的功能

公共政策的功能

公共政策的功能是指公共政策所发挥的有利作用或效能。公共政策的功能表现在多方面，其基本功能有四种。

（一）管制功能

管制是通过制定公共政策和设计相应的机制，以控制某些不良现象蔓延或者阻止某些不良现象的出现。例如价格管制、销售管制等。实现政策目标，既可以通过倡导或鼓励来达成，也可以通过阻止政策对象不做什么来达成，后者就属于管制。公共政策具有管制功能，这种功能往往是通过明晰的、以公共政策的规定为表现形式而展现出来。政策管制功能分为积极性管制功能和消极性管制功能。政策的积极性管制功能是指政策条文的规定所产生的政策效力导致政策对象不能、不愿、不敢超出规范。政策的消极性管制功能是指，政策条文规定当政策对象发生违反条文规定的行为时，需要受到相应的惩罚。法律是一种特殊的公共政策，刑法等用于法院审理案件的法律，一般都具有消极性管制功能。管制功能的实质是政府以强制手段，对政策对象做出限制其某些行为能力的一种强制性措施。

（二）引导功能

公共政策本身具有政策目标，这个目标除了规范政策制定过程和执行过程等之外，还有一系列的规范作用。根据这个政策目标，通过政策对人们的行为和事物的发展加以引导，就使得政策本身被赋予了导向性，这实际上是利用公共政策给社会的发展和人们的行动确定方向。这个过程能够减少社会的混乱度，使整个社会生活按照减少混乱度的要求，纳入政策目标上来，使社会生活按既定政策目标有序前进。引导功能属于政策的积极功能之一。这项功能使人们认识到应该具备怎样的行为及具备这些行为的原因。引导功能的基础在于创造人们符合政策要求的动机，动机产生之后人们自然就要寻找能够满足动机的目标，如果能够使人们寻找的目标与公共政策目标保持一致，就能够成功实现公共政策的引导功能。

解释性案例 1－3

引导合理消费　为消费者减负——化妆品消费税新政策释放积极信号

经国务院批准，我国自 2016 年 10 月 1 日起调整化妆品消费税政策，其中对普通美容、修饰类化妆品免征消费税，高档化妆品消费税税率由 30%下调为 15%。

权威人士指出，此次调整化妆品消费税政策，迈出我国消费税改革的重要一步，一方面旨在发挥消费税调节收入分配、引导合理消费的积极作用，另一方面对普通化妆品免征消费税并降低高档化妆品税率，有助于减轻消费者负担。

有关专家认为，此次调整化妆品消费税政策，是继2006年我国取消日化产业的“护肤护发品”税目后又一针对化妆品领域的大动作，也是消费税改革向前推进的重要一步，体现了消费税面向高污染、高消费和高耗能产品征收消费税的政策引导意图。

目前，我国消费税主要针对烟、酒、化妆品、贵重首饰及珠宝玉石、鞭炮、焰火、成品油、汽车轮胎、摩托车、小汽车、高尔夫球及球具、高档手表、游艇、木制一次性筷子、实木地板等征税，2015年初增加对电池、涂料征收消费税。进一步调整消费税征收范围、环节、税率，把高耗能、高污染产品及部分高档消费品纳入征收范围，是消费税的改革方向。

此次调整的最大看点是取消对普通美容、修饰类化妆品征收消费税，将“化妆品”税目名称更改为“高档化妆品”，征收范围包括高档美容、修饰类化妆品、高档护肤类化妆品和成套化妆品，同时下调税率。

“化妆品”税目调整为“高档化妆品”，体现了消费税引导合理消费的既定原则。此次调整让普通化妆品成了日常消费品，有助于降低居民消费税负，释放鼓励消费的积极信号。

有关专家认为，近些年随着百姓生活水平的提高，洗发水、口红、指甲油等很多化妆品成为日常消费品，消费税政策也在不断调整，如2006年就取消了对护肤护发品征收消费税。此次明确对普通化妆品免征消费税，对高档化妆品降税，体现了国家公共政策的引导功能，进一步减轻了消费者的负担。

资料来源：韩洁，申铖．引导合理消费　为消费者减负——化妆品消费税新政策释放积极信号［EB/OL］．(2016-09-30)［2023-05-25］．https://www.gov.cn/xinwen/2016-09/30/content_5114348.htm.

（三）调控功能

公共政策的调控功能是指公共政策所具有的对各种利益群体的矛盾进行调节与控制的作用。就全社会而言，各种不同的利益群体之间不可避免地会出现这样那样的利益矛盾和冲突，运用政策的调控功能，能够有效地对这些矛盾和冲突进行调节和控制，以实现社会的平稳运行。在某种意义上说，公共权力机关的治理手段之一就是制定和执行公共政策。所以公共政策是公共权力机关实现善治的主要途径。要做到善治，就需要对包括利益关系在内的各种社会关系加以调节和控制，使其维持在一定水平的良性状态。在所有这种调控手段之中，公共政策的调控功能是其他管理社会手段所难以具备的。政策的调控功能有直接和间接两种形式。利用行政手段和指令性计划，不通过市场机制来进行的调控就是直接调控，利用经济手段通过市场机制来实现的调控就是间接调控。

（四）分配功能

公共政策就是对于全社会的资源进行权威性分配，所以对社会公共利益进行分配是公共政策功能的题中应有之义。尤其是公共政策所具有的价值或利益分配功能，更是公共政策最常见的作用之一。在分配偏好方面，“通常情况下公共政策倾向于把价值或利益分配给与政府主观偏好一致或基本一致者、最能代表社会生产力发展方向者，以及普遍获益的社会多数”①。社会是否保持稳定，与公共政策是否发挥良好的分配功能息息相关。所以公共政策的分配功能对社会的良性运行和稳定发展有着非常直接的影响。

---

① 宁骚．公共政策学［M］．3版．北京：高等教育出版社，2018：134.

三、公共政策的社会本质

公共政策的社会本质就是为了一定的目标而进行的社会资源的配置和社会价值的分配。公共政策的社会本质是公共政策本质的一种表现形式，是公共性与偏好性的矛盾体，这一本质存在于公共权力机关为实现政策目标而进行社会资源配置和社会价值分配的行为中。公共政策是公共权力机关为解决公共问题、实现公共利益、达成公共目标而制定的，这就是公共政策的公共性。公共性是公共政策具有的一种特质，偏好性则是指公共政策需要体现出阶级的意志和利益，维护本阶级的政治、经济利益，体现出公共权力机关的价值观。所以，不同历史阶段的不同统治阶级，其所制定的政策在社会本质上有明显区别。

公共政策的社会本质

在整体上看，公共政策目标是三类目标的集合体，即公共利益目标、阶级目标和政府自利性目标。如果公共政策并非公共利益至上，就往往不能代表大多数人的利益，包括履行社会经济职能、管理社会事务的职能、保持相对稳定的政治局面等。这样，国家往往根据统治阶级的需要组织社会经济活动，发展科技文化事业，管理某些社会公共事务，从而使国家履行管理社会事务方面的职能。这种职能必然通过国家政策体现出来。在阶级社会中，如果公共政策没有阶级性，公共政策缺乏偏好性，也会迷失方向。政府的自利性目标是一个客观存在，政府自身的存在、维持和发展都需要具有一定的自利性目标，因此公共政策目标也会包含一些政府的自利性目标。

所谓社会资源的配置，指的是政策主体为实现政策目标而进行的人力、物力、财力等资源的配置。这种社会资源配置是多方面的，包括确定政策方案过程中的社会资源配置，包括之后进入政策执行阶段的社会资源配置，还包括政策评估阶段的社会资源配置。政策主体制定什么样的政策、确定什么样的政策目标，既取决于其主观认识，也取决于能够配置的资源的种类和多寡。高铁建造成本每千米超过一亿元，所以在改革开放之前，尽管国家也需要高铁，但做出建造高铁的决定是非常困难的，因为当时无论是技术资源还是财政资源都是非常有限的。只有在改革开放之后，在国家富起来和强起来的今天，国家才会做出建造高铁的决定并付诸实施。

政策收益在不同的利益群体间的分配行为称为社会价值的分配。公共政策中的社会价值，一般指的是生产资料、生活资料、权力、财富、荣誉、地位等。社会价值分配是由政策制定者在生产关系、社会关系以及政治体系中的地位所决定的，因此社会价值的分配在不同的社会群体间往往表现出非均衡的状态。拉斯韦尔指出，权势人物是在可以取得的价值中获取最多的那些人。可望获取的价值可以分为尊重、收入、安全等类，取得价值最多的人是精英；其余的人是群众。同时，拉斯韦尔还根据一些社会群体的特点，阐述了公共政策在不同的社会群体间进行价值分配的过程。

本章内容小结

公共政策是政府或其他公共组织出于公共利益，为实现公共目标所做出的一种选择行为，其表现形式是规范、引导有关机构、团体和个人行动的行为准则和行动指南。同时，“公共政策”一词有两种理解，一方面可以理解为其指代某项具体公共政策或政策集合，另一方面可以理解为其指代专门研究“规范、引导有关机构、团体和个人行动的行为准则和行动指南”的学科。具体的含义必须在一定的语境下才能确定。

马克思主义对于公共政策学科的中国化进程具有指导作用和引领作用。马克思主义方法论中的一些基本方法，如实事求是的思想、矛盾分析的方法等，既是马克思主义的重要组成部分，同时也是马克思主义理论体系的灵魂和精髓。这些基本方法在中国公共政策学科体系的发展中起着重要的引领作用和指导作用。公共政策对社会利益关系的调整必须坚持一定的价值取向，作为研究公共政策的学科，自然也需要保持与公共政策相统一的价值取向。公共政策的价值取向直接影响公共政策学科的内容、特征和基本框架。中国特色社会主义进入新时代，公共政策学科更需要以马克思主义为价值引领，这是公共政策学科发展的必然要求。

古代中国的政策研究十分发达，其影响十分深远。中国古代的史官制度、策士制度、谏议制度和科举制度在促进政策研究中起着非常重要的作用。史官制度可以看成中国最早的政策研究。始于汉代的谏议制度是古代的一种进谏形式和制度，谏官在谏议过程中必然进行一定的政策研究。策士是中国历史上较有影响的一批政策研究者，其留下的一些著作至今仍在治国安邦中发挥着重要的启示作用。科举制度是中国古代政治体制的政治录用机制，这个机制最重要的特征之一，是十分重视政策能力，重视政治人才的征聘。

公共政策的分类标准主要有：公共政策的统摄关系、公共政策的执行范围、公共政策内容分布等。最常用的分类是把公共政策分为元政策、基本政策和具体政策。公共政策的社会本质就是为了一定的目标而进行的社会资源的配置和社会价值的分配。公共政策的社会本质是公共政策本质的一种表现形式，是公共性与偏好性的矛盾体，这一本质通过社会资源配置和社会价值分配的行为表现出来。

思考与练习

1. 简述公共政策的含义。
2. 试述马克思主义对公共政策学科的指导作用和引领作用。
3. 简述西方近现代公共政策的研究情况。
4. 简述公共政策分类中的统摄关系。
5. 简述公共政策的社会本质。

在线自测

第二章

公共政策的基本概念和要素

学习目标

1. 了解公共政策学的学科性质和研究特点，掌握主要的公共政策分析模型。

2. 了解政策过程的内涵、划分、特征以及主要的分析框架。

3. 了解公共政策的主体、客体和政策环境的含义及具体构成。

本章提要

本章首先明确了公共政策学的学科性质和研究特点，介绍了较为常用的公共政策分析模型，具体包括完全理性模型、团体理论模型、精英理论模型、系统决策模型及博弈论。然后，从政策过程含义、特点及形态划分入手对政策过程进行了较为详细的阐述，并介绍了制度性的理性选择理论、间断-平衡分析框架、倡导联盟框架、政策传播框架等政策过程分析框架。最后，对公共政策要素进行了描述，重点介绍了政策主体、政策客体与政策环境三类要素。

引导案例

“怒江十三级水坝”被叫停

怒江发源于西藏唐古拉山，流经西藏、云南，进入缅甸后被称为萨尔温江，最后汇入印度洋。这条河流在中国境内干流全长两千零一十八千米，水力资源理论蕴藏量为 3 640 万千瓦。

1999 年，政府相关部门启动怒江水力开发规划，包括在怒江建造十三级梯级水力发电厂，预计装机容量 2 100 多万千瓦，超过三峡工程装机容量 300 多万千瓦。

怒江州是中国经济欠发达地区之一，州政府对开发计划非常热心。但是批评者认为，修建怒江水电厂会给环境带来更多问题。在包括民间环保组织的声音在内的生态环保舆论的压力下，怒江水电厂一直没有开工。

国家有关部门于 2003 年通过《怒江中下游流域水电规划报告》，提出以西藏的松塔和马吉为龙头水库，丙中洛、路马登、福贡、丽江、雅地罗、五水、六库、石头寨、塞格、岩桑树和光坡等组成“两库十三级”开发方案，预计装机容量逾 2 100 万千瓦。

由于经济效益巨大，在中央尚未批准立项时，中国华能集团就与云南省合资成立“华电怒江水电开发公司”，开始前期准备工作。

但是这项规划遭到学术界强烈质疑。2003 年 9 月，当时的国家环境保护总局在北京召开研讨会，30 多名生态、农林、地质领域的专家反对这项工程。

2004 年 3 月，全国人大、政协“两会”期间，有政协委员和人大代表就怒江开发案提出建议，希望停止建设。

2004 年，备受争议的“怒江十三级水坝工程”被国家叫停，时任国务院总理温家宝指示对工程“慎重研究，科学决策”，并退回发改委上报的开发规划。

资料来源：易成晨．工程或将叫停　盘点怒江大坝十多年来“上”与“下”之争［EB/OL］.（2016-04-14）［2023-06-24］. https://news.cri.cn/20160413/2d443d53-fa0a-1bfd-52fa-9e02c763e9a0.html.

案例思考：

1. 案例中涉及了哪些政策主体？
2. 试分析该案例中政策制定过程的系统特征。

本章建议学时：6 学时。

第一节　公共政策学的基本概念

一、公共政策学的学科性质

（一）公共政策学是一门“准科学”

公共政策学受科学传统的滋养，强调运用科学方法，强调研究发现要具有逻辑一致性和可检验性。正如张金马所说：“它崇尚理性又不拒绝非理性思考，它强调定量分析又要与定性分析相结合，它注重经验的历史积累又要使用一切现代化手段。”但是，公共政策学的分析方法并不都是科学的，它可能是符合价值要求的，但不一定都是可以重复和检验的。因此，公共政策学也可以被称为一门“准科学”。

（二）公共政策学是一个跨学科的知识领域

公共政策学是建立在政治学、经济学、社会学、管理学、数据分析、哲学、法学等学科的基础上的新兴学科。从总体上看，公共政策学是一个跨学科的知识领域。多学科性、综合性是公共政策学的一个基本特征。杰克·普拉诺认为，公共政策学是“注重科学的方法和观点来研究公共政策的制定以及解决公共问题的跨学科性学科”。政策学家 R. M. 克朗也指出，越来越多的具有必要的学术素养和实践经验的学者、科学家、政策顾问都感到要有明显具备跨学科特点的政策科学。由于公共政策学研究问题的复杂性和研究领域的多样性，公共政策学研究的知识和方法就不能局限于公共政策学科。公共政策学既要有社会科学和人文科学的知识，还要有自然科学知识，甚至工程科学方面的知识。同时，随着现代政策研究的发展，公共政策学还要不断发展与丰富其研究手段，运用多学科提供的研究工具及方法来研究公共政策。

（三）公共政策学是一门应用性学科

公共政策学具有很强的实践性和应用性。首先，公共政策学是一个以“解决问题”为取向的知识领域，是一门面向公共问题的学科。其次，公共政策学是一个关注行动的知识领域。从公共政策的产生来看，其源于实践的需要。从公共政策学的学科定位来看，其为解决公共问题而确立。公共政策学是一个重视行动的知识领域，以解决重要公共问题为目标和发展动力。

（四）公共政策学是一门规范性学科

公共政策学不仅是一门描述性学科，更是一门规范性学科。因为它关心事实，探索公共政策的固有规律，回答公共政策“是什么”或“怎么样”的问题。它重视价值取向和价值评价，尝试引导和评价“如何做”，创造或使用新的公共政策价值来替换或批判现有的公共政策价值，或针对现状推荐应该采取的行动。

二、公共政策学的研究特点和分析模型

（一）公共政策学的研究特点

1. 研究宗旨的问题导向而非知识导向

公共政策学是为了改进政策系统，提高政策质量的需要而产生的。早期的公共政策研究者发现，既有应用社会科学研究并没有对政策系统改进和政策质量提高产生应有的积极影响。公共政策学要研究政策实践，并通过提供政策相关知识为政策实践服务。因此，公共政策学不是一种纯粹的理论科学或基础研究，而是高度面向实践的学科。公共政策学在实践中得以应用和不断发展。

2. 研究方法的多学科性

公共政策学综合运用系统分析、定量分析以及质性研究等多学科的研究方法，借助各种模型和技巧处理信息，以识别和发现可能的政策选择，从而制定出符合社会价值取向且

满足公共利益需要的政策。早在20世纪50年代初，拉斯韦尔就明确将“多学科性”视为政策科学发展的一个方向，主张政策科学的研究范围应当突破关于政治机构的局限，吸收诸如社会学、经济学、法学以及政治学等领域的研究成果。纵观公共政策的发展史，其研究方法的多学科性特质越来越得以彰显。

3. 研究认识论的事实与价值统一

政策分析不仅关心事实，更关心价值和行动。一方面，公共政策学研究对政策现象和公共政策进行尽可能系统、精确的测量和叙述，进而形成命题和假设。另一方面，公共政策学基于某一种或几种理论的视角开展研究，而各种理论都有其价值前提，因此，公共政策学研究免不了进行价值判断，主要涉及三个方面的内容：一是价值，它是对一个问题是否已被解决的主要检验标准；二是事实，它的出现可以限制或加强价值的获得；三是行动，它的采纳可以导致价值的获得。

（二）公共政策的分析模型

1. 完全理性模型

公共政策的分析模型

完全理性模型是由经济理论中的“经济人”假设衍生出来的。该模型认为，政策以“社会收益最大化”为目标，即政府应当选择给社会带来收益最大化的政策。首先，支出大于收益的政策不能实施。其次，政策选择中，所选择的政策必须收益大于支出，而且差值必须最大化。作为一个被假定为受理性指导的决策体系，决策者应该做到：洞悉社会上所有价值偏好以及各自分量；知道所有可行的政策选择；知道每项政策选择所产生的社会后果与成本收益比值；能够确定并能够选择一个最优的替代方案。

完全理性模型是一种高度理想化的模型，虽然在理论上具有可能性，但其所要求的条件在现实中几乎不可能完全具备。完全理性模型的限制条件面临着诸多障碍：第一，人们之间在利益上无法达成一致，且往往互相冲突；第二，这些冲突的价值之间不能互相比较和衡量；第三，既有的大规模投资所形成的沉淀成本，使得决策者不愿进行重新决策；第四，无论何种科学的预测能力与技术分析手段，都还不能帮助决策者完全理解与准确计算每一个政策选项的成本收益比；第五，备选方案后果的不确定性促使决策者尽可能坚持已有政策，以减少意外结果；第六，大型官僚结构中决策过程的分割性特征使决策协调难以实现，不同专家意见很难在决策中综合考虑；第七，更为重要的是，理性模式与现代决策民主化要求直接冲突。

2. 团体理论模型

团体理论的概念最初由A. F. 本特利在其1908年发表的《政府的过程：社会压力研究》一书中被用于政治研究。大卫·杜鲁门在《政府过程》一书中总结了以A. F. 本特利等人对团体理论的研究成果，使团体理论更加系统化，进一步促进了团体理论模型的形成。厄尔·莱瑟姆在《政治的集团基础》一书中分析了政府在政策制定中的作用，推动了团体模型的形成。

团体理论模型的基本假设是：社会中，个体因为共同的态度或利益而以正式或非正式的方式集合形成团体，并围绕利益、权力、价值等同其他团体进行竞争。团体理论以利益为划分团体的依据，认为社会上有多少种不同的利益诉求就会形成多少个利益团体。公共政策是各种利益团体间相互竞争和妥协并最终实现在利益、权力和价值上达成平衡的结果。由于不同利益团体对同一政策方案的诉求并不一致，公共政策制定和变动的过程中涉及各种利益团体间的博弈，只有达成平衡，才能保证政策的稳定。

团体理论认为，政治生活的核心是团体之间的互动，个人为团体利益行动时，才能参与和影响社会的政治生活。大卫·杜鲁门认为，利益团体是社会中具有共同态度、向其他团体提出特定要求的团体，如果这一团体通过向政府机构提出一定的主张和要求，那么该团体就变成了政治性团体，这时就出现了公共政策。利益团体连接个人和政府，为个人和政府间达成利益共识搭建桥梁。不同团体持有不同利益诉求，因而利益团体间常为影响公共政策而进行互动竞争，这构成了政治生活的一个重要特征。公共政策是竞争群体随着时间的推移而达成的平衡，并且经由公共政策的形式实现合法化。政治体系主要通过制定竞争规则、平衡各方利益、制定公共政策、推动政策实施等途径调节各个相关利益团体之间的冲突，以维护公共利益的根本一致性。

在团体理论模型中，相互竞争的利益团体通过协调、妥协、讨价还价等方式来影响公共政策制定，达成均衡结果，实现团体所追求的目标。利益团体对政府的影响力，来自成员人数多少、组织力量强弱、内部凝聚力、领导者能力高低、团体与政府关系的远近等，决定了公共政策的价值取向偏向哪一方。毫无疑问，公共政策往往有利于影响力更大的利益团体，而影响力相对较小的利益团体只能做出妥协并承受损失。当团体互动和竞争处于平衡状态时，公共政策是相对稳定的；当平衡状态被打破时，公共政策就会发生变化，从而产生新的政策和新的平衡。在这个过程中，政府充当的是仲裁者角色，不断向利益团体的施压做出反应。公共政策在政治系统中发挥着杠杆作用，并不断调整以使各种利益达到平衡。利益团体的影响力也处在动态变化中，相应地，公共政策会随着利益团体影响力的消长而变动，因为公共政策始终反映的是占支配地位的团体利益。

团体理论模型以利益团体的竞争为基本假设，利益团体与政府的互动成为理解公共政策过程的关键概念，从而为人们了解复杂政治活动的动态过程提供了一种思路和方法，也为公共政策分析提供了一种价值判断标准。

团体理论模型如图 2-1 所示。

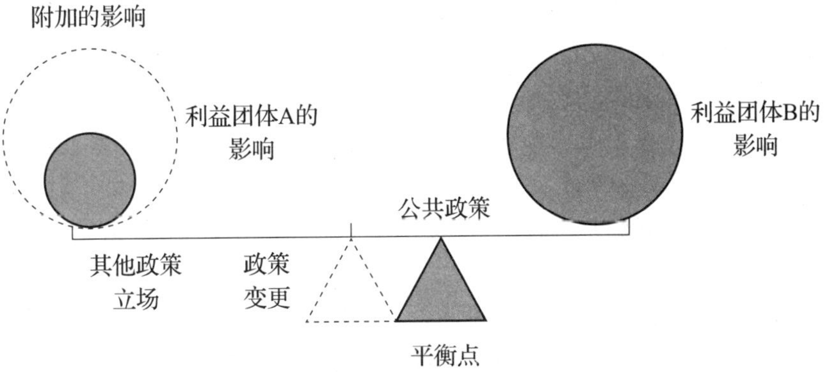

图 2-1　团体理论模型

3. 精英理论模型

精英理论模型的核心观点是，政策决策由少数精英操纵，公共政策体现的是政治精英的利益、价值和偏好，而非公众的要求。精英理论认为，社会分化为掌握权力的精英和无权的大多数，政策制定的主动权与决定权掌握在拥有权力的少数人手中，而无权的大多数只能被动接受，他们对公共政策不会产生决定性作用。

首先，培养精英需要大量社会资源和较长时间，这要求社会保持长期稳定。因此，精英通常会保持公共政策的相对稳定性。对于必要的政策调整，也往往会采取边际调整的渐进方式，而非激烈的社会变革，以降低社会制度成本和混乱的发生概率。其次，在长期的培养过程中，精英逐渐接受了统一的精英阶层观念，对社会基本价值观和社会制度有着基本一致的认知。在国家和社会的根本问题上，精英通常有着一致认识，以维持社会的正常运转。最后，由于信息的不对称性，精英能够获得丰富的信息资源，往往能对公众产生极大的影响，而公众对精英及精英决策行为的影响则是微不足道的。因此，公共政策看似由公众参与制定，其实反映的主要是精英的价值观与利益偏好。

精英理论并没有将精英置于公众的对立面，而是强调精英在公共政策制定中的主导地位。其内在逻辑在于，认为公众是消极的、麻木的、消息不灵通的，而精英更愿意、也更有能力承担公共责任。不仅如此，在决策过程中，理性的精英通常会考虑民众的意愿，虽然有些时候只是精英自认为的“民意”。

尽管精英理论遭到多方的批评和质疑，但它在解释发展中国家的政治系统方面有着一定的意义，为政策分析提供了一条思路。

精英模型如图 2-2 所示。

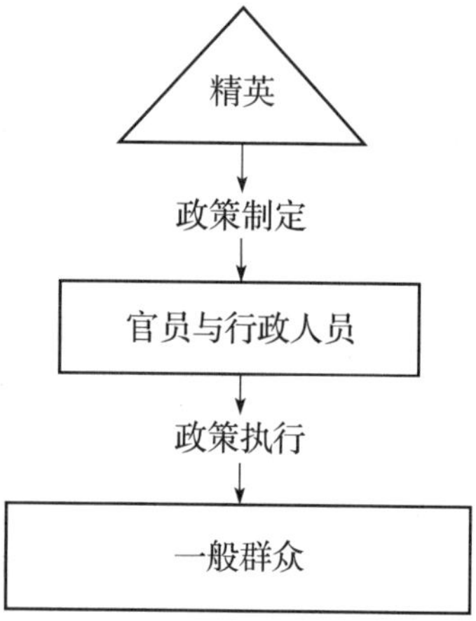

图 2-2 精英模型

4. 系统决策模型

系统决策模型由戴维·伊斯顿在其《政治生活的系统分析》一文中提出。系统决策模型强调政治系统与环境的相互作用，以政治系统为主体，认为环境向政治系统输入的需求和支持经由政治系统转化，再输出决策或公共政策方案。政治系统的内部运行环节被视为一个“黑箱”，因而系统决策模型不注重揭示其政治系统内部的组织结构和行为过程，而侧重于阐释环境与政治系统之间的相互作用。

政治系统的运行主要包括输入、转换、输出、反馈等环节。其中，“输入”主要包含“需求”和“支持”两个重要组成部分，“需求”是个体和团体为适应环境而对政府提出要求以对公共政策作出修改或补充，“支持”则是个体和团体在特定环境下对政府的正向响应行动表示赞同。政治系统的“输入”经过“黑箱”运作后做出对社会具有约束力的价值分配，也就是公共政策。而“输出”是政治系统对社会的作用，各种输出的公共政策经由政治系统才得以宣布与执行，包括“决策与行动”“权威性价值分配”“公共政策方案”等内容。“反馈”就是环境对于政治系统各种输出的认知与评价，意味着政治系统所产生的各项公共政策输出将进一步影响环境，即“输出”回应“输入”。政治系统与环境间存在互动机制，系统受环境影响，也将对环境作出反应。

系统决策模型强调政治系统对于环境应该具有较强的适应性，其广泛应用于教育、福利、税收、财政等政策领域。但是，系统决策模型不能很好地揭示公共政策制定的具体过程，这使得它在政策实践中的应用非常有限。

系统决策模型如图 2－3 所示。

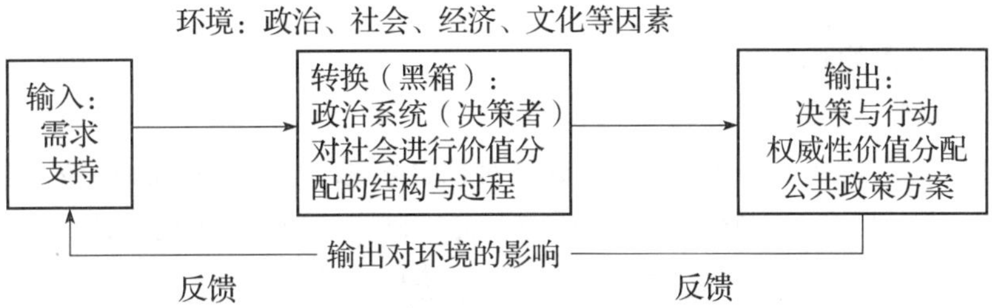

图 2－3　系统决策模型

5. 博弈论

博弈是两个或两个以上的理性参与者，面对特定环境条件，在特定规则下，同时或先后，一次或多次，从各自允许选择的行为或策略中进行选择并加以实施，各自取得相应结果的过程。博弈论主要研究公式化了的激励结构之间的相互作用，是研究具有斗争或竞争性质现象的数学理论和方法。这种理论考虑游戏中的个体的预测行为和实际行为，并研究个体的策略优化。这种理论还认为，表面上不同的相互作用可能表现出相似的激励结构，因为它们是同一个游戏的特例。

博弈论的理性假定是，在竞争性环境中，理性人通常无法自行作出一个“最优”的选择，“最优”产出不仅取决于理性人的选择，还取决于其他人的选择，相应地，最终收益值必然取决于多方选择的互动。博弈论能够解释在竞争环境中，在考虑对手选择的基础上，理性的个体会如何作出决策。

博弈模型最初是博弈论运用于公共政策执行而形成的理论模型。目前博弈模型可以当作一种较好的政策分析工具，既能够用于分析政策制定，也能够用于分析政策执行等。它能很好地解释如何在竞争情境下进行政策选择。在博弈模型视角下，政策就是经过博弈形成的社会契约。在这个契约下参与博弈的各方，可以在知道其他博弈者的行动方案的条件下确定自己的行动方案。政策制定应该追求纳什均衡，其意思是指，政策制定应追求这样的策略组合：在其他当事人策略不变时，任何一位当事人在此策略组合下单方面改变自己的策略，都不会提高自身的收益。

第二节　政策过程

一、政策过程的形成

（一）政策过程的概念内涵

政策过程是政策所经历的孕育、产生、壮大和衰亡的过程，即从问题认定到政策终结的整个运行过程。拉斯韦尔指出，政策过程本身是一个适合的研究对象，这主要是因为有提高决策理性程度的需要。政策取向正处在发展过程之中，面临着超越现有专业化分工的需要。这一取向有两个方面的任务：一是需要运用社会和心理学研究方法来构建起一个有关政策形成与执行的科学；二是需要跨越社会科学和心理学的边界，提供对政策制定者有用的信息和有关政策实践解释的具体内容。前者指向政策过程，后者则涉及有关政策实践的智力需求。

（二）政策过程的基本特点

政策过程具有以下基本特点：

（1）政策过程是围绕公共部门权力机关对社会资源的配置和社会价值的分配展开的。公共部门将公共问题纳入政策议程，根据公众需求制定解决公共问题的政策方案，并将政策方案付诸实施，维护公共利益。整个政策过程体现了其公共性。

（2）政策过程的动力机制来自政策行为者之间以及政策系统与政策环境之间的互动。政策过程中有许多政策行为者，其互动形成一个交互纵横的政策网络体系。这种互动加之环境因素的影响，造成政策过程的动态性。

（3）实际政策过程中的环节缺失是常态。完整的政策过程链只存在于逻辑构想之中，现实的政策过程往往会缺少环节。

（三）政策过程的基本形态与阶段构成

政策过程的基本形态与阶段构成

1. 政策过程的基本形态

根据一些公共政策学者的研究，实际的政策过程有以下四种常见的形态：

（1）直线型。斯塔林在《政策制定的策略》一书中将政策过程的每一阶段按照先后顺序予以排列，形成一个序列的直线型政策过程，具体如图 2-4 所示。

图 2-4 直线型政策过程

（2）循环型。梅伊与韦尔达维斯基在 1978 年出版的《政策循环》一书中认为，政策过程是由问题界定、方案设计、方案评估、方案选择、政策执行、政策评估这六个阶段组成的循环往复、周而复始的过程，具体如图 2-5 所示。

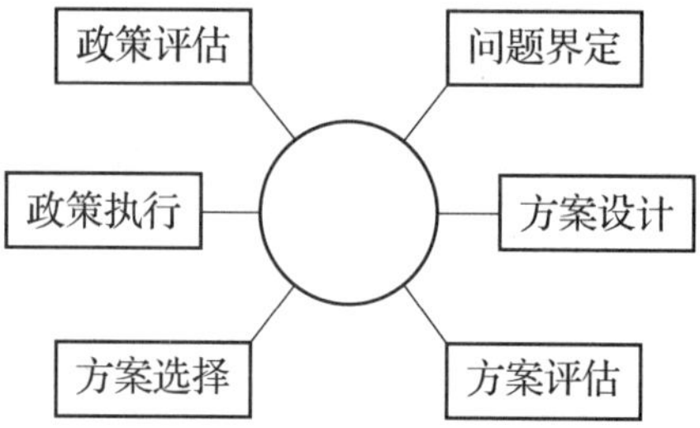

图 2-5 循环型政策过程

（3）金字塔型。在金字塔型的政策过程中，制定公共决策的权力掌握在由极少数人组成的立法机关手中，执行权掌握在由人数较为众多但与社会大众相比仍是少数的政府官员组成的行政机关手中，这两部分人分别位居金字塔的最上端和稍下一些的位置，社会大众及其利益表达组织则居于金字塔的最下层（见图 2-6）。公共政策的运作是一个由上至下的过程。

（4）同心圆型。美国的国防和外交事务决策在美国的公共决策体制中基本上属于总统决策的领域，决策核心是总统和直接参与总统决策的官员，如国务卿等，自内向外第二圈是国务院和国防部的决策者；第三圈是众议院和参议院的议员们；最外圈是那些有影响的智库、大众传媒、大公司和利益集团等。公共政策的运作是一个由外到里和由里到外互动的过程。

同心圆型政策过程如图 2-7 所示。

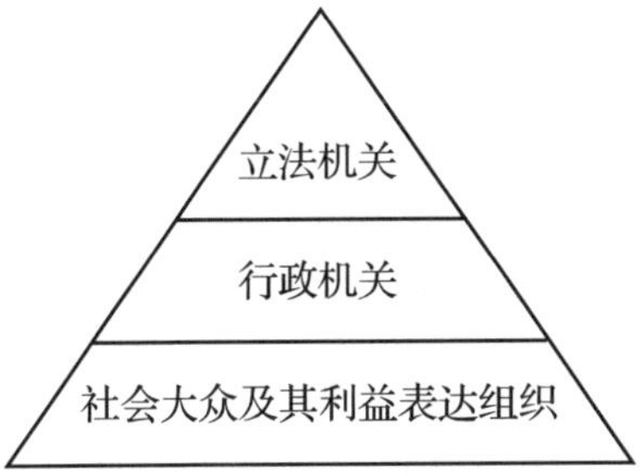

图 2-6　金字塔型政策过程

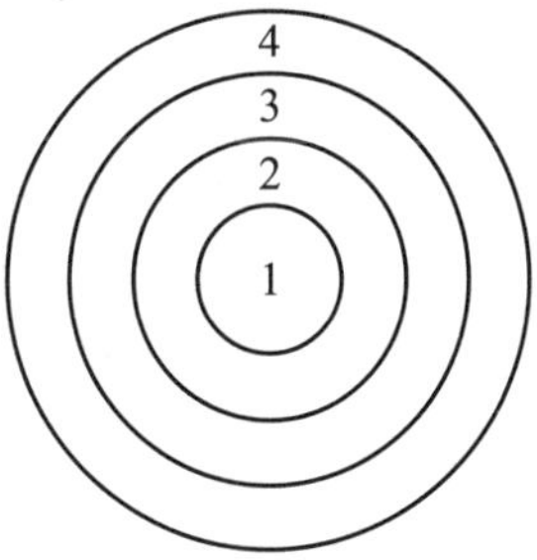

图 2-7　同心圆型政策过程

随着对不同公共决策体制中公共决策运作研究的深入，将会有更多的政策过程形态被发现。

2. 政策过程的阶段构成

（1）阶段论。

1956 年，拉斯韦尔最早尝试对政策过程进行了阶段划分，将政策过程划分为七个阶段：情报、建议、规定、行使、运用、评价、终止。这一模型尝试将政策过程分解为若干阶段进行较为系统的阐述，为当时的政策科学研究开辟了一条新道路。此后，许多公共政策学者都对阶段论进行了研究并提出了不同的划分方法，主流的认识是将政策过程划分为议程建立、政策形成、政策采纳、政策执行、政策评估五个阶段。

（2）对阶段论的不同认识。

对政策过程进行阶段划分以研究政策科学的方法被称作“阶段启发法”或“教科书途径”。在 20 世纪七八十年代，它一度被认为是理解政策过程最有影响力的概念性框架。阶段启发法把政策过程分为一系列的阶段，通常分为议程设置、政策构建和合法化、政策实施以及评估阶段。同时，阶段启发法还对各阶段具体进程的影响因素进行分析。其优点在于：第一，它将复杂的政策过程简化为一个包括不同阶段的模型，既有助于理解政策过程，又有助于对各个阶段进行单独考察，为经验研究与比较研究提供可能；第二，它使政策相关主体在每一个过程中的行为与角色都可以被关注到，而非局限于公共决策的直接主体。第三，它丰富了公共政策学的理论，使公共政策学更快地从公共行政学、政治学等学科中独立出来，成为一门新兴学科。但 20 世纪 80 年代以来，阶段启发法不时受到一些抨击。如对各阶段的研究都趋向局限于阶段内部，与其他阶段的研究无关，这使阶段启发法难以揭示政策过程各阶段间的因果关系等。

二、政策过程的分析框架

（一）制度性的理性选择理论

政策过程的分析框架

制度性的理性选择理论是由以美国的埃利诺·奥斯特罗姆为代表的制度学派提出的一种政策分析框架，是公共选择理论与制度分析相融合的理论，聚焦于制度规则如何改变个人行为。帕特里克·邓利维指出，在公共选择理论内部，更为抽象的模型化研究与更具应用性的研究之间存在着根本性的分裂。他把前者称为“基本原理”研究，将后者称为“制度性理性选择理论”。这说明了制度性的理性选择理论一方面是对公共选择理论中经济人假设、政治市场等理念的继承，另一方面是与制度分析中制度安排、权力结构等理念的结合。因此，制度性的理性选择理论聚焦于制度规则如何改变受物质自利推动的特别理性的个人行为，突出关注制度在个人的理性选择过程中所具备的约束和激励作用。

针对所谓的公地治理悲剧或者集体选择困境问题，埃利诺·奥斯特罗姆在《制度性理性选择：对制度分析和发展框架的评估》一文中提出了制度分析和发展（Institutional Analysis and Development，IAD）这一经典的理论框架，如图 2－8 所示。IAD 分析框架将制度影响融入对主体行为的分析过程之中，其核心是构建一个包含行动者与行动情境的“行动舞台”（Action Arena），并以此作为分析焦点，在行动舞台中分析特定行动情境对行动者的相互作用模式及其结果的影响，并对结果进行评估，以此研究自然与物质条件、共同属性以及应用规则对行动舞台的结构、个体激励与结果的影响。

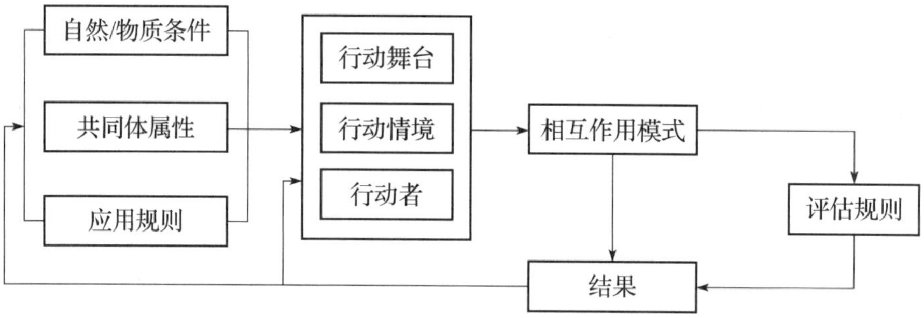

图 2－8　制度分析和发展理论框架

（二）间断-平衡分析框架

所谓政策变迁（Policy Change），意指以一个或多个政策取代现有政策，包括新政策的推行和现有政策的修正或废止。政策变迁通常以三种形式出现：一是现有政策的渐进完善；二是特定领域内新政策的制定；三是选民结构发生重大调整后的重大政策转变。

鲍姆加特纳和琼斯提出的间断-平衡分析框架将政策过程放在政治制度和有限理性的政策制定的双重基础上，尝试通过政策过程中的问题界定与议程设置两个相关联程序来分析政策变迁的过程①，并强调了政策变迁中政策图景的重要性。其中，政策图景（Policy

① 保罗·A 萨巴蒂尔．政策过程理论［M］．彭宗超，钟开斌，等译．北京：生活·读书·新知三联书店，2004：126.

Images）是指某个政策在公众或媒体中的理解和讨论，是与特定的政策或价值观相联系的体系。根据其与所聚焦政策的一致性与否，可分为正面和负面两种类型。间断-平衡分析框架的作用机制表现为：当特定政策系统中的公众焦点持续关注于某个问题时，特定的政策图景就会随之形成，如果该问题在政策场域或者政策子系统被单一利益团体主导时，则会在政策场域内形成政策垄断，并使政策变迁处于渐进修补的状态。但如果产生新的政策图景代替旧的政策图景，则公众聚焦的问题将由政策场域进入宏观的政治议程层面，随后政策图景将被重新界定。在这一过程中，政策环境中的任何微小变化都可能引起政策结果的重大变化，走向政策崩溃，使政策变迁处于突然间断的状态。由此，相对平衡的政策场域子系统与间断的宏观政治系统共同作用于政策变迁，使其呈现出政策长期平衡与短期间断共存的特征。

（三）倡导联盟框架

倡导联盟框架（Advocacy Coalition Framework，ACF）是从系统的角度来理解和分析公共政策活动及其环境的。

倡导联盟框架第一次被正式提出是在1988年，萨巴蒂尔和詹金斯·史密斯在《倡导联盟框架视角下政策变迁与政策取向学习的角色》一文中对倡导联盟框架进行了系统阐述，分析了政策学习的作用，由此形成了初始框架，如图2-9所示。

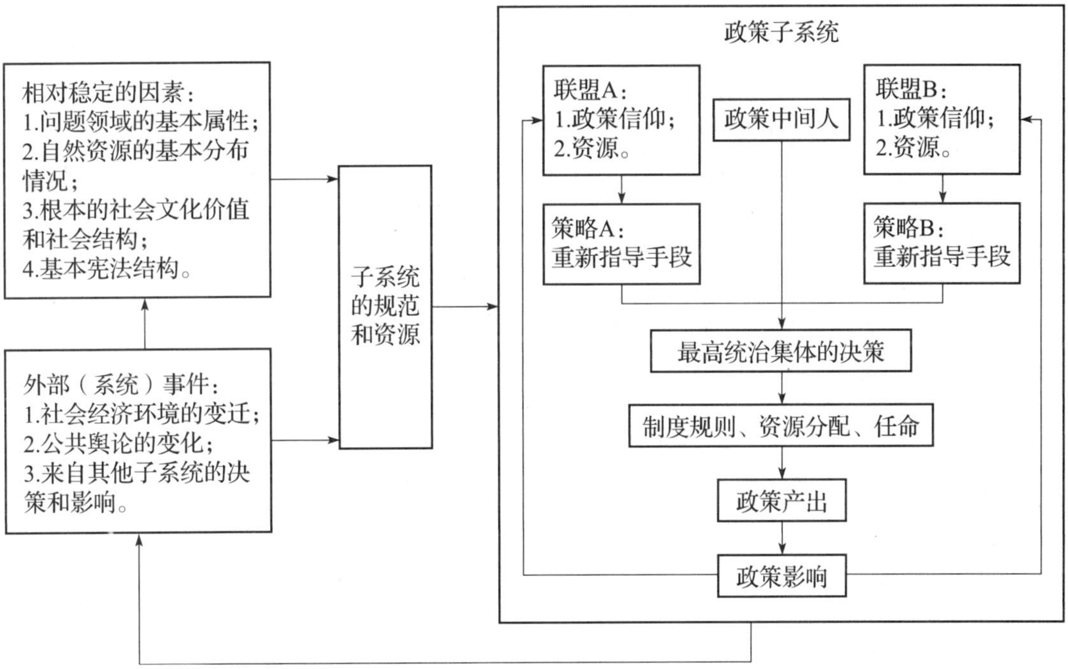

图2-9　倡导联盟初始框架

倡导联盟是指具有某种共同信念体系的政策行动者群体或政策共同体，拥有一套相同的基本价值观和对问题的认知体系，因而能进行长期的协调与合作。信念体系更具有包容性与可验证性，利益虽然经常表现为直观的实际利益，但在政策过程中最终会体现为政策偏好或政策目标，且难以清楚界定，因此倡导联盟框架最重要的整合力量是相同的信念体系而非利益。当人们对某个重要的政策议题加以关注时，就会形成一个有关该问题的政策子系统。[1] 在这个政策子系统中，存在着多个倡导联盟，这些不同的倡导联盟由于信念体系不同，各自的政策偏好和目标不同，当它们的影响力势均力敌时，就没有办法产生新的公共政策。当产生一个具有主导地位的联盟时，代表着这一倡导联盟的信念体系的公共政策随之产出，这就是倡导联盟框架的内涵。

在整个倡导联盟框架内有四个模块。第一个模块为相对稳定的因素。因为这组变量涉及基本的宪政结构、社会文化价值观、自然资源等，尽管它们难以改变，但能明显地影响最终的政策。第二个模块为外部事件。这些子系统的外部变量因素是主要政策变迁的重要先决条件。第三个模块为子系统行动者的约束和资源。第四个模块为政策联盟子系统。第三个模块和第四个模块分别描述子系统，强调子系统需要集中在十年或更长一段时期中一组有规律进行互动的人或组织身上，他们旨在影响某特定领域的政策构建和执行。图中间则是一个中间变量，通过这个中间变量，外部变量可对整个政策子系统即最后一个模块施加影响，同时右边的子系统又会反向影响“外部事件”。所以，一项政策的博弈、出台或修订可看作一个渐进过程。

随着倡导联盟框架的发展，在吸收政策网络途径与合作途径的基础上，倡导联盟框架将政策变迁的原因扩展为四个，外部因素作用于政策子系统的原理得到更明确的阐释，同时改进了外部因素影响政策子系统的机制，形成倡导联盟框架修改版，如图 2-10 所示。

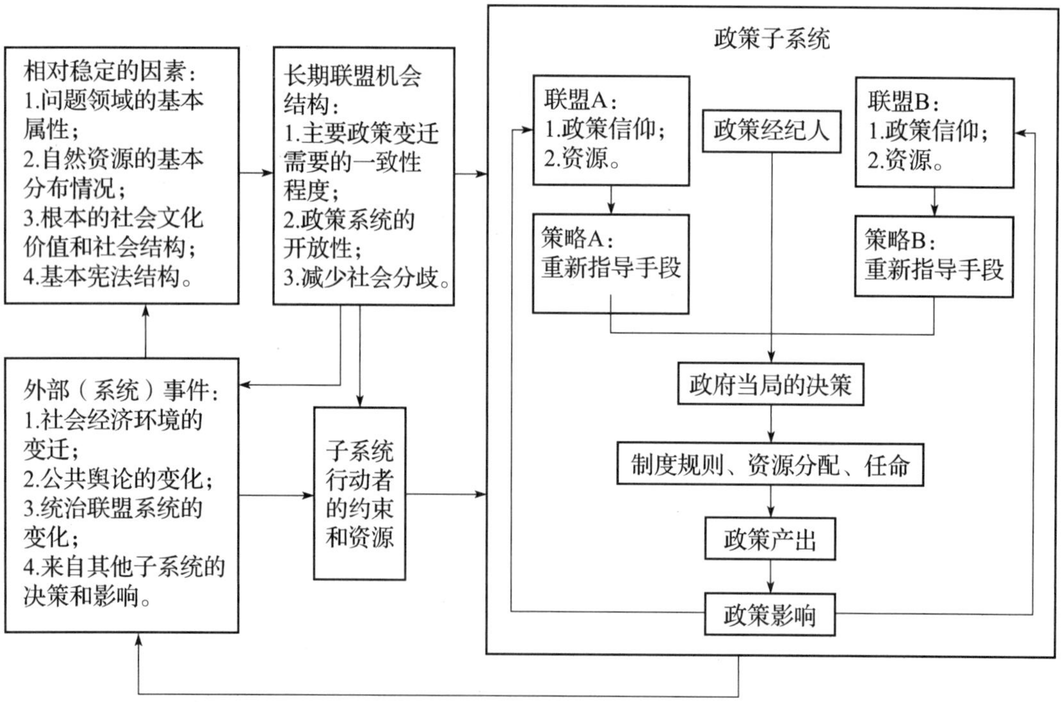

图 2-10 倡导联盟修订框架

① 余章宝．政策理论中的倡导联盟框架及其应用［J］．厦门大学学报（哲学社会科学版），2009（1）：26-31.

（四）政策传播框架

政策传播也称政策扩散或政策创新扩散，是指政策方案在不同部门或地区之间进行传播，并被新的政策主体所采纳和推行的过程。政策传播理论架构是从社会学、传播学与情报学等学科的相关研究发展而来，主要关注政策扩散的方式与特征、扩散过程中的影响因素及其作用机制。1969 年，较早提出政策传播理论的政策学者沃克指出，美国各州政府推广公共政策时的决策并非完全是“渐进”的，而是内含“创新”于其中的。所谓“创新”，指的是“一个项目或政策对于采纳它的州而言是新的；不论这个项目出现了多久，也不论有多少州已经采纳了这个项目”①。政策传播是外来的政策知识、信息和经验被特定政策决策主体吸纳到本土，进而对本土既有政策发展产生了一定的影响的政策过程，如打破某一政策演变的路径依赖或者重新设计出新的政策。

政策传播模型有四种基本模型：（1）全国互动模型，也称组织扩散模型，用以解释政策传播中信息与沟通网络的重要性。该模型假设在各地政府官员之间存在一个全国性政策沟通网络，经由该网络，已采纳新政策的官员可以与尚未实施地区的官员自由地交流互动，这种接触将给尚未实施创新的各地官员提供政策创新的额外激励。该模型认为，新政策方案被采纳的概率与已采纳新政策的官员和尚未实施的官员之间互动的频数成正相关关系。（2）区域传播模型。此模型认为地域对政策传播具有重要影响。假设各地政策创新行为主要受与其相邻地理位置的地区政府的影响。在处理相似问题时，该地区政府会比照相邻地区的政府进行政策采纳。（3）领导跟进模型。此模型假设部分地区在某项政策采纳方面作为先行者，其他地区为效仿者随前者跟进，形成区域性的领导与跟进关系模式。各地区主要受到来自同区域某个或多个先行地区的指引，当有地区政府率先采纳新政策时，其他地区政府跟随采纳新政策的可能性大大增加。由此可见，领导跟进模型强调各地区间通过相互学习和效仿采纳新政策，而非迫于公众或竞争的压力。（4）垂直影响模型。此模型与领导跟进模型有类似之处。在此模型之中，中央政府的角色相当于区域内采纳新政策的先行者，各地政府予以跟随。

第三节　公共政策的要素

一、公共政策主体

公共政策主体

关于政策主体的内涵，学者们受学术和社会背景等因素的影响，往往表现出不同的倾向。一些学者倾向于以政策活动的参与者来界定政策主体。陈庆云等学者认为政策主体是指“直接或间接参与到政策过程的主体”。而戴伊等学者则更加强调政策主体与公共政策的利益相关性，认为政策主体是政策选择过程中不同的利益相关者。主流观点认为，公共政策主体是指那些在特定政策环境中

① JACK L WALKER. The diffusion of innovations among the American States [J]. American Political Science Review, 1969, 63 (2).

直接或间接地参与公共政策制定、执行、评估、监控等的政策行为者。本书将对立法机关、行政机关、司法机关、政党、利益集团、公众、国际组织等政策主体进行介绍。

（一）立法机关

立法机关是政策主体中的重要构成部分。立法机关在政策过程中通常是履行法律与政策制定的政治功能。现代意义上的立法机关依实际功能状况主要分为以下两种情况：

第一种情况是立法机关独立行使立法权。对于涉及社会多数人的公共利益的重大政策，一般要由立法机关加以确定。一般情况下，凡是对具有一般性、全域性特征的权利与权力的设立、撤销、变迁及实现程序等方面的制度安排，都需要经由立法机关的同意方能具备合法性。

第二种情况是立法机关主要行使批准权，但也能独立行使立法权。在议会内阁制政体中，立法机关的主要任务是保证政府对公众负责，而不是制定或执行政策。这种情况以英国议会为典型代表。一般认为，英国议会下院在立法过程中主要发挥着批准法律草案的政策功能。其通过的法律往往都是由政党提出、文官起草并由政府提起的法律。相较于立法职能，议会下院的主要工作是对政府政策进行审查，并将政府的政策、活动以及这些政策和活动对公众的影响告知社会。

虽然政策审批等功能为立法机关影响政策过程提供了强有力的路径，但是立法机关在政策过程中的重要作用并没有得到充分的发挥。这与行政机关在政策执行的过程中享有的控制权与其在立法机关立法过程中扮演着信息源与技术支持者的角色有关。

我国国家立法机关实行的是有中国特色的人民代表大会制度。全国人大及其常务委员会是国家最高权力机关和立法机关，其主要职权有：立法权、重大事项决定权、选举任免权、监督权等。

（二）行政机关

行政机关在政策过程中主要发挥着政策执行和行政决策功能。一方面，它通过自身的专业化优势和信息优势影响或者直接制定公共政策；另一方面，行政机关还履行主要的公共政策执行职能，对政策能否实现其自身目标具有重要影响。

在我国，行政机关主要指国务院和地方各级人民政府及其各自的组成部分。它是各级国家权力机关的执行机关，同时也是国家行政机关。需要指出的是，依据我国宪法的规定，我国行政机关履行行政决策功能主要是通过制定行政法规，制定行政措施、决定与命令，制定部门规章三种形式开展①。

（三）司法机关

司法机关过去通常被认为是政策过程中政策执行和监督的重要主体，主要行使审判功能。然而，司法机关在政策制定中也发挥着自身的作用。司法机关在政策过程中并不是完全处于被动地位的，它对政策过程的全过程都有着一定影响。这主要表现在司法审查、司法解释、判例法或习惯法的创立上。

在大多数国家，司法机关行使司法审查权。从广义上看，司法审查是指具有司法性质

① 朱春奎．公共政策学［M］．北京：清华大学出版社，2016：4.

的机构依据宪法对法律或者法规进行审查。在立法机关或行政机关进行决策的过程中，司法机关扮演着宪法仲裁者的角色，判断这些决策是否与宪法相冲突。如果决策与宪法相违背，司法机关有权认定其无效。在司法解释功能中，司法机关拥有法令的解释权。一般性的法律条款往往具有抽象性和模糊性的特征，因此司法机关可以凭借法令的解释权对法律条款进行具有司法适用力的解释，进而影响法律的实践内容。判例法或习惯法的创立功能主要在英美法系国家中适用。在英美法系国家，司法机关具有释法与造法的职能。司法机关对判例法中的法律空白进行创制的过程也是一种政策的制定，会影响后续相似条件案例的司法过程。

在我国，人民法院和人民检察院是主要的司法机关，也是我国政权的主要构成主体之一，在政策过程中主要起到监督和执行的作用。其中，依据宪法和法律的安排，人民法院主要是作为司法审判机关规范政策的执行。人民检察院则作为司法监督机关，监督整个政策过程的运行。

（四）政党

现代国家中，政党在政策过程中起到了巨大作用。

政党在公共政策过程中的功能主要表现为利益聚集、利益表达以及政策社会化等功能。其中，利益聚集功能强调将不同的利益集团的利益需求聚集整合为一般性的利益方案，利益表达功能则强调利益集团对部分特定利益的需求表达与争取。在不同政党制度的国家中，政党这些功能的实现程度与实现路径不尽相同，不能一概而论。

在多党制国家中，政党与利益集团的差别不大，政党往往只是执行利益表达功能，难以很好地实现利益聚集功能。它们更多是以各种特定利益的代理人的角色出现。

就我国而言，中国共产党领导的多党合作和政治协商制度是我国的一项基本政治制度。坚持中国共产党的领导，是中国特色社会主义制度的最本质特征。中国共产党在政策过程中起到了强有力的领导作用。中国共产党这种领导作用的实现途径表现在：第一，党的政治领导。中国共产党总揽全局，对宏观政策具有综合指导功能。党在有关国家和社会发展的重要领域都做出了有力部署，指导着具体公共政策的制定。第二，党对立法工作的统一领导。党通过对立法机关提出立法工作的目标与方针，审定立法机关的立法规划，领导立法机关对重大法律的制定、修改与解释等方式，将党的意志通过法定程序上升为国家意志。第三，从组织领导上看，中国共产党对政府组成人员以及其他重要职位的任免具有重要的推荐功能。第四，从思想领导上看，中国共产党具有强大的思想社会化功能。党的宣传、教育等思想工作在公共政策过程中起到了重要的引导作用。

（五）利益集团

利益集团是指个人在相似的价值需求与利益导向下形成的团体或团体间的联盟。例如，在共同的职业利益下，相关行业的企业家出于行业利益组成的一些商业行会。它在政策过程中主要发挥的功能是代表其成员进行利益表达，协助政策过程的信息收集与帮助实现政策社会化。

利益集团的成员数量、规模、成熟度、掌握资源规模、合法性、组织方式与影响力等因素左右着利益集团对公共政策过程的影响程度。同时，在信息公开化程度较高的国家，利益集团往往更加积极地表达自身利益诉求、积极为利益相关的政策过程提供信息与备选方案，这在一定程度上可以推进公共政策的科学化发展。

随着社会发展日趋多元化，利益集团的数量与规模也越发多样。但是，利益集团往往聚焦于自身集团利益。因此，这些代表特定群体利益的利益集团便很可能会通过牺牲多数人的公共利益来满足自身诉求。正如团体理论中所认为，公共政策是相互竞争的团体在维护与争取自身团体利益中的均衡产物。公共政策不应该只受到少数利益集团的操控，需要对不同的利益诉求进行协调。

（六）公众

公众可以通过以下途径参与政策过程。

1. 通过行使选举权参与政策过程

选举权是宪法和法律所规定的公众参与国家选举的政治权利，是人民主权的重要内容。公众可以通过选举制度这样一种授权与责任控制机制参与政策过程。一方面，选举权能够允许公众选出自己心中所认可的代表直接参与政策过程并对其进行监督。这在一定程度上可以促进政策过程体现公众的意志。另一方面，选举制度意味着公众有机会直接参与选举成为官方政策主体中的成员，进而直接参与到政策过程之中。因此，公众能通过选举权直接或间接地让政策过程体现公众的选择。

2. 有策略地应对政策的制定与执行

公众可以对政府通过并实施的公共政策采取合作或不合作的态度，来影响其实施效果。比如：公众通过不合作的态度，形成组织懈怠等现象，进而影响到政策的实施。

3. 通过其他相关制度性或非制度性途径参与到政策过程

公众可以通过制度性途径如行政听证、意见征询、信访等方式参与到政策过程之中。同时，公众也可以通过私人联系与沟通等非制度性的途径参与政策过程。

（七）国际组织等其他主体

虽然政府拥有根据自己的选择拒绝来自外部影响的合法权利。但是由于国际体制等缘故，国家的政策过程难以隔离国际组织的影响。此处的“国际体制”描述的是国家与国家间一系列具有控制功能的规则、标准和程序系统。国际组织便是在国际体制这种政策领域的制度化安排中对其他国家政府的政策过程施加影响。

可以明确的是，国际体制在一定程度上规范了国际环境中的应然行为，为一个原本散乱的国际系统带来了一定的确定性和预期性。

二、公共政策客体

公共政策客体

（一）公共政策客体的含义

公共政策客体是相对于公共政策主体的一个概念。一般来说，公共政策客体是公共政策的作用对象及影响范围，即公共政策所要处理的公共问题和公共政策所能够影响到的目标群体。

（二）从公共问题到公共政策问题

1. 公共问题

公共政策的主要作用就在于处理社会所面临的诸多问题。这种公共问题表现为社会的实际运转的实然状态与社会公众对社会所期待的应然状态之间的差距。它在现实生活中可能表现为经济问题、政治问题、文化问题、环境问题等。通常在政策主体采取行为前，公共问题便早已存在。因此，公共问题的客观存在及其主观识别往往被认为是政策过程的研究起点。

2. 公共政策问题

公共问题被提上公共权力机关尤其是政府的政策议程并采取措施加以解决，就成为公共政策问题。在现代社会，虽然公共问题数量激增，但不是所有的公共问题都能进入政策议程并得到处置成为政策问题。只有部分公共问题才能转化为政策问题。政策制定者认为有的公共问题更适合通过非官方渠道解决，官方不必解决；有的问题过于复杂，不能解决；有的公共问题涉及自身利益，不想解决。一些公共问题没有转化为政策问题，其原因还与公共问题的自身特性紧密相关。

一方面，公共问题受到主观认识与价值判断的影响。虽然社会现象是客观存在的，但是公共问题是人们加以定义与识别的。即使一种社会现象从理性的角度看存在问题，但当人们不曾觉得是问题时，即便它是一个客观存在的问题，它也难以从众多的公共问题发展为政策问题。同时，公共问题与社会价值观是紧密相连的，因此，随着社会价值观的发展，曾经的公共问题可能便不再是问题，这种公共问题也难以发展为政策问题。

另一方面，公共问题涉及的利益群体范围也不尽相同。如果一个公共问题只涉及少数人的利益，它便很难吸引决策者有限的注意力进而发展为一个政策问题。例如某一家公司倒闭后的人员失业问题。因为这主要是牵涉到少部分人的问题，很难让决策者对其加以关注。但是如果是社会性的大量人员失业，决策者便需要采取及时的应对措施、制定相应的政策以避免社会的动乱。此外，因为公共问题往往具有一个发展的过程，在初期往往因为涉及范围小而难以被决策者识别。

（三）目标群体

目标群体是指受到政策影响和制约的社会成员。

目标群体作为政策客体是与政策主体相互作用的，不能单线条地认识目标群体。目标群体与政策主体的关系不只是政策主体制定政策后影响政策目标群体。目标群体同样对政策主体具有反作用。目标群体对政策的态度直接影响了政策能否落实。因此，目标群体对于能否实现政策目标具有重要意义。

三、公共政策环境

（一）公共政策环境的内涵

从广义的环境论看，公共政策环境就是指影响政策产生、存在与发展的一切因素的总和。但是，这种理解的范围过于宽泛，包括了政策功能得以发生的全部内外系统，不符合一般系统论的基本概念观。从系统论看，公共政策环境是指处于政策子系统边界之外，能对政策功能实现过程产生直接或间接影响的诸种因素的总和，这些因素共同构成政策生态系统的环境子系统。政策环境构成极其复杂，依据不同分类依据，可以划分为人造环境与自然环

公共政策环境

境、宏观环境与微观环境等许多类型。例如地理要素、人口变量、政治文化、社会结构和经济体制。

（二）公共政策环境的具体要素及其影响

1. 社会-经济状况

社会-经济状况是公共政策制定中的重要依据。

社会-经济状况主要体现为社会经济发展水平和社会-经济结构异化程度。社会经济发展水平包括社会经济实力，即社会经济发展阶段（质的指标）与该系统的综合实力（量的指标）。这直接决定与制约着特定政策系统的功能类型与政策过程的社会经济基础。社会-经济结构异化程度主要反映的是生产关系，具体表现为社会利益结构分化程度、社会分工与专业化程度和社团发展的程度。

（1）社会利益结构分化程度。社会利益结构分化程度是社会资源的分配与占有关系的产物。不同的经济社会、不同的经济发展时期，社会利益阶层都会有着明显的差异。这种社会利益阶层的分化程度决定了公共政策系统中政策主体的分化程度。这是因为不同的社会利益阶层都会试图影响公共机构的政策以维护自身的利益。

（2）社会分工与专业化程度。从历史发展角度看，社会分工与专业化程度在逐渐加深，社会中的生产在从个人化的分散的生产向社会化的专业化的生产发展。这种广泛的专业化的社会分工合作也对政策职能结构与运行机制专业化的程度提出了新的要求。

（3）社团发展程度。社团发展程度是指社会分化的组织化程度。之所以将其归纳在社会-经济环境之中，主要是因为社团发展程度受到社会利益分化与技能分化两个要素的影响。它是这二者组织化的产物。在政策过程中，无论是政策制定、政策执行抑或是其他过程，都有社团的参与。因此，在研究政策环境时需要考虑社团发展程度这一因素。

2. 制度及体制因素

制度是一种具有普遍性、规范性的行为模式，是公共政策过程的重要影响因素。体制是指以国家权力为核心的基本政策资源的配置方式、结构和实现状态等组织体系与规定的总和。作为环境因素，制度、体制因素是相对于政策主体和政策过程而言的。对于具体政策主体与政策过程来说，制度或体制具有普遍性的约束规范，引导和规范政策过程的运行。对于具体政策主体和过程，不同的制度及体制因素通常会形成不同的政策、导致不同的政策效果。值得指出的是：一方面，制度、体制因素与政策主体、政策过程是不可分离的，不存在能够脱离制度因素的政策主体与过程；另一方面，制度、体制实质上也是政策过程的产物与体现。由于制度和体制一旦产生，则对政策过程产生巨大影响，因此通常被看成一种环境因素。

对于政策过程影响较大的可以归纳为政治体制、经济体制与文化-科技体制。政治体制是指对参与政治权力或权利的配置与运行的各种政治主体的设定与行为规范的统称，包含了如国体、政体、国家权力的内部结构、央地关系以及政党制度等诸多内容。政治体制制约着各类政策构成要素的构成类型、分布范围、运行方式及其可能的运行效果，对政策过程产生着巨大的影响。不同政治体制的政策过程通常存在着较大的差异性。比如，单一制国家与联邦制国家中的中央政府在特定领域的政策过程中存在着较大的角色差异。在单一制国家中，因为中央政府掌握着国家权力资源配置等核心资源，所以其在政策过程的话语权远远大于联邦制中的中央政府。经济体制是指对经济的权力或权利资源相关的系统规范。它包括各种社会经济资源配置、经营与使用、交换与转让、收益分配规则等。它能够体现社会生产关系，为政策系统的运行提供了经济社会的制度基础，影响政策过程的实际运行。文化-科技体制实际上是一种特殊的以文化科技资源配置为核心的社会体制。它直接制约着国家文化、科技政策的基本价值倾向、功能类型、运行机制、特点及效果。

3. 行政文化因素

行政文化是指特定历史阶段的社会民众在社会化过程中形成的关于行政系统的普遍性认知、情感、态度与价值取向等心理活动的总和。

行政文化的影响主要是一个心理-社会过程，是通过影响政策主体的价值偏好、行为模式、能力结构及其水平、选择范围等进而影响其政策行为来发挥影响。其具体影响体现在以下三个方面：（1）影响着政策权力或权利制度的形成。行政文化对制度层面的影响主要涉及价值结构、政策功能结构与政策运行机制等内容。（2）影响着公众与政策主体和政策过程的互动关系。（3）通过政策主体行为模式影响具体公共政策及其过程。

4. 国际环境

国际环境对国家公共政策也会产生较大的影响。具体体现在影响公共政策系统的价值选择、参照标准与政策性质等多个方面。总的来看，目前值得关注的国际环境因素主要有以下方面：

（1）全球化。随着经济资源配置的全球化，经济社会发展政策日益成为各国政府的核心政策。在全球化的浪潮下，各国彼此学习和借鉴优秀的经济社会发展政策。因此，各国的经济社会发展政策模式也趋向同化。在全球化的浪潮下，也存在逆全球化的不同声音。

（2）市场化。这集中体现为20世纪末以来计划经济国家的市场化及其影响。其对公共政策系统的影响体现在社会经济体制变迁对各国政策运行机制乃至政策结构产生本质影响。

（3）信息化。信息技术发展及其普及属于技术因素。这种技术要素对政府权责结构、运行机制、政策体制结构、政策参与乃至政策文化等各层面都产生了一定影响。如当前日益发展的数字治理与智慧政府便是在信息化技术发展下的新的政府治理模式。

（4）国际关系的变迁及其影响。国际关系涉及国家间权力配置格局与行为方式的改变，其影响是全方位的。如在强调和平与发展的国际格局中，国家在公共政策选择上便更强调经济的发展与建设。在20世纪80年代，我国把握当时和平发展的国际环境，做出了改革开放的重要决定，推动了我国经济社会的迅速发展。需要强调的是，由于国际关系在不断发展变化，国际关系对我国公共政策的影响只显露了冰山一角，其对我国公共政策过程发展方向的影响尚未充分显示出来。

本章内容小结

公共政策是一门"准科学"，是一个跨学科的知识领域，是一门应用性、规范性学科。公共政策研究是问题导向而非知识导向，研究方法具有多学科性，研究认识论注重事实与价值的统一。主流公共政策的分析模型具体包括完全理性模型、团体理论模型、精英理论模型、系统决策模型等。

政策过程就是政策的生命过程，是一项政策从问题认定到政策终结的整个运行过程。政策过程的主轴是公共权力机关对社会资源的配置和社会价值的分配，动力机制在于政策行为者之间以及政策系统与政策环境之间的互动，就实际的政策过程来说，环节缺失成为常态。实际的政策过程有直线型、循环型、金字塔型、同心圆型等常见形态。政策过程分析框架有制度性的理性选择理论、间断-平衡分析框架、倡导联盟框架和政策传播框架等多种分析框架。

政策主体包括立法机关、行政机关、司法机关、政党、利益集团、公众以及国际组织等。公共政策客体的含义主要是相对于政策主体而言的。一般来说，政策客体研究的是公共政策的作用对象及其影响范围，即公共政策所要处理的公共问题和公共政策所能够影响到的目标群体。

公共政策环境包括社会-经济状况、制度及体制因素、行政文化因素及国际环境。

思考与练习

1. 试述公共政策学的学科性质和研究特点。
2. 试述本章所述及的公共政策分析模型的主要内容。
3. 试述政策过程及其阶段划分。
4. 试述本章所述及的公共政策过程分析框架的主要内容。
5. 试述公共政策的政策主体与政策客体的内涵。
6. 试述公共政策环境的内涵和具体要素。

在线自测

第三章

公共政策系统的理论框架

学习目标

1. 掌握公共政策系统的概念，了解公共政策系统的构成。

2. 了解公共决策权力与公共决策体制的概念，掌握公共决策的规则，熟悉公共决策体制的类型。

3. 了解政策工具的定义，熟悉政策工具的类别，掌握影响政策工具选择的要素。

本章提要

公共政策系统对于政策过程具有重要意义。本章第一节介绍了公共政策系统的构成、公共决策权力与公共决策体制的概念、公共决策的规则以及公共决策体制的类型；第二节主要介绍政策工具的分类，并基于政策主体、政策问题、政策目标、目标人群、政策工具自身的属性、政策工具选择的环境和组织路径等介绍了政策工具的选择要素。

引导案例

探索区域协同政策制定的新模式

2021年12月1日，成都市第十七届人大常委会第三十一次会议表决通过了《成都市人民代表大会常务委员会关于加强区域协同立法推动成德眉资同城化更高质量发展的决定》（以下简称《决定》）。同日，成都、德阳、眉山、资阳四市人大常委会在同一天发布《决定》全文，四市定于2022年1月1日同日正式实施《决定》。

此次作出《决定》，是落实四川省委部署要求，助推成渝地区双城经济圈建设，加快四市同城化发展的重要举措。四市作出《决定》，具有“四个同步”的鲜明特色：同步研究推进起草工作、同步审议、同步出台、同步实施。

2021年6月25日，四川省委书记兼省人大常委会主任在四川省十三届人大常委会第二十八次会议上提出了“要不断深化跨区域共同立法工作，促进区域协同创新发展”的要求，并专门就成都、德阳、眉山、资阳开展协同立法作出重要指示，要求成都牵头四市加强立法协作、整合立法资源，共同研究解决区域协同立法中的重大问题，为加快成德眉资同城化发展、建设成渝地区双城经济圈提供有力法治保障。

成都、德阳、眉山、资阳四市人大常委会在各自市委的具体领导下，商定采用人大常委会“重大事项决定”的形式，出台《关于加强区域协同立法推动成德眉资同城化更高质量发展的决定》，以形成更高效力的协作制度机制，建立更加完善的立法互动模式，共同提升区域立法水平和成效。

此前，四市人大常委会已在多领域加强协同配合，形成了系列经验做法，为《决定》的作出提供参考。2020年7月，四市人大常委会在蓉签订《关于建立助推成德眉资同城化发展工作协作机制的协议》，商定在省委、市委领导下，从立法、监督、重大事项决定、代表工作等方面深入开展交流协作，共同研究制定《成德眉资四市人大法制工作机构联系办法》，明确协同中的职责任务。目前，已分别在成都、德阳、眉山召开了3次人大法制工作联席会议。

此外，成都会同德阳、资阳、眉山市人大常委会围绕“成渝地区双城经济圈建设”开展了区域协同立法研究。四市还聚焦大气污染防治、饮用水水源保护、三岔湖水环境保护等民生关切，开展了一系列协同立法先试先行。

在前述实践基础上，四市人大常委会主要负责同志共同牵头推进《决定》起草工作，积极探索创新协同立法的模式和路径。

在四市人大的努力下，形成了现在表决通过的《决定》。

资料来源：程文雯．全国首创 成德眉资四市出台《决定》探索区域协同立法新模式［EB/OL］.（2021-12-01）［2023-05-25］. https://sichuan.scol.com.cn/ggxw/202112/58355544.html.

案例思考：

请分析本案例中党的领导与人大决策的关系。

本章建议学时：4学时。

第一节　公共政策系统与公共决策体制

一、公共政策系统

（一）公共政策系统的概念

系统是指由相互联系、相互作用的若干要素或部分结合在一起并具有特定功能的有机整体，系统内外会通过物质、能量和信息交换的方式在动态过程中维持平衡。将这一概念引入政策研究领域，就产生了“政策系统”这一概念。所谓政策系统，是指由政策主体、政策客体、利益相关者及其与政策环境相互作用而组成的社会政治系统。政策系统具有以下两个典型特征：第一，整体性。政策主体、客体、利益相关者、环境以及政策制定、执行、评估、反馈等各个环节是彼此联系、相互作用、统一于政策系统这一整体的。这就要求在研究公共政策系统以及解决实际问题时，一定要坚持系统的观点。整体性是政策系统最鲜明的特征。第二，多元性。随着公共问题不断增多，公共问题越来越多地突破了传统政府部门的边界，呈现出政府、市场和社会等多元主体联合协作的新局面。在这一趋势下，对公共政策系统的研究也要向着多元思维方向转变。

（二）政策主体、客体与环境的相互关系

政策主体、客体与环境的相互关系

政策主体、政策客体和政策环境三者之间存在着相互依赖和相互作用的关系。

1. 政策主体与客体的关系

政策主体和政策客体构成了该系统的两个相互依赖、相互作用的部分。一方面，政策主体和政策客体之间相互依赖。另一方面，政策主体和政策客体之间相互影响。政策主体在政策过程中发挥着主导作用；政策客体也会对政策主体产生反作用和制衡。因此，政策目标的实现，将受到政策主体和政策客体之间互动关系的影响。利益相关者也会根据自身的利益及判断在这一互动关系中选择扮演一定的角色。

2. 政策主体与政策环境的关系

政策主体可以通过能动作用改变政策环境，政策环境也深刻影响着政策的形成、发展和效果。因此，启动一个政策过程时，政策主体必须客观地分析和把握环境变化，预判政策实施的可行性和可能遇到的困难。如果对政策环境认识不清，不仅会导致政策过程受阻，甚至会造成政策目标与政策结果的严重偏离。

3. 政策客体与政策环境的关系

政策客体和政策环境是相互作用、相互转化的。政策客体在受到政策主体及其制定的政策的影响后，表现出了政策效果。这些政策效果往往又反馈到政策环境中，成为其一部分，对政策系统的运行产生影响。在某些情况下，政策环境也可能转变为政策客体。例如，通常情况下，行政体制是政策环境的一部分，但当政府为了提高行政效率而对行政体制进行改革时，行政体制就成为政策客体。

政策系统的划分

（三）政策系统的划分

政策系统是由多个政策子系统构成的，这些政策子系统之间存在着各种联系。一方面，这些政策子系统有各自相对独立的分工，在各自的领域内相对独立地运行；另一方面，这些政策子系统之间又紧密联系、相互协调地运行。具体而言，公共政策子系统主要包括信息子系统、咨询子系统、决断子系统、执行子系统和监控子系统。

1. 信息子系统

信息子系统是政策系统的“神经”系统，承担着为公共决策提供信息的职能，主要发挥信息收集、信息整理、信息贮存和信息传递等功能。公共决策过程也可以视为信息流动过程和信息转换的过程。现代社会是信息社会，信息化已成为当今全球的一大趋势，现代化的信息科学和信息技术催生了拥有现代化的先进设备和现代化的管理方式的信息子系统。计算机技术、通信技术及互联网技术等的快速发展，将推动信息子系统进一步发挥其功能和作用。

信息子系统是一个有组织、相互协调的有机协作系统，在公共决策活动中，信息子系统的基本作用是：（1）收集与整理信息。政策的制定需要能够反映客观事实，这就需要收集大量的数据和信息，并对其进行分析和整理。信息子系统承担了收集原始信息的基本功能，通过观察、调查、推测、征集等手段收集信息，通过判断、筛选、过滤、综合等方式对信息进行分析和整理。（2）传递信息。信息子系统需要为政策主体提供准确、及时的信息，这就要求信息子系统能够借助一定的工具或者渠道，迅速、准确地把信息传递给政策主体系统，既要把握时效性，又要防止信息在传递过程中失真。

2. 咨询子系统

咨询子系统在实践中往往被称为“思想库”“智囊团”等，它承担着为公共决策提供方案和咨询服务的职能，由现代政策研究组织以及各类专家、学者组成，通过综合运用现代科学理论和先进的技术手段、集中专家的智慧，扮演着咨询的重要角色，为政策制定、执行和评估等各个环节提供政策咨询，向政策主体提供新的政策思想。

在公共决策活动中，咨询子系统的基本作用是：（1）发现和诊断政策问题。政策过程开始于政策问题的发现，咨询子系统能够及时察觉和发现相关的政策问题，并对政策问题进行分析，提出相关的政策建议。（2）预测政策问题。咨询子系统能够通过其自身储备的专业知识及各种先进的科学技术，对政策问题发展趋势做出预测，对政策问题做出较为准确的预估。（3）设计与评估政策方案。咨询子系统的专家们能够利用各种信息和科学方法，创造性地设计方案，并对方案进行评估，连同相关解决问题的建议一并反馈给政策制定部门，从而修正政策方案，提高其质量和水平。（4）其他政策相关问题的咨询工作。作为智囊团的相关人员可以受邀请参与政策有关问题的座谈，也可以主动提出自己的意见，解答与政策相关的专业性问题等。

解释性案例 3-1

我国智库建设的顶层设计

党的十八大以来，以习近平同志为核心的党中央高度重视中国特色新型智库建设，习近平总书记对加快中国特色新型智库建设作出了一系列重要论述。2013年11月，党的十八届三中全会通过的《中共中央关于全面深化改革若干重大问题的决定》提出“加强中国特色新型智库建设”的任务。2014年10月，习近平总书记主持召开中央全面深化改革领导小组第六次会议时强调，要从推动科学决策、民主决策，推进国家治理体系和治理能力现代化、增强国家软实力的战略高度，把中国特色新型智库建设作为一项重大而紧迫的任务切实抓好。2015年1月，中共中央办公厅、国务院办公厅印发了《关于加强中国特色新型智库建设的意见》，为中国特色新型智库建设指明了方向。2022年4月，中共中央办公厅印发了《国家“十四五”时期哲学社会科学发展规划》（以下简称《规划》），明确提出要加强中国特色新型智库建设，着力打造一批具有重要决策影响力、社会影响力、国际影响力的新型智库，为推动科学民主依法决策、推进国家治理体系和治理能力现代化、推动经济社会高质量发展、提升国家软实力提供支撑。这些重要论述为我们正确认识并加快推动中国特色新型智库建设提供了根本遵循。

3. 决断子系统

决断子系统又称中枢子系统，它处于公共政策系统的核心地位，往往由政策主体中的最高层领导者组成，因而在政策系统中具有较强的权威性和主导性。

其基本作用包括：(1) 发现政策问题、确立政策目标。只有从繁杂的社会现实中发现并诊断出公共问题，分清主次轻重，才能够更好地制定合适、合理、高效的公共政策。(2) 抉择最终的政策方案。针对可供选择的政策方案，决断子系统必须能够在咨询子系统等建议的基础上，进行综合性利弊权衡，选择符合现实状况的政策方案。

4. 执行子系统

执行子系统承担着执行公共政策，将政策方案转变为政策效果的重要职能，是公共政策系统中至关重要的一环。执行子系统由执行政策的组织和人员组成，主要通过行政手段、法律手段、经济手段、说服手段和技术手段来贯彻落实公共政策方案。

执行子系统能利用灵活多样的方法将政策方案转变为政策效果。在公共决策活动中，执行子系统的基本作用是：(1) 在政策执行的准备阶段：加强政策宣传，提升人们对政策的认知程度；组建政策执行机构、澄清政策执行的基本准则；筹备政策执行所必需的人力、物力、财力，制订政策执行计划。(2) 在政策执行的实施阶段：选择具有代表性的群体或者地区进行政策实验，以便降低政策失误的可能性。(3) 在政策执行的总结阶段：能够按照原政策方案的计划或标准对政策进行全面细致、实事求是的评估，决定公共政策是否需要调整；在发现政策失误时，及时对政策进行修改和完善。

5. 监控子系统

监控子系统的活动贯穿于政策全过程之中，由体制内外的部门、单位和个人共同组成，具体来说，由立法机关、司法机关、政党、利益集团、社会组织、公众以及上下级政府等相关的部门、单位、个人组成。这一系统相对独立于信息、咨询、决断、执行等子系统。

监控子系统的作用方式因国家制度不同、国情不同而有所差异。在公共政策活动中，监控子系统的基本作用是：(1) 监督政策过程。这是监控子系统最基本的职责内容，对政策全过程进行监督，保证政策在正确的轨道上运行，及时纠正和制止政策偏差。(2) 反馈政策情况。在外部环境出现变化的时候，监控子系统需要将变化的信息传达给决断子系统，协助决断子系统进行政策调整、修订或者终止。推动监控子系统发挥作用，尽可能地避免政策失误，提高政策执行效率，保证政策执行效果。

政策系统的各个子系统是彼此联系、相互作用的，它们与政策对象和政策系统的外部环境处于不断互动的动态过程当中。政策系统与政策环境、政策主体与政策客体之间的互动是政策运行的重要动力。政策系统的运行是由多个环节或者阶段组成的，主要包括政策问题的发现与诊断、政策目标的确立、政策的制定与选择、政策的执行、政策的监控与评估等。

二、公共决策体制

要深入了解公共政策系统的运行，在了解政策系统的概念和结构之后，有必要进一步了解公共决策权力、公共决策体制、公共决策规则以及公共决策体制的类型。

(一) 公共决策权力和公共决策体制的概念

公共决策权力是政府等决策主体在决策过程中对他人的制约力、影响力和控制力。公共决策体制就是关于决策权力分配的制度、规则、程序等的总称，在不同的政治、经济、文化背景下，公共决策体制的具体内涵有所差异。

(二) 公共决策的规则

公共决策的规则

为了保障公共决策的有序和稳定，在实际操作过程中必须制定和遵循一定的规则和方法。不同的决策规则对最终的政策选择有不同影响，在不同的决策规则下甚至会出现不同的政策结果。公共决策的规则一般包括了全体一致规则、多数规则及其衍生形式，在我国的具体国情下，民主集中制在公共决策过程中发挥了至关重要的作用，它是常见的一项基本决策制度。

1. 全体一致规则

全体一致规则又称“一票否决制”，即所有拥有投票权的直接决策者都对某项政策方案投赞同票，或者至少在没有任何一票反对的情况下，政策方案才能转化为正式的公共政策方案。

全体一致规则有两个基本特征：第一，决策主体在形式上都能绝对平等地分享决策权，任何一个否决行动都会对政策方案的通过产生决定性的影响。第二，决策结果达到了“帕累托最优”，即所有决策主体都能因最终的方案选择而获得一定的收益，没有人因此而受损。全体一致规则的缺陷是：决策成本过高；在客观上鼓励人们运用一些策略来争取满足自己偏好的方案胜出，如果不能胜出则利用讨价还价、弃权等手段，使其无法达到制定决策方案的目的。

2. 多数规则

所谓多数规则，就是采取少数服从多数的原则，以得票最多的政策方案作为择定的公共政策方案。多数规则采取两种基本形式：简单多数规则和过半数规则。

（1）简单多数规则。

所谓“简单多数”，就是在多种政策方案的择优中，哪一项方案得到的赞成票最多，则该方案就成为正式通过的公共政策方案，而不必超过半数。该规则是最易于为人们所接受的一种决策方法。简单多数规则一般要求参与决策的群体成员数量为奇数。

在简单多数规则下，可能会出现少数人取胜的情况。例如，一个决策群体有 9 个决策者，需要在方案一、方案二、方案三共计三个政策方案中进行抉择，有 4 人选择方案一，3 人选择方案二，2 人选择方案三，则最终通过的政策方案就是方案一，但是实际上有 5 人并未选择方案一，这就意味着选择出来的方案没有满足大多数人的利益。

（2）过半数规则。

过半数规则是指一项决策表决的时候必须要超过 1/2 的投票人赞同才得以通过的规则。过半数规则是现代社会中被广泛运用的决策方式。在实践中，人们更习惯于选择反映“大多数”人意愿的过半数方式。通过过半数规则进行表决后的决策方案要求全体参与者必须遵守和服从。根据不同需要，过半数的人占全体决策群体成员的比例可以是 2/3 票制、3/5 票制等。采用过半数规则时，不同的投票次序将会产生不同的结果。如果根据需要改变投票次序，则各种政策方案都有可能通过，这种现象被称作“投票悖论”。

（三）公共决策体制的类型

公共决策体制是在一定历史条件下，结合一个国家自身的经济基础、政治条件、文化传统等因素，进行人为设计和塑造的政治体制之一，是政治发展的产物。目前世界各主要国家的公共决策体制并不相同，一般可区分为以下几种类型。

1. 人民代表大会制

人民代表大会制是按照民主集中制原则，由选民直接或间接选举代表组成人民代表大会作为国家权力机关，统一管理国家事务的政治制度。人民代表大会制度是我国的根本政治制度，也是当代中国实行的公共决策体制。中华人民共和国的一切权力属于人民。人民行使国家权力的机关是全国人民代表大会和地方各级人民代表大会。全国人民代表大会和地方各级人民代表大会都由民主选举产生，对人民负责，受人民监督。中国共产党领导的人民代表大会制的主要特点是：全国人大是国家最高权力机关，行使立法权。人民代表大会产生国家行政机关、监察机关、审判机关、检察机关。地方各级人民代表大会是地方国家权力机关。地方各级人民代表大会在本行政区域内，保证宪法、法律、行政法规的遵守和执行；依照法律规定的权限，通过和发布决议，审查和决定地方的经济建设、文化建设和公共事业建设的计划。民主集中制既是人大制度的组织原则，也是人大及其常委会行使决策权必须遵循的原则，即实行集体决策，组成人员充分审议，在进行表决的基础上，按多数规则做出决定；中国共产党的执政地位通过党对人大的领导来实现，即党的主张通过国家权力机关，转变成国家的法律和政策，转变成国家意志。全国人民代表大会依据宪法和法律的规定，行使监督职权。

2. 总统制

总统制是发源于欧美地区的一种决策体制，也是资产阶级民主共和国的一种政权组织形式，与议会内阁制相对称。在总统制下，由选民分别选举行政机关和立法机关，由总统担任国家元首，同时担任政府首脑。行政机关、立法机关、司法机关相互独立，互不隶属而又相互制衡；在这种“三权分立”的体制下，总统拥有相对较大的决策权。政府不对议会负责，总统可以对议会通过的法案行使否决权，有权任命国家最高法院的大法官；在内阁里拥有最终决策权。三权分立的制衡机制使总统拥有的决策权受到制约，使之不至于成为绝对的权力。从国家最高决策权来看，美国的公共决策体制属于典型的总统制。有些国家虽然也设总统，但总统只是国家元首，不兼任政府首脑，内阁由议会产生，只对议会负责。这种情况属于半总统制或者双首长制。

3. 议会制

议会制是以英国为代表的一种决策制度。这种决策制度以议会为国家政治活动中心，政府须对议会负责。议会制的基本特征是由选民选举出代表或议员，然后由代表或议员组成代表机关或议会，再由在代表机关或议会中占多数席位的政党或政党联盟组成内阁，内阁对议会负责。在实行议会制的国家里，立法机关与行政机关并不完全分立，议会的决策对政府的决策有决定性的作用，政府决策最终服从于议会决策。因此，公共决策体制得以正常运行的关键是在议会里是否能够获得多数支持。在议会制里，决策的基本规则为多数规则。国家元首（君主、总统、主席等）不拥有实质意义的决策权。

4. 半总统半议会制

半总统半议会制又称双首长制、半总统制、混合制、双元首脑制等。这种国家机构体系模式兼具总统制和议会制这两种体制特点。总统是国家元首，由选民选举产生，不对议会负责，实际掌握最高行政权，有权任命政府总理和部长等内阁成员，主持内阁会议，并负责公布法律，有权要求议会重新审议已通过的法律，统帅军队等。同时，在征询总理和议会两院议长意见后，总统有权宣布解散国民议会，并享有采取紧急状态措施的权力等。实行这一体制的国家以法国为代表。在法国以及其他实行法国式的双首长制国家里，总统既是国家元首又拥有行政决策权，其行政决策实行首长制；以总理为首的内阁，其决策权的行使则有赖于议会多数的支持。

5. 超级总统制

这种公共决策体制又被称为“总统集权制”，俄罗斯被认为是实行超级总统制的典型国家。其在组织结构上与法国式的半总统半议会制或美国式的总统制相似，但在立法、司法、行政等各组织机构之间的权力关系配置上却非常不同。虽然实行“三权分立”，但总统权力极大，议会权力很小。在这种公共决策体制的实践中，议会的真正决策权仅限于立法权；总统任命总理和组织政府；总统有权解散议会、决定议会选举和全民公决等重大国家事务，获得议会多数席位的政党无权组阁。因此，超级总统制的议会权力相当有限。无论是法国的双首长制还是美国的总统制，其总统决策权的广泛性远远不及超级总统制。

6. 委员会制

委员会制是指共和政体的一种特殊形式，又称合议制。其主要特征是国家最高行政机关为委员会，其成员由议会选举产生，行政首脑由委员会在其成员中选任。瑞士实行的就是这种公共决策体制。作为国家最高行政机关的委员会，其主席、副主席不得单独行使委员会职权；政府只是由议会选举产生的一个委员会，该委员会实行集体领导，其主席对内主持会议、对外履行国家元首的礼仪性职责；政府从属于议会，基本职能是执行议会决策，其自身决策权的行使仅限于政策执行这样的操作过程。在这种决策体制里，决策权并非由单一领袖所拥有，而主要由议会按照多数规则行使；委员会决定问题时由集体讨论、多数通过，以合议制形式集体行使职权。委员会制与总统制的区别在于其总统由委员会成员轮流担任；众议院不能对委员会提出不信任案，委员会也无权解散众议院。

7. 军事独裁制

军事独裁制是指军队掌握国家全部或大部分权力的独裁类型的政府，是通过发动政变而夺得国家政权的军队领导人实行的一种决策体制。近代以来，在欧洲和拉丁美洲的国家里，都曾出现过军事独裁制。大多数军事独裁制是在政变中推翻了原有的文官政府后确立的。作为一种独特的政治形式，军人政权多数是在一些第三世界国家的政治发展过程中得到确立的，而不是通过宪法和法律规定的程序或普遍的选举实现的，也没有得到所在国原有宪法架构和制度原则的认可和支持。掌握政权的军事集团对现存国家政治秩序和原有权力机构大都持否定态度，这种决策体制主要有两种类型：一种类型是以军人决策取代政府决策；另一种类型是在军人主导下形成政府决策。

第二节　政策工具与政策工具选择

政策工具是达成政策目标的具体方式、方法及相应的措施和手段。选择与使用良好的政策工具，不仅能够很好地完成既定政策目标，还能收到比既定政策目标更加完善和更加深远的附带效果。政策工具又称政府工具、治理工具。

一、政策工具的分类

政策工具的分类

目前，对政策工具的分类主要有两分法、三分法、四分法、五分法等。除了这些常用的分类之外，也有其他分类方法，如七分法和八分法等。本书仅介绍前四种分类。

政策工具的两分法主要基于“非此即彼”的分类思想，如林德布洛姆按照强制性标准，将政策工具分为规制性工具和非规制性工具两类；萨拉蒙将系统化思维融入分类框架，根据传递系统的结构性差异，划分出开支性工具和非开支性工具两种类型。

三分法以工具特性为主要标准，将政策工具划分为强制性工具、激励工具和信息提供工具。加拿大学者迈克尔·豪利特和拉姆什依据政府权力直接介入的程度，提出了政策工具光谱图（见图3-1），将政策工具分为自愿性工具、混合型工具和强制性工具三类。

在持有四分法观点的学者中，有学者将政策工具归纳为管制类工具、财务类工具、沟通类工具和组织类工具四种类型。

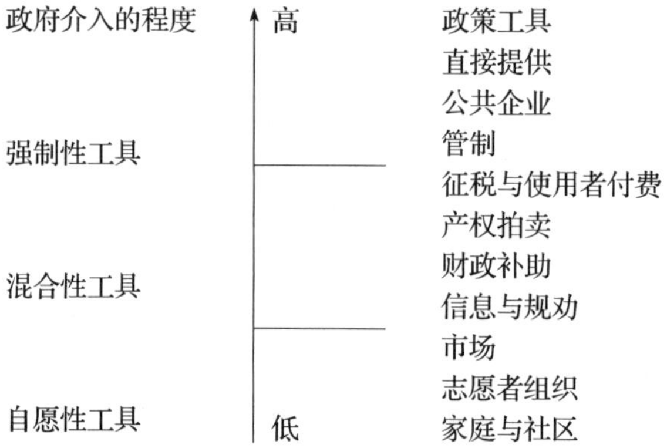

图 3-1　三分法的政策工具光谱图

五分法有两类。一是施耐德和英格拉姆的分类法。该分类法将政策工具划分为权威式工具、刺激式工具、能力建构式工具、符号和劝告式工具、学习式工具等五种，解决了在不同背景下针对不同政策对象使用何种政策工具的问题。二是魏默和维宁的分类法。该分类法将政策工具归纳为：(1) 市场自由化、便利化和模拟化；(2) 使用财政补贴和课税的方式改变诱因；(3) 建立规章制度；(4) 经由市场机制提供物资；(5) 提供保险与社会保障等五种政策工具。

二、政策工具的选择

政策工具的选择

政策工具的选择、应用和组合是政策工具研究的最基本的主题。在当代，政策工具箱内的工具不断得到扩充，各种工具拥有不同的特性，由此带来的问题是，对于不同的政策问题，应当选用何种政策工具才能够适应政策问题，又应当用哪种标准来评价该政策工具的效果？国内外诸多学者基于不同的立场、不同的研究路径进行了广泛研究，得出了关于政策工具选择的不同标准及影响因素。无论基于什么理论，学者们大抵有一个共识，即政策工具的选择必须随着政策问题、政策目标等要素的变化而变化。因此，在解决政策问题时，需要考虑影响政策工具选择的诸多可能性。本书主要从政策主体、政策问题、政策目标、目标人群、政策工具自身的属性、政策工具选择的环境、组织路径等七个要素出发，介绍政策工具的选择要素。

(一) 政策主体

政策主体对政策工具的选择起到至关重要的作用。对政策主体而言，其选择行为受到一系列主观和客观条件的制约，具体包括：(1) 政治体制。在不同的政治体制下，政策工具的选择规则、方式乃至可能的博弈手段都不相同。如在竞争性选举决定权力分配的体制中，政策工具的选择会迎合公众的投票意向，而在不实行竞争性选举的体制中，政策工具的选择受到各权力机构、主要政党和相关利益团体之间博弈的影响。(2) 主观偏好。主观偏好源于政策主体的价值观、政治文化、意识形态信仰和利益相关性，使政策主体对某些政策工具产生倾向性。(3) 国家或政府能力。这是指国家或政府有效影响社会行为者、统辖和治理、动员和配置社会资源的能力。国家或政府能力的水平会影响政策工具选择的范围与幅度，当能力较强时，更可能采用政府直接提供的方式；当能力较弱时，则更可能将行动委托给私人和市场。（4）工具选择的习惯性。政策主体会对工具选择产生路径依赖，因此可能不愿意轻易地改变所使用的政策工具。

（二）政策问题

政策问题与政策工具的选择息息相关，在充分认识政策问题的基础上才有可能选择适用于解决该问题的政策工具。政策问题至少从以下三个方面影响政策工具的选择：（1）政策问题的性质。它决定了政策工具的基本范围，比如刑事犯罪问题的侦讯与审判不能等同于对民事纠纷的调解与审理。（2）政策问题的严重性和复杂性。根据严重性和复杂性的不同，政策问题可进行归类并酌情解决；对于彼此之间有紧密关联、无法通过单一政策工具解决的若干政策问题，需要以政策工具组合的形式进行解决。（3）政策问题的紧迫性。对于存在不同时间约束条件的政策问题，在考虑政策工具选择时需要注意其见效时长，以及其效果是否受到实施时长的影响，这样才能使问题与工具匹配，获得较好的绩效结果。

（三）政策目标

政策目标是指政策制定者期望通过政策实施所达到的效果，它指示了工具选择的依据和根本目的。根据政策目标选择政策工具的原则一般包括：（1）明确政府的基本职能和政策的根本宗旨。保障公共利益是政府存在和行使职能的前提，公共利益是运用政策工具的首要考量。在采取政策工具时，应坚持多维度的评价标准。这主要涉及效果、效率、充分、公平、回应等方面。（2）明确政策目标数量及其结构。政策工具使用的失误经常源于目标设置的不清晰。如果目标是多重的，就要明确目标之间的结构与关系，当构成目标的多重问题相互协调时，工具的运用会更容易。更多时候，体现不同利益诉求的、复杂的目标系统会给政策工具的使用带来挑战，在使用工具之前必须搞清楚目标结构，寻找有效达成政策目标的最优工具和途径。（3）应注意目标选择的恰当与否，用发展的观点来运用政策工具。

（四）目标人群

政策工具的目标人群所具有的特性也会影响政策工具的选择。具体来说，目标人群的以下情况影响政策工具的选择：（1）目标人群的类型。如施耐德和英格拉姆将目标人群划分为优势群体、竞争群体、依赖群体和偏差群体，对于不同的群体需要应用不同的政策工具，以提高不同群体对政策工具的适配性。（2）目标人群的社会分化程度。目标人群的组成结构越复杂，受到民族、语言、地域等因素的影响而产生的社会分化程度就越严重，在这种情况下就需要谨慎选择政策工具以避免冲突的爆发；反之，当目标人群的社会融合度较高时，政策工具的选择范围就能扩大。（3）目标人群的政策参与程度。当目标人群中尚未形成多元化的政策社群时，可以使用相对单一的政策工具；但当多元化的政策社群已经形成时，相应地也必须使用多元化的政策工具才能达成政策目标。（4）政策工具的可接受性。在评估一个政策工具是否可以被使用时，要充分考虑目标人群对该政策工具的可接受性，以及目标人群可能产生的反应强度与范围。

（五）政策工具自身的属性

每种政策工具都有自身的特性、适用范围、优势与劣势，因此在选择政策工具时要充分考虑到政策工具的属性，在权衡比较的基础上做出选择。此外，政策工具之间也有各自不同的特点、技术要求、操作程序，每种工具都有一定的适用条件和对服务的具体要求。经济性工具具有间接性、有偿性与关联性的特征，在选择和实施过程中要注意工具间的功能搭配与综合作用，以及对其他政策工具的影响和未来变化。行政性工具具有权威性、强制性的特征，虽然能够快速有效地解决公共问题，但也存在一定的局限性。例如，过分强调目标团体服从政策主体的意志，而忽视目标团体的利益诉求，容易引发社会矛盾；过度使用行政性工具也容易导致“人治”的弊端。

解释性案例 3-2

电力市场化改革迈出重要一步

近来，全球能源行业出现新的变化，国际市场能源价格持续走高，部分国家电力价格大幅上涨；国内煤炭、电力供需持续偏紧，一些地方出现限电限产。在能源供应趋紧、煤炭价格高涨的背景下，2021 年 10 月 12 日，国家发改委发布《国家发展改革委关于进一步深化燃煤发电上网电价市场化改革的通知》（下称《通知》），有序放开全部燃煤发电电量上网电价，将燃煤发电市场交易价格浮动范围由现行的上浮不超过 10%、下浮原则上不超过 15%，扩大为上下浮动原则上均不超过 20%，高耗能企业市场交易电价不受上浮 20%限制。

在国家发展改革委新闻发布会上，国家发展改革委价格司相关负责人表示：“此次改革，在‘放开两头’，即放开发电侧上网电价、用户侧销售电价方面取得了重要进展，标志着电力市场化改革又迈出了重要一步。”

在发电侧，有序放开全部燃煤发电电量上网电价。我国燃煤发电电量占比高，燃煤发电电量上网电价在发电侧上网电价形成中发挥着“锚”的作用。目前，已经有约 70%的燃煤发电电量通过参与电力市场形成上网电价。在用电侧，有序放开工商业用户用电价格。目前，大约 44%的工商业用电量已通过参与市场形成用电价格。此次《通知》明确提出有序推动工商业用户都进入电力市场，按照市场价格购电，取消工商业目录销售电价。尚未进入市场的工商业用户中，10 千伏及以上的工商业用户用电量大、市场化条件好，全部进入市场；其他工商业用户也要尽快进入。届时，目录销售电价只保留居民、农业类别，基本实现“能放尽放”。

同时，《通知》明确对暂未直接从电力市场购电的工商业用户由电网企业代理购电，代理购电价格通过市场化方式形成；要求电网企业首次向代理用户售电时，至少提前 1 个月通知用户，确保改革平稳过渡。考虑到不同用户的情况，国家发展改革委也作了针对性安排。一是各地根据情况有序推动工商业用户进入市场，并建立电网企业代理购电机制，确保平稳实施。二是鼓励地方对小微企业和个体工商户用电实行阶段性优惠政策。三是继续落实好已经出台的支持民营企业发展、中小微企业融资、制造业投资等一系列惠企纾困措施。

为保障改革平稳实施、落地见效，《通知》明确了多项保障措施。一是全面推进电力市场建设。有序放开各类电源发电计划，健全电力市场体系，加快培育合格售电主体。二是加强与分时电价政策衔接。加快落实分时电价政策，出台尖峰电价机制，做好市场交易与分时电价政策的衔接。三是避免不合理行政干预。要求各地严格按照国家相关政策推进电力市场建设，对市场交易电价合理浮动不得进行干预。四是加强煤电市场监管。及时查处违法违规行为，维护良好市场秩序；指导发电企业特别是煤电联营企业合理参与电力市场报价。

资料来源：陆娅楠，邱超奕．有序放开全部燃煤发电电量上网电价 电力市场化改革迈出重要一步[EB/OL].（2021－10－13）[2023－05－25]. https://www.gov.cn/xinwen/2021－10/13/content_5642203.htm. 有改编.

在这个案例中，为了解决能源供应趋紧、煤炭价格高涨的问题，国家发改委充分考虑到各政策工具自身特性，合理采取多种政策工具进行电力市场化改革。一方面，针对电力资源相关问题，主要采取经济性工具，以市场化为手段，同时搭配使用其他工具，对小微企业和个体工商户用电实行阶段性优惠。另一方面，在行政性工具的使用上，以“通知”形式下达规范性文件，这样能够高效率解决公共问题。国家发改委也要求各地严格按照国家相关政策，推进电力市场建设，对市场交易电价合理浮动不得进行干预。此次改革强调各地根据情况有序推动工商业用户进入市场，进行电力市场化改革。

（六）政策工具选择的环境

这里的环境是指政策工具实施的具体背景，包括政府管理机构和管理者、目标团体、其他工具等因素。首先是政府管理机构和管理者。在选择政策工具时，政府管理机构会考虑政策工具的实施对政府管理机构产生的正负影响；政府管理者现有的管理能力，领导者的主观偏好、专业背景、认知结构、对组织的忠诚及经验也影响个人对政策工具的偏好。其次是政策客体。政策客体是政策工具直接作用、影响的对象，不同政策工具可能会对政策客体产生不同影响。政策客体会抵制对自身不利的工具，同时会通过各种手段保留那些对自身有利的工具。最后是其他工具。政策工具并不是孤立地发挥作用的，不同工具间会相互关联、相互影响，甚至相互冲突，也可能会对政策工具的选择带来影响。

（七）组织路径

在确立政策工具的过程中，组织既有的文化、运作机制及行为方式可能会阻碍新工具的有效运用，降低新工具的实际价值。改变组织既有的文化、运作机制及行为方式不是一朝一夕的事情，这也会成为政策工具选择的一种阻力。

本章内容小结

政策主体、政策客体、利益相关者和政策环境是公共政策系统的主要组成部分。

公共政策系统的子系统包含信息、咨询、决断、执行和监控等子系统。公共决策的规则包括全体一致规则、多数规则等。公共决策体制的类型主要包括人民代表大会制、总统制、议会制、半总统半议会制、超级总统制、委员会制以及军事独裁制等。

政策工具是达成政策目标的具体方式、方法及相应的措施和手段。政策工具选择与政策主体、政策问题、政策目标、目标人群、政策工具自身的属性、政策工具选择的环境、组织路径等因素有关。

思考与练习

1. 简述政策系统的主要构成。
2. 当今世界各主要国家的公共决策体制可划分为哪些类型？
3. 试述政策工具三分法。

在线自测

第四章

公共政策问题构建、政策规划与政策执行

学习目标

1. 理解政策问题的概念，熟悉政策问题构建的四个阶段。

2. 理解政策规划的含义与原则，了解政策规划的程序和方法，掌握政策规划的理论模型、政策合法化的概念。

3. 理解政策执行的含义、特点与作用，掌握影响政策执行的主要因素以及政策执行的理论模型，了解政策执行的非线性特征，了解政策执行的过程、原则与手段。

本章提要

本章重点介绍了公共政策问题构建、公共政策规划、公共政策执行三个环节。第一节主要介绍了公共政策问题的概念、公共政策问题的构建程序与论证、政策议程的含义与类型、公共问题进入政策议程的触发机制、政府议程的主要内容。公共政策规划是公共政策过程中的环节，直接影响公共政策的执行。第二节主要介绍了公共政策规划的含义与原则、程序与方法、政策规划的三种理论模型以及政策的合法化。公共政策执行是公共政策方案转化为公共政策现实的唯一途径。第三节主要介绍了政策执行的含义、特点与作用，政策执行的影响因素与理论模型，政策执行的过程、原则与手段。

引导案例

《校车安全条例（草案）》的政策议程分析

2011年11月16日，甘肃省正宁县榆林子镇发生一起特大校车事故，共造成21人死亡（其中19名幼儿）、43名幼儿受伤。该事故迅速引起社会各界的广泛关注。2011年12月11日，《校车安全条例（草案征求意见稿）》［以下简称《校车安全条例（草案）》］发布，共八章五十九条，对校车服务提供单位、校车使用许可、校车驾驶人、校车通行安全、校车乘车安全和法律责任等方面做出了详细规定。那么，《校车安全条例（草案）》的制定过程何以如此迅速？其中，“校车安全的政策议程如何构建”是理解该案例的关键之处。校车问题是如何被构建的？推动校车安全问题进入政策议程的关键力量有哪些？校车安全的政策议程是如何呈现的？

1. 校车安全问题的产生与构建

在《校车安全条例（草案）》发布前，我国只有西藏拉萨、浙江德清、广东顺德、山东青岛等少数地区使用专用校车，其他大部分地区尤其是城乡接合部和偏远乡村的学校、幼儿园使用的“校车”五花八门：有使用普通客车的，也有使用报废车、老旧面包车、三轮机动车、农用车甚至拖拉机的。截至2011年4月，全国各级各类幼儿园、小学、初中用于接送学生上学的车辆共有285 000多辆，但其中符合《专用小学生校车安全技术条件》的车辆只占10%左右。据了解，当前国内校车经营模式多种并存，主要有学校自营、政府购车学校经营、无政府补贴的营利性组织经营、有政府补贴的营利性组织经营四种，其中学校自营和无政府补贴的营利性组织经营所占比例相对较大，但各地情况很不均衡。由于校车的低赢利性，完全市场化的运作对该市场的发展和促进作用非常有限。

网易、新浪、腾讯等多个主流网络媒体跟踪报道了甘肃正宁校车事故，它们还开辟了专门报道版块与讨论区，公众可以自由进入其中参与讨论。同时，国务院相关部委均对各地方下达了彻查校车安全的行政命令，一时间全国各地方针对校车安全检查的“运动性执法”蔚然成风，这在很大程度上助推了地方媒体对校车安全的报道。甘肃正宁校车事故的严重性、行政部门的积极行动与网络媒体报道三方面叠加，导致了甘肃正宁校车事故相比之前其他的校车事故受到了更广泛的社会舆论关注。运用百度进行搜索发现，2009年1月之前关于校车的新闻是60 000多条，过了一年就变成了将近80 000条，又过了一年是110 000条。

与以往的校车事故仅作为交通事故报道不同，在甘肃正宁校车事故发生后，网络媒体对校车事故的理解已不再局限于交通事故和校车质量范畴，更多是围绕校车安全管理（资金筹措、行政立法、安全监督等）展开，并将校车安全制度缺失视为校车事故的政策性根源。

2. 问题解决方案的酝酿与发展

甘肃正宁校车事故发生后，专家学者围绕事故提出了各种各样的政策建议。在2011年全国两会期间，除了学者这一群体外，校车安全的政策共同体还吸引了汽车企业代表、政府官员等的加盟，来自不同领域的政策企业家就校车安全问题提出了更多、更全面的建议与解决思路。其中，来自汽车企业代表的议案就有4项，且相比学者的政策建议，汽车企业代表的政策建议更为具体、更具操作性。当然，他们主要出于对自己与所在企业的利益考虑。据估算，中国有9 000万名学生需要乘坐校车，专业校车的市场容量将超过100万辆，每年的更新规模也将达到10万至15万辆。汽车企业代表期望自己的政策建议能够获得决策者的青睐，以在校车市场上占据优势地位。如郑州宇通客车公司相关负责人在议案中将推广使用专用校车称为重要的民心工程，试图从民生问题的角度强调校车安全的重要性。其他政策企业家也出于私人的或公共的目的而积极参与到校车安全的政策倡导中来。

3. 政治领导与社会大众的反应

在甘肃正宁校车事故发生后的第二天，全国31个省市中发行量较大的报纸均将该事故作为头条新闻进行详细报道。在甘肃正宁的校车事故中，政府在校车安全管理上的缺位问题在公众舆论中不断被放大，专家学者、汽车企业代表、政府官员等均对校车安全与管理展开了激烈的讨论。教育部统计资料显示，全国农村小学数从1997年的512 993所锐减到2009年的234 157所，总量减少了一半多，平均每天减少64所学校。学校数量的减少使得学生的上学路程增加，乘坐校车成为学生和家长们的无奈选择。在甘肃正宁校车事故后还接连发生了数起校车事故，有关校车安全的舆论愈演愈烈。建立健全的校车制度已经迫在眉睫，我国需要用“以人为本”的价值理念来建立健全相关制度和法律体系，使校车成为安全的流动校舍，为学生们建立起安全无忧的绿色通道。需要注意的是，时任国务院总理温家宝于2011年11月27日在第五次全国妇女儿童工作会议上对校车安全做出了重要讲话，校车安全“必须引起各地各部门高度重视。国务院已责成有关部门迅速制订校车安全条例，抓紧完善校车标准，做好校车设计、生产、改造、配备等工作，并建立相应管理制度。做好校车工作所需资金由中央和地方财政分担，多方筹集。要明确地方政府和部门责任，严格责任追究制，对发生的恶性事故要依法严肃处理。要通过中央、地方和社会各界共同努力，使校车成为学生安全的流动校舍，为孩子们建立起安全无忧的绿色通道”。

此外，校车安全的管理权限也是体现政治源流变化的重要维度。校车管理涉及多部门的权责，但由于校车安全立法的滞后导致行政部门之间权责关系复杂与模糊，“好像谁都可以管，谁都可以不管，导致校车运营在车辆管理、运营主体管理、运营过程管理和学生组织等工作方面存在管理盲区”。尽管教育部、公安部、原国家安全生产监督管理总局、原国家质检总局和国家标准委等部门曾在校车管理上采取过一些政策措施，但在甘肃正宁校车事故中，相关部门却相互推诿责任。随后，国务院迅速召开会议对校车管理权限做出调整与划分，自此，校车管理权限才得以初步厘定。

资料来源：黄俊辉，徐自强.《校车安全条例（草案）》的政策议程分析——基于多源流模型的视角[J]. 公共管理学报，2012，9（3）：19－31，123. 有改动.

案例思考：

1. 校车安全问题是如何产生和被构建的？
2. 为什么以往的校车安全事故未能触动政策议程，而甘肃正宁县特大校车安全事故的发生推动了《校车安全条例（草案）》的出台？

3. 试用多源流理论分析《校车安全条例（草案）》出台的问题流、政策流与政治流。

本章建议学时：6学时。

第一节　公共政策问题与政策议程

一、公共政策问题构建的程序

（一）公共政策问题构建的重要性

1. 什么是公共政策问题

政策问题构建的程序

在现实社会中，社会客观状态往往与人们主观期望之间存在差距，这就导致社会生活中会存在各式各样的问题。

这些问题又可分为个人问题和公共问题：个人问题涉及一个或几个人，可由个人自行解决；公共问题往往涉及众多个体、组织和机构等。

当公共问题的出现及发展影响到社会运行并引起政府等公共权力主体的注意时，公共问题就有转变为政策问题的可能。本书第二章已经指出，并不是所有的公共问题都会转变为政策问题，受制于政策资源、认识水平、能力、手段等，一定时期内只有一部分较为严重的、亟待解决的公共问题才能被确定为政策问题。

2. 为什么要构建公共政策问题

密切关注和解决公共问题是公共政策的特质。公共政策问题构建中，最重要的内容就是找出政策问题的实质。

公共政策问题的构建对于公共政策过程意义重大。政策分析者一旦找到了问题的实质，政策方案就能够紧扣问题的实质而制定。如果公共政策问题的实质没有找准，就制定解决公共问题的方案，其实只是解决了一个没有认准实质的问题，或错误的问题。正确的公共政策问题构建可以大大减少政策资源的耗费，政策制定中较为常见的错误是为解决一个构建错误的公共问题进行决策。这种决策必然会浪费许多宝贵的时间、精力、智力和其他的政策资源，而且这种浪费又是以没有解决真正的政策问题为代价的。

（二）政策问题构建的阶段

政策问题构建一般由问题感知、问题搜索、问题界定和问题陈述四个相互依存的阶段构成；政策问题构建包括问题情境、元问题、实质问题和正式问题四种实质内涵。① 如图4-1所示。

---

① 威廉·N邓恩．公共政策分析导论［M］．谢明，伏燕，朱雪宁，译．4版．北京：中国人民大学出版社，2011：58．

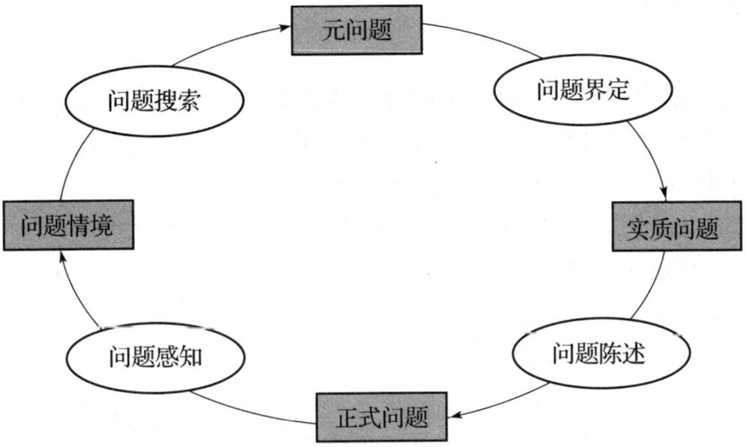

图 4-1　政策问题构建的四个阶段

1. 第一阶段：以问题感知体悟问题情境

政策问题构建的整个过程有一个前提条件，即认识或“感知”到问题情境的存在。在此阶段，我们的目标并不是发现单独存在的政策问题，而是发现政策问题利害关系人所共同感受到的问题情境形态。

2. 第二阶段：以问题搜索认定元问题

此阶段以公共政策概念诠释问题情境，使之成为政策分析者所能处理的元问题。政策分析者通常面对的是一个由各种不同意见汇集而成的问题之网，它们是动态的，具有社会性，贯穿政策制定过程始终。事实上，这是一个元问题——一个关于问题的问题，它是结构不良的，因为各个利益相关人对问题的陈述差异很大。所以，此阶段的中心任务是要依据政策科学的理论找出结构不良的政策问题，以形成政策分析者感兴趣的元问题。

3. 第三阶段：以问题界定发现实质问题

此阶段是以专业知识来判断该问题究竟属于哪一个政策领域。若是经济学的范畴，则从供需法则等经济学的角度加以分析；若属于政治学的范畴，则要按各利益集团、精英人士等在社会中权力和影响的分布情况加以分析。不论是选择哪一种概念架构，这个阶段都反映出政策分析者的世界观与意识形态。

4. 第四阶段：以问题陈述建立正式问题

一旦界定了实质问题，就可以进一步确立更详细、更具体的正式问题。从实质问题到正式问题这个过程称为问题陈述，即对实质问题形成一个正式的数学表达模型。对于结构不良的问题来说，此阶段的主要任务不在于得到正确的数学解决方法，而在于界定问题本身的性质。

政策问题构建过程中，不同的阶段必然会使用不同的分析方法和理论基础。前面两个阶段所运用的方法着重于主观的研究法或诠释的理解法，思考问题的理性则是政治与社会理性；后面的两个阶段所运用的方法则注重客观的研究方法或量化的分析方法，思考问题的理性则是经济与技术理性。

（三）政策问题的论证

1. 政策问题的论证

在政策问题构建的过程中，对政策问题的争论在所难免，人们不仅对政策问题本身的特性存在不同认识，还会对解决政策问题的行动或举措存在不同意见。为有效认识和解决政策问题，对政策问题本身进行论证就显得十分必要。威廉·邓恩（William N. Dunn）根据组织的类别等级，将政策问题的论证划分为四个层次：小论证、功能论证、二级论证和一级论证，具体如图 4-2 所示。[①]

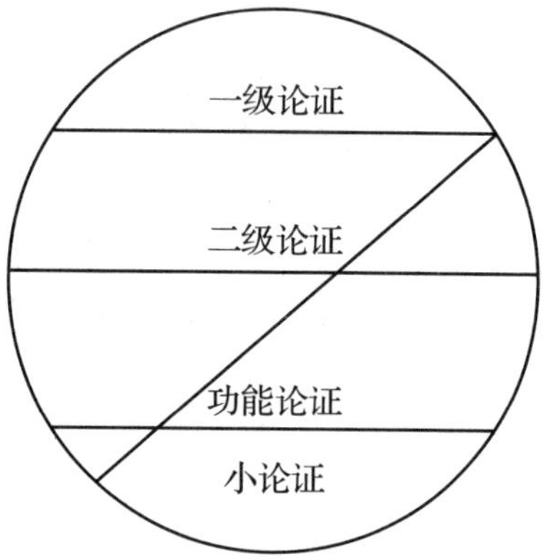

图 4-2　公共政策问题的论证

（1）小论证。政策问题的小论证是政策问题论证的最低层次，它是指将政策问题分解成若干项目，再对具体项目进行论证。政策问题小论证往往是由政策分析人员划分为专门小组来进行的。各个项目论证一般是独立进行的，这样才有利于把每个项目做好做细。项目论证是分散的，必须通过功能论证将其综合起来。

（2）功能论证。政策问题的功能论证通常是由负责政策制定的具体组织来进行的。其任务是将构成政策问题的主要要素的单独分析有机综合起来，从而确定政策问题的结构类型。同时，功能论证还需要对政策问题所分属的领域、范围层次和作用方式类别加以划分，以便为政府决策机构的论证提供前提条件。

（3）二级论证。政策问题的二级论证是由政府的决策机构做出的论证。政府是对社会提供公共服务的主要机构，政府对社会进行公共管理的主要手段就是选准政策问题，制定并实施科学合理的公共政策来解决这些问题。但是，政府从社会中提取政策资源的能力是有限的，它在一定的时间内只能利用有限的资源实施有限的政策。政府对政策问题的论证主要是集中讨论政策目标、政策方案、政策成本、政策效果等问题。

（4）一级论证。政策问题的一级论证是最高级的论证，实际上是对政策问题是否进入政策议程的最终决定。政府可能同时将几个政策问题提交最高决策机构来选择，看究竟是什么样的政策问题能够进入政策议程。

2. 政策问题诊断的误差来源

政策问题的界定与构建的过程也是政策问题的诊断过程，通过政策问题诊断可以了解政策问题，明晰其成因。但由于知识、能力、时间精力等限制，决策者在进行政策问题诊断时，往往会出现许多误差，以致难以正确分析和了解政策问题。公共政策问题诊断时可能遭遇到的误差因素有如下几个来源：

（1）组织结构。第一，层级节制体系。过分层级化的组织容易造成信息在传递过程中丢失等情况。第二，专业化。过度的专业化可能滋生出部门本位主义，使正确的信息无法

---

① 威廉·N 邓恩．公共政策分析导论［M］．谢明，伏燕，朱雪宁，译．4 版．北京：中国人民大学出版社，2011：161-163.

有效传播或接收，行政区划则会进一步加重资源及信息传递的困难。第三，集权化。集权化容易使上层人员信息负载严重，难以获得正确和有效的信息，给科学认定问题造成困难。

（2）意识形态。意识形态是指组织成员所共同拥有的一套信仰体系。意识形态对于公共政策诊断会产生各种各样的影响。这种影响往往发生在信息和认知等方面。

（3）无知。某些政府官员对专业知识并不了解，轻信某些错误的观点，造成对问题的误判。

（4）信息超载。在不过滤信息的情况下，政府官员接收到的信息太多，往往超出其处理能力，容易造成沟通障碍并导致对问题的探讨产生偏差；如若参谋人员事先过滤，则又容易造成一些重要信息被忽视。

（5）噪声干扰。由于接收者的认知与人格结构不同，因而对信息有不同的理解。

（6）时间落差。这是指从接收信息到开始反应之间的时间差距。现在被忽略的问题，将来可能是严重的问题。

（7）回避问题。决策者回避其所不愿意面对的问题，从而导致对真相缺乏了解。

（8）掩盖问题。即提出某些大家已经知道的问题，来掩盖事实上的核心问题。

（9）虚假问题。即发现并解决了另一个错误的问题，但不会对真正要解决的问题产生实质影响。

二、公共政策议程的建立

政策议程的建立

（一）政策议程的含义与类型

1. 政策议程的含义

政策议程通常是指有关公共问题受到政府及公共组织的高度重视并被正式纳入其政策讨论和被确定为应予以解决的政策问题的过程。

2. 政策议程的类型

政策议程可分为公众议程和政府议程两种类型。

（1）公众议程。公众议程又称系统议程，是指由政治共同体成员共同认为值得公众关注、且处于政府管辖范围之内的公共问题，被包括社会公众和团体等在内的政治系统讨论的过程。这种讨论过程具有一定的方向性，能够促进这些公共问题被认定为公共政策问题。公众议程从本质上讲是公众广泛参与的讨论过程。需要指出的是，并非所有的公共问题都能被纳入公众议程，一个问题要想进入公众议程，必须具备以下三个条件：一是必须在社会上引起广泛关注，被公众广泛识别和感知；二是大多数公众均认为有采取行动的必要；三是公众普遍认为该问题是某个政府职能部门权限范围内的事务且应当给予适当的关注。

（2）政府议程。政府议程是指某些公共问题的出现和发展引起了公共部门内决策者的密切关注，他们认为有必要为之采取一定的行动，把这些公共问题列入解决范围并要求在一定期限内提出解决方案并采取行动。一般情况下，公共问题是先引起部分人关注，进入公众议程，成为公众讨论的政策问题，然后才会引起政府决策者关注，进入政府议程；决策者也可能直接提出政策问题，不经过公众议程，直接将其纳入政府议程。

（二）公共问题进入政策议程的触发因素

一般来说，公共问题引起关注并进入政策议程的触发因素主要有以下四种。①

1. 政治领导者

政治领导者可能出于某种政治优先权的考虑，或者对公众利益的关注，或者是两者兼而有之，而密切关注公共领域的一些问题，并在特定的时机将某些公共问题提出来，引起社会各界的注意，并提供解决问题的方案。

2. 危机事件

某种危机事件或突发事件会造成形势的变化，从而成为社会各界关注的焦点，并因此被很快提上政策议程，如煤矿事故、自然灾害等。而且，在某一突发事件的影响下，人们会把社会上与之相关的事都同这一事件联系起来，这会推动这类问题加速进入政策议程，吸引决策者的目光并促使他们意识到问题的严重性。

3. 抗议活动

抗议活动是一种激烈的利益表达形式，是使问题引起决策者重视和促使问题进入议事日程的又一手段。当抗议活动出现时，说明公共问题已经发展到较为严重的地步，需要调整现有的政策。

4. 传媒曝光

大众媒体是传播公共问题、影响公众舆论的重要渠道。重大公共问题容易吸引大众传媒的注意，通过大众传媒的报道与传播，公众对这些问题的认知度和关注度会不断提升，推动政府对问题的回应和解决，从而将这些问题纳入政策议程。

（三）政府议程的主要内容

一般而言，政府议程包括以下四个阶段的内容。

1. 问题界定阶段

这一阶段的主要内容在于积极而慎重地研究认定政策问题，以陈述问题和界定其本质为主要任务，并且确定所面临的问题是否该由政府来解决。

2. 规划阶段

在规划阶段，通过定性或定量的方法设计优先解决的政策项目，规划出政策方案。

3. 议价阶段

在这一阶段，以平衡规划方案引起的利益变动为主要任务，通过讨论协商使提案得到多数人支持并能积极发展。根据政策规划的构想和规定，政策制定者之间就价值标准和利益进行争论。

4. 循环阶段

这一阶段以检验、评估正式进入政府议程的政策方案为主要任务。

① 王洛忠．公共政策学［M］．北京：北京大学出版社，2022：68.

第二节 公共政策规划的相关理论

一、公共政策规划的含义及原则

(一) 政策规划的含义

对于政策规划概念的界定，不同的学者有不同的认识。一般来说，政策规划是指对政策问题进行分析研究并提出相应的解决办法或方案的活动过程，它包括问题界定、目标确立、方案设计、后果预测、方案决策等环节。[①] 其核心要义是政策制定。

(二) 政策规划的原则

政策规划人员在进行政策方案的设计时，应遵循何种原则，以便获得可行的方案。学者卡普兰曾提出以下政策规划的原则。

1. 公正无偏原则

公正无偏原则是指从事政策规划时，应持无私无偏的态度，对当事人、利害关系人、社会大众等，均应予以通盘的考虑。

2. 个人受益原则

个人受益原则是指在从事政策规划时，无论采取何种行动方案解决问题，最终的受益者都必须落实到广大人民的身上。

3. 弱势者利益最大化原则

弱势者利益最大化原则是指从事政策规划时，应考虑使社会上居于弱势的群体及个人，能够得到最大的照顾，享受最大的利益。

4. 分配普遍原则

分配普遍原则是指从事政策规划时，应尽可能使受益者扩大，即尽量使利益普及于一般人，而非仅仅局限于少数人。

5. 持续进行原则

持续进行原则是指从事政策规划时，应考虑事务的延续性，对事务及解决问题的方案，从过去、现在及未来的角度研究方案的可行性，不能使三者相互脱节，否则就不切合实际。

6. 人民自主原则

人民自主原则是指从事政策规划时，应考虑该政策问题是否可交由民间处理，如果民间愿意且有能力处理该问题，就由民间来处理。

7. 紧急处理原则

紧急处理原则是指从事政策规划时，应考虑各项公共问题的轻重缓急，对于较紧急的问题，应即刻加以处理。

---

① 陈振明．政策科学：公共政策分析导论［M］．2 版．北京：中国人民大学出版社，2003：221.

二、公共政策规划的程序与方法

（一）政策规划的程序

1. 政策目标的确定

政策规划的程序

确定政策目标是政策规划的第一步。政策目标决定未来一段时期内的行动方向。在确定政策目标的过程中有这样几点要求：第一，目标的确定要具体，不能含混不清。越是近期的目标，越要求明确具体，远期目标则允许留有一定的余地。第二，目标的确定要力求恰当，防止目标偏高或偏低。偏高是指不具备实现目标的客观条件；偏低是指无须努力目标即可实现。第三，目标的确定应有可检验性，为实现总目标，应建立分段目标，并规定相应的具体指标，通过不断的检验，一步步向总目标迈进。第四，目标的确定应具有前瞻性。事物是不断发展的，情况是不断变化的，所以应该以发展的眼光看问题，使政策目标能够合理定位。

2. 政策方案的设计

政策方案设计是政策规划的核心环节，这一环节通常由以下三个小环节构成：

（1）有限方案的搜集。在设计政策方案时，应该全面、充分考虑解决问题的途径，尽可能使所有政策方案都进入政策制定者的视线。如果政策制定所面临的环境条件是稳定的，可以借助渐进模型来进行方案搜集。如果政策制定所面对的环境是动态的，而且变动较大，则考虑理性模型，并要开阔视野，进行创造性思维，要力求有所创新。

（2）内容的初步设计。这一程序要解决方案内容的框架问题。在进行方案内容的初步设计时，要注意方案内容不雷同，确保各方案之间有互斥性。在方案的初步设计中，参与人员可能不多，一般由政府主管人员牵头，几个人协助政府主管人员。

（3）重要方案的精细设计。方案设计者要从几套方案中选出比较满意的方案并对其进行重点设计：在细节设计时，设计者要充分考虑政策实施中可能遇到的各种不确定性因素，充分估计政策实施中的难点和关键环节，对方案的各个细节进行严格的推敲，反复地计算和认真地考虑；在方案的精加工设计过程中，如果涉及的技术性因素较多，方案设计者的能力与学识不足以应对，可借助专家、智囊团等力量。

3. 政策方案的评估

一般来说，政策方案评估包括价值评估、效果评估、风险评估和可行性评估：

（1）政策方案的价值评估。首先要对政策目标的意义、目标产生的背景和现状进行整体把握和分析，在此基础上进行价值指标的评估，如政策方案是否能够与政策目标相一致、通过实施该方案是否能达到预期中的政策结果、该方案的侧重点和优先项是什么，等等。根据评估结果，综合考虑各项价值指标的权重和重要性，确定最优或最可行的政策方案。

（2）政策方案的效果评估。即对一个政策方案将会产生的效果进行预测和分析，来决定该政策方案的取舍。政策效果是多样化的，要进行综合评估、权衡利弊，来选择那些能产生积极、正面、预期效果的政策方案。

(3) 政策方案的风险评估。不同的政策方案有着不同的风险程度，风险评估是对政策方案可能带来的不利后果、不确定因素、潜在威胁等进行系统的分析和预测的过程，以选择出那些在类似条件下风险相对较小的方案，防止或减少政策实施过程中可能出现的问题和损失。

(4) 政策方案的可行性评估。方案可行性评估又称可行性论证，是政策方案评估、论证中最主要的任务，主要包括技术可行性、经济可行性、政治可行性和行政可行性评估，政策方案各方面的可行性程度对政策的顺利推行、政策目标的顺利实现有至关重要的作用。

4. 政策方案的选择

政策方案的选择就是在对备选方案进行全面评估的基础上择优的过程。这一程序需要由法律意义上的政策制定者来完成。择优也有一些应该遵循的要求与标准：(1) 符合国家的总政策和基本政策。在我国，政策方案选择必须符合宪法和法律，符合国家基本政策。(2) 服务于国家进步和社会发展的长远利益，不能只考虑眼前利益。(3) 政策风险应尽可能小、政策收益应尽可能大，政策成本应小于收益。(4) 对环境没有恶劣的影响和破坏。(5) 政策的目标群体能够不抵触政策，不会破坏社会的稳定。(6) 政策具有政治、经济、文化、技术、伦理和社会等可行性。

经过政策选择之后，政策制定阶段基本结束，但政策方案不能马上付诸实施，必须经过特定的程序使之获得合法的地位，即政策方案的合法化。

(二) 政策规划的方法

常用的政策规划的方法有以下几种。

1. 头脑风暴法

头脑风暴法又称头脑激荡法、头脑振荡法。头脑风暴法产生于群体决策的困境，由于群体决策中，群体成员的心理存在相互作用与影响，成员只跟随大多数人的观点或权威专家的观点，形成“群体思维”而缺乏创造性，使决策效率降低。头脑风暴法利用产生观念的过程，创造一种进行决策的程序，主张群体成员在这个程序中独立思考、自由发言，力图创造一个相互激励和启发的言论环境，当一个成员发言时，其他人不得进行评论或阻拦。典型的头脑风暴法中，需要 6～12 人围坐在一张桌子旁，群体领导或会议主持人简明扼要地说明要讨论的问题和讨论规则，然后在给定的时间内，每个人畅所欲言，尽可能想出各种解决问题的方案，并且不能对其他发言者的意见做出评价。会议中提出的所有想法都被记录在案，在发言阶段结束后才允许群体成员来分析这些建议和方案。

2. 哥顿法

该方法是由美国学者哥顿在 1964 年发明的一种创新思维的方法。它衍生自头脑风暴法，是一种以会议形式举办，会议主持人作为主导者进行集体讨论的方法。会议并不明确地提出需要解决的问题，只讨论问题的某一局部或某一侧面，或者讨论与问题相似的另一问题，或者用“抽象的阶梯”把问题抽象化后向与会者提出。只有会议主持人知道真正的研究问题，并在会议过程中对与会者提出的构想加以分析研究，一步步地将与会者引导到问题本身上来。通过对抽象问题而不是实际问题的回答，与会者能够跳出固有的思维框架，不受传统方法的限制，更容易产生新颖的构想或方案，从而充分发挥集体智慧并达到方案创新的目的。哥顿法有两个基本观点：一是“变陌生为熟悉”，即运用熟悉的方法处理陌生的问题；二是“变熟悉为陌生”，即以陌生的方法处理熟悉的问题。但是，该方法对会议主持人的要求很高，既需要会议主持人充分了解该会议实际要解决的问题的主题、有关背景和知识，能够灵活引导与会者的话题往问题方向靠拢，又需要会议主持人具有较好的主持方法与艺术，这样才能充分激发与会者的积极性。

3. 角色互换法

角色互换法指的是让不同的政策主体暂时改变自己的角色，扮演其他政策主体的角色，以便从不同的视角去理解和体验政策问题、政策过程、政策效果和政策影响，从而达到提高方案质量、解决角色冲突、促进决策效率等目的的一种方法。这种方法主要适用于“做还是不做”的问题，例如机构建立还是不建立、提议通过还是不通过，诸如此类的问题，总之是要在意见对立的方案中进行选择。和决策有关的因素是复杂多样的，因此当面对一个有争议的问题时，可以让持不同观点的人分别去收集支持和反驳自己的证据，然后交换角色，再去收集支持和反驳对方的证据。这样做的目的是让双方都能从多个角度看待问题，发现自己和对方的合理性和漏洞，找到共识和事实，从而达成一致的决策。这种方法可以有效地缓和双方的冲突，增加双方的理性和客观，起到良好的协调沟通作用。

政策规划的理论模型

三、公共政策规划的理论模型

（一）梅尔的理性规划过程

1985 年，梅尔在《政策与项目规划：一个发展的视角》中提出了理性规划过程（见图 4－3），认为政策规划的过程包括以下九个阶段。

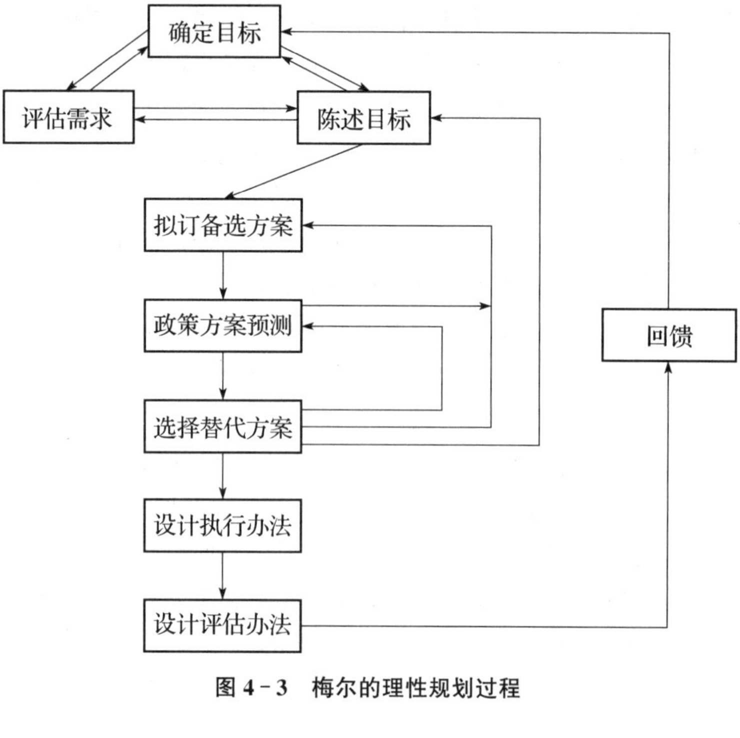

图 4－3　梅尔的理性规划过程

1. 确定目标

政策目标即政策执行之后预期达到的目的或结果。例如，《中共中央国务院关于优化生育政策促进人口长期均衡发展的决定》提出的“到 2025 年，积极生育支持政策体系基本建立，服务管理制度基本完备，优生优育服务水平明显提高，普惠托育服务体系加快建设，生育、养育、教育成本显著降低，生育水平适当提高，出生人口性别比趋于正常，人口结构逐步优化，人口素质进一步提升”的目标，即表示该政策执行之后预期达到的目的。

2. 评估需求

需求是指理想状态与现实状态之间的差距。评估需求须考虑三个层次：政策接受者的需求状况、服务提供者的供给状况以及资源或解决方案。评估需求主要是评估政策接受者的需求程度和服务提供者的供给程度之间的差异。

3. 陈述目标

即将确定好的政策目标具体化，用于评估政策目标的完成程度。

4. 拟订备选方案

备选方案的范围可以从最激进的变革行动到小幅度的渐进改变，乃至于不采取任何行动的维持现状方案。但在选择时必须考虑：政策资源是否充分、执行技术是否可行、政策价值取向能否被接受、政策目标能否达成等因素。

5. 政策方案预测

政策方案预测的基本方法有多种：一是趋势外推法，即以过去事实的发展趋势推断未来，属于归纳逻辑，如时间序列分析法、最小平方趋势估计、非线性时间序列等；二是理论假定法，指通过一套经过系统构建并可实际验证的理论或命题来预测未来可能发展的方向，属于演绎逻辑，如因果模式建构法、投入产出分析、回归分析、区间分析、相关分析等；三是主观判断法，基于洞察力所获得的预测知识，属于回溯逻辑，即先对未来作某种假定，再倒回来寻找必需的资讯以支持其主张，如传统的德尔菲法、交义影响法、可行性评估技术等。

6. 选择替代方案

即根据政策所要达到的目标，确定并比较可行的备选方案。一般来说，可供选择的方案数量越多，对选中的方案的相对满意程度也越高，政策规划也就越有效。同时还要从可行性、满意度、可能效益等方面对每个方案的优劣进行全面分析和评价，以选择可行的替代方案。

7. 设计执行办法

政策方案选定后，将其内容转换成具体可行的行动，亦即详细执行政策方案的办法。

8. 设计评估办法

设计评估办法是指设计评估的标准、手段、程序等来衡量政策方案执行的程度与效果。

9. 回馈

回馈是指把政策评估结果回馈至规划阶段，用来修改政策方案或者供下次的政策规划参考。

（二）威廉·邓恩的政策规划模型

威廉·邓恩提出的政策规划模型（见图 4－4）认为，政策规划过程包含两大基本要素：政策相关信息与政策分析方法。政策相关信息是指政策规划时希望产生的知识与信息，包括政策问题、政策行动、政策结果、政策绩效与政策前景等内容（在图中以长方形来表示）。政策分析方法指进行政策分析、期望产生政策相关信息时可能运用的方法，包括问题构建、预测、建议、监控和评估（在图中以椭圆形来表示），运用政策分析方法可以得到相应的政策信息。

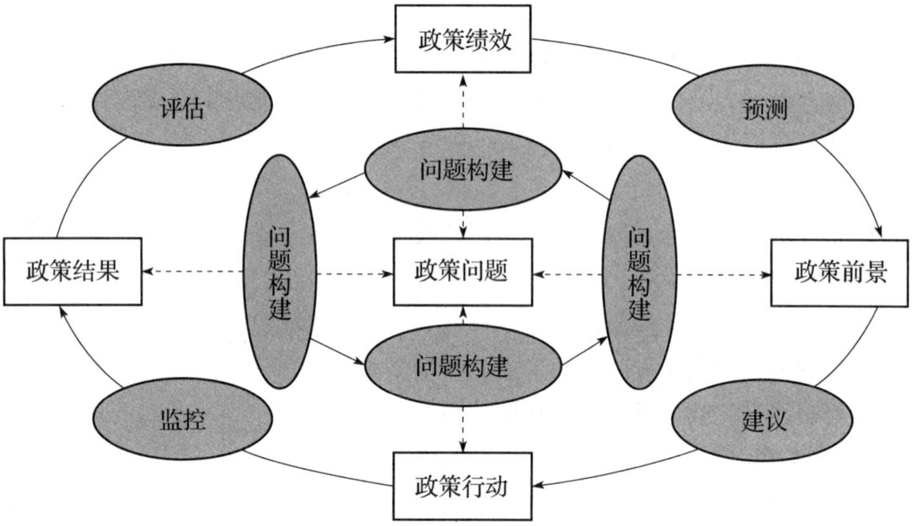

图 4－4　威廉·邓恩的政策规划模型

问题构建有助于政策规划者发现潜在假设、诊断问题产生的原因、规划可能的目标、综合有冲突的观点和设想、发现以及设计新的政策备选方案，而问题构建所提供的政策相关信息可以用来质疑议程建立阶段问题的潜在假设。

预测是指预测政策结果，当采纳不同的优先政策时，后果就会随之出现，而预测能够提供关于这些后果的政策相关信息。预测这些后果有助于检验未来，评价现有政策和推荐的政策可能导致的结果，明确实现目标的限制因素，评价不同备选方案的政治合理性。

建议是为预期的政策结果提供有关成本和收益的政策相关信息、推荐偏好政策，在政策采纳阶段帮助决策者考虑政策的实用性或效用水平。政策分析者可以通过所推荐政策为样本来估计风险和不确定的程度，识别外部性和意外效果，明确选择的标准，以及分配政策执行中的行政管理责任。

监测与政策执行阶段相联系，提供了所采纳的政策导致结果的相关信息，能够帮助评价政策预期与实际的一致性，发现非政策计划本意的结果，进而识别执行政策的障碍和限制因素，并发掘出导致政策偏离目标的根源。

政策方案评估存在于政策评价、政策调整、政策延续和政策终结等多个阶段，可以提供实际政策效果和预期政策效果之间差异的相关信息。通过评估，能够了解所采纳的政策在多大程度上缓解了问题的严重性，同时也帮助澄清和促成政策的价值调整或重新规划政策，以及为重新构建政策问题提供依据。

（三）多源流理论

金登在《议程、备选方案与公共政策》一书中提出了著名的多源流理论，回答了政策议程设置的相关问题。

问题流主要涉及问题的界定，是问题引起决策者关注的过程。金登认为，在我们的日常生活中存在着各种各样的公共问题，这些问题能否得到决策者的关注并上升为政策议程，主要取决于三个方面：一是评价问题存在与否及其重要程度的一系列指标；二是能够将某一主题带到政策议程显著位置的焦点事件；三是对现行项目运作情况的反馈信息等。

政策流主要涉及政策方案的设计与选择，是政策建议产生、讨论、重新设计以及受到重视的过程。这些建议之所以能够存在，需要满足多项条件，如技术可行性、与主导价值观的适合程度、预算可行性及政策制定者提出这些建议可能遇到的支持或反对等。

政治流主要涉及政治因素对政策议程设置的影响，是指对问题的解决产生影响的政治过程。政治流独立于问题流与政策流，它由诸如公众情绪、压力集团间的竞争、选举结果、政党或意识形态在国会中的分布以及政府的变更等因素构成。政治流中的这些要素对于政策议程设置具有强大的影响，其中，国民情绪的变化与行政当局的变更会对政策议程产生最有力的影响，那些引起国民情绪强烈变化而受到政治当局关注的政策问题，以及由政党或者新一届政府变更而受到关注的政策问题，被提上政策议程的机会大大增加。

问题流、政策流与政治流是怎样结合的呢？金登认为，三条源流的结合离不开政策企业家的作用。政策企业家是这样一些政策倡导者，他们愿意投入自己的资源（时间、精力、声誉以及金钱）来宣传某一政策主张以使其成为决策方案。他们可能是内阁部长、国会议员，还有可能是专家学者或职业官僚。政策企业家在政策议程设置过程中发挥着十分关键的作用，他们不仅不断推出自己对问题的认识和政策建议，说服“政策共同体”内的其他成员，而且时刻为政策之窗的开启做好准备。

问题流、政治流与政策流这三条溪流保持着相对的独立性，在某一个关键的时间点上，三大源流耦合，“政策之窗”开启，政策问题获得决策者高度关注的可能性大大提高。政策议程是在问题流或者政治流中建立起来的，而备选方案则是在政策流中产生的；“政策之窗”要么是因为问题流中的紧迫问题的出现而打开，要么是由于政治流中的关键事件而开启，因此也就有了“问题之窗”与“政治之窗”。

外溢效应是指当一个政策问题的“政策之窗”打开时，往往可以为另一个相近政策问题的“政策之窗”的打开增加可能性。

四、公共政策合法化

政策合法化是有关政策抉择主体依据有关法律，按照法定程序对政策方案加以审查、通过或批准、签署及发布的过程，它涵盖了三方面内容：政策内容的合法化、决策程序的合法化和政策法律化。

（一）政策内容的合法化

政策内容的合法化，就是决策者择定的政策在内容上不能与既定宪法和法律相抵触，必须合乎有关法律的原则甚至具体规定。具体说来，政策内容的合法化要求所制定的政策与既定的法律相一致。

政策内容的合法化恰是前述政策目标协调原则的一个具体体现，同时它也是整个政策体系和法律体系统一、协调的具体保障。为了确保所制定的政策内容的合法化，抉择者除了本身要认真将拟采用的政策与已有的相关法律和政策相对照，及时发现可能存在的不一致性外，还要发挥专门机构的审查作用，甚至应考虑在决策程序中列出专门的合法化审查程序。

（二）决策程序的合法化

政策合法化的另一个重要方面就是政策抉择过程应合乎法定的程序要求。这就是说，法定的决策程序在政策合法化中占有极其重要的地位。人们历来强调程序正义，在决策上同样要重视程序正义原则。政策的抉择程序通常是非常复杂的，这不仅表现在它本身的具体程序繁多，而且不同机构、不同主体的抉择程序也是各有不同的。下面主要介绍行政系统和立法系统的决策程序。

1. 行政系统的决策程序

行政系统的决策特点往往要求快捷、高效，与此相适应的行政决策体制，无论属于哪种类型，决策的集中化程度都会较立法机关要高。在当代中国，行政决策实行的是行政首长负责制，把承担决策权的责任主要赋予行政首长，但同时又要求行政首长应在行政领导会议集体讨论决定的基础上行使决策权，具体的行政决策程序如下：

（1）法制部门的审查。我国县以上各级行政机关及其职能部门都设有专门的法制机构，它们的主要职责之一就是审查各项政策方案的合法性。

（2）领导会议的讨论决定。据有关法律规定，县以上各级人民政府工作中的重大问题，需经政府常务会议或全体会议讨论决定。行政首长召集和主持这两种会议，对会议所讨论的结果和应做出的决定，行政首长拥有最终的决定权。即这两种会议都不实行委员会制下的一人一票和少数服从多数的原则，而是以集体讨论来集思广益，最终还是由行政首长拍板决定。行政领导会议的形式除了上述两种以外，还有行政首长办公会议。该会议是行政首长处理日常决策事务的一种会议形式，可以由行政首长根据工作需要随时召集。在我国，有些政策特别是政府职能部门制定的许多政策就是由首长办公会议讨论决定的。

（3）行政首长的签署发布。行政首长在整个行政决策中处于关键地位，行政首长对有关决策有最后的决定权、签署权和发布权。当然，在我国行政实践中还存在着“分管决策制度”，即在行政首长之下的各副职领导人对自己分管的日常事务有一定的决策权，这是对行政首长负责制的一种有效补充。需要说明的是，有些政策，如政府工作报告、行政性立法等，经过行政首长的决策后还不能完成整个决策程序，还要进入人大或其他机构的决策程序。

2. 立法系统的决策程序

虽然各国立法机关抉择程序的复杂性程度存在很大差异，但是这些程序都会包括提出议案、审议议案、通过议案和公布政策这几个阶段。

（1）提出议案。政策议案的提出主体既可以是立法机关的民意代表、有关委员会以及领导机构等，也可以是其他国家机关，如行政机关、司法机关、军事机关等。

（2）审议议案。西方国家立法机关奉行的审议程序有一读、二读和三读程序。其中英国等国的三读审议程序最复杂，一项政策议案要在民意代表、专门委员会之间接受多次审议、辩论和修改。

（3）通过议案。规则一般是过半数通过。一些特别重要的议案，如宪法修正案等，则要求更高比例的通过率，甚至有些议案还会要求最终进行全民公决。

（4）公布政策。政策通过后还必须经过法定的公布程序才能生效。国家立法机关通过的法律通常都要经过国家元首的签署和发布。在我国，国家主席根据全国人大和人大常委会的决定签署主席令公布法律。

（三）政策法律化

所谓的政策法律化，是指公共政策转化为法律的过程，又被称作政策立法。它是指享有立法权的国家机关依照立法权限和程序，把一些经过实践检验的、比较成熟和稳定的、能够在较长时间内发挥作用的公共政策上升为法律。政策法律化的政策的特点是：

（1）对全局有重大影响的政策。政策法律化可以更好地保障其作用的实现。

（2）具有长期稳定性的政策。法律是稳定、严肃和具有权威性的，不可能朝令夕改。这类政策有利于法律体系的稳定。

（3）成熟的政策。与法律相比，一般性政策对客观需要的反应更为灵敏，具有较强的伸缩性和灵活性，易于在实践中不断修改和完善；而法律是刚性的，相对规范，其制定、修改、补充或废止都要经过严格的程序。法律的稳定性与政策的灵活性决定了一般性政策只有经过实践反复检验与不断修正，被实践证明是行之有效的时候，才算是具备了上升为法律的条件。成熟的政策特征与法律的特征接近，具有实现政策法律化的优势。

第三节　公共政策执行的相关理论

一、公共政策执行的含义、特点与作用

（一）政策执行的含义

政策正式出台后就进入了执行阶段。早期的政策研究多聚焦于政策制定过程，对于政策出台后的执行过程并未给予足够重视。直至 20 世纪 70 年代后，政策执行的相关研究才渐受重视。1973 年，政策执行研究的两位早期学者普雷斯曼（Jeffery Pressman）和阿伦·威尔达夫斯基（Aaron Wildavsky）合著的《执行：华盛顿的宏大期望是如何在奥克兰破灭的》（*Implementation: How great expectations in Washington are dashed in Oakland*）一书出版，该书揭示了政策制定（目标）与实际执行之间的偏差，纠正了以往学术界对于政策执行研究的忽视，由此掀起了政策执行研究的热潮。

一般来说，政策执行是指将公共政策目标落实为实际结果的行动过程。政策执行需要依托一定的组织机构，投入必要的资源，采取解释、宣传、实验、实施、协调与监控等行

动，运用适宜的政策工具以将政策方案转化为政策现实。

（二）政策执行的特点

公共政策执行是公共政策的具体实践过程，它具有如下特点：

一是目标的导向性。公共政策是以公共政策目标为行动方向的，政策目标是政策执行的出发点和归宿。

二是内容的务实性。公共政策执行要面对具体的公共问题，因此其计划、步骤、措施、手段等必须务实，必须具有可操作性和实践性。

三是行为的能动性。公共政策执行是构筑公共政策与现实生活的桥梁和纽带，必须着眼于具体的现实社会问题的解决。因此，执行者必须在全面领会政策内容的前提下，面对外部环境的复杂情况，能动地执行公共政策。

四是手段的权威性。公共政策不同于一般的道德规范，其执行具有强制性。当有人拒不执行政策时，要受到法律、行政等手段的制裁，以维护政策的权威性。

（三）政策执行的作用

政策执行在政策活动及其生命过程中具有至关重要的作用。

1. 政策执行是实现政策目标的重要途径

政策执行是将政策目标转化为政策现实的唯一途径。政策执行是政策过程中的实践环节，一项政策方案要变成现实，有赖于有效的政策执行，只有通过有效的执行才能实现政策目标，否则再完美的政策方案也只能是一纸空文。

2. 政策执行是决策环节的完善

在政策执行过程中，决策者要根据政策落实过程中实际情况的变化对政策方案进行修正和完善，以提高政策的可行性和有效性。

3. 政策执行是检验政策质量的重要环节

实践出真知。政策方案正确与否，最终必须由政策执行实践来检验。凡是经过贯彻执行，促进了社会进步和生产力的发展，并得到群众拥护的政策，就是正确的政策。

4. 政策执行是连接决策与政策评估的中间环节

新的政策的出台常常以前一项政策执行后反馈的评估信息为基本依据。政策执行是连接决策与评估过程的中间环节。

二、公共政策执行的影响因素与理论模型

政策执行的影响因素

（一）政策执行的影响因素

公共政策执行的效果并不是单一因素决定的，而是诸多因素综合作用的结果。影响政策执行效果的因素主要有以下几个。

1. 政策问题的性质

政策执行成功与否，与政策问题的性质息息相关。政策问题的性质主要涉及以下方面：

（1）目标群体行为的差异性。目标群体行为的差异越大，政策执行效果越差。

（2）目标群体数量的大小。目标群体数量越多，耗费政策资源就越多。

（3）目标群体的利益固化程度。一般来说，人们习惯于某种固定的行为方式，不愿意做太大的调整，主要是利益固化所致。所以，如果政策执行时需要人群大幅度地改变利益固化模式，可能会遭到更多的阻碍或抵抗。

2. 政策本身的因素

资源支持是政策有效执行的后盾，影响政策执行的资源因素主要包括：

（1）人员。人员是政策执行的核心。执行人员要有良好的管理能力和行政能力，才能保证执行过程的顺利进行。

（2）信息。信息是有效执行的基础，因此，执行人员要清晰地了解政策的内容，特别是涉及革新或高度技术性的政策，更要充分掌握相关的信息。

（3）物资。经费、设备、材料等物资的准备情况直接影响着政策的执行。

（4）权威。负责执行政策的人员，应被赋予足够的权威，才能有效地推动政策。

3. 政策沟通

有效的沟通是政策执行的首要条件。在执行中，执行内容及命令传达得越清晰，就越能收到预期的执行效果。

4. 政策执行人员的意向

通常来说，执行人员对政策目标的认同感越高、对政策目标越有共识，在政策执行时的积极性和合作性就越好；反之，则很难期望政策执行顺畅有效。

5. 执行主体的组织基础

（1）标准作业程序，即行政机关制定的一套正式、例行的规则。标准作业程序的存在和运行能够提升组织的规范化水平和政策执行的效率。

（2）执行权责分散程度。合适的执行权责分散程度能够调整执行的权责，强化沟通协调的作用，并减少事权不专或责任不清的情况。

6. 政策目标群体的配合程度

要使政策有效执行，就需要目标群体配合各项政策执行工作。目标群体的配合程度越高，政策执行的效率就越高。

7. 社会、经济与政治环境

政策执行涉及的外在的社会、经济与政治环境，对政策执行的成效也具有重要的影响。

解释性案例 4-1

为补充规定叫好

北京在2008年奥运会期间实行的单双号限行政策由于有了0时至3时不限的“补充规定”，从而设置了一个缓冲地带，既能满足一部分民众的利益需求，又便于有关部门的实际管理。这无疑体现了一种管理上的人本原则。这个“补充规定”补充得好。为确保奥运会期间交通畅通，北京实行单双号限行是必要的。但单双号限行措施，毕竟是一项涉及公众利益的政策规定，它影响的将是数以千万计民众长达两个月的出行方式和生活方式。

从一方面讲，许多人有夜生活的习惯，友朋相聚多在夜间；还有一些上夜班的人，凌晨这个时间段正是他们返家的高峰；另有一些到机场、火车站接站的车辆，也不一定能够在24时前准时赶回住地；那些看奥运“夜场”比赛的观众也有夜间行车的需求。从另一方面讲，根据北京市现行交通的实际状况，每天凌晨4点之后，路面上的车才会逐渐增多。因而，0时至3时这段时间，交通会非常通畅，不可能会对奥运赛事的交通造成任何影响。由是观之，在这段时间实行限行不仅没有必要，而且会给人们的夜间出行带来不便。

北京出台的“补充规定”不只是一个时间上的缓冲地带，还是公共政策更利于让民众接受的缓冲地带，更是民众在公共政策影响下释放自身压力的缓冲地带。不做这样的调整，单双号限行政策当然也要实行，而且完全可以实行；但作了这样的调整，推行这一政策的阻力可能就要小很多，成本可能就要低很多，社会整体利益的损耗和民众的微词怨言可能就要少很多，政策的执行效率可能就要高很多。

资料来源：谢明．公共政策导论［M］．5版．北京：中国人民大学出版社，2020.

政策执行的理论模型

（二）政策执行的理论模型与非线性特征

1. 史密斯的政策执行过程模型

1973年，史密斯在《政策执行过程》一书中最早提出了影响政策执行的因素及其过程模型（见图4－5）。

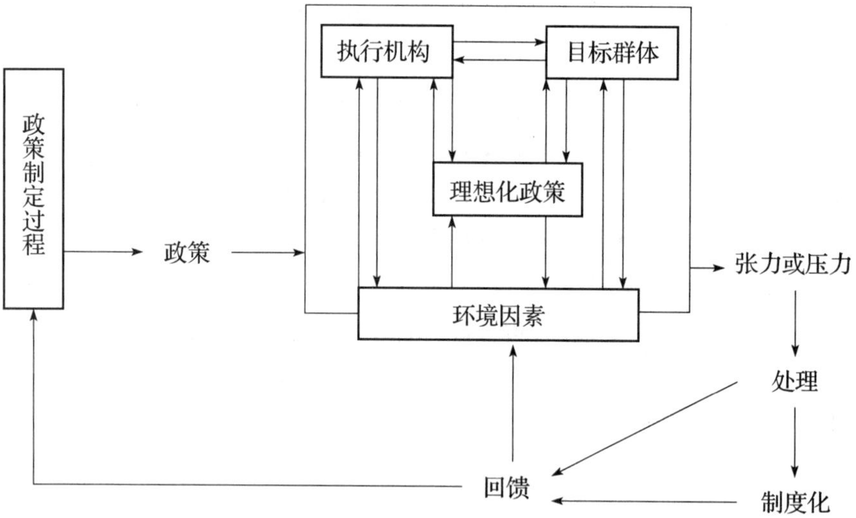

图4－5　史密斯的政策执行过程模型

史密斯将影响政策执行的重要因素归结为以下四类：第一，理想化的政策，即政策目标是否切合实际，政策内容是否妥当，政策规定是否明确、可行，等等。第二，执行机构，指政府机构中负责政策执行的单位的特性如何。第三，目标群体，也就是政策对象，政策对象是政策的直接影响者，政策对象的特性也会影响到政策执行的成败。第四，环境因素，即影响政策执行或被政策执行所影响的环境方面的因素，可能是文化的、社会的、政治的或经济的。

具体地说，政策的形式、类型、渊源、范围及受支持度、社会对政策的印象；执行机关的结构与人员，主管领导的方式和技巧、执行的能力与信心；目标群体的组织或制度化程度、接受领导的情形以及先前的政策经验、文化、社会经济与政策环境的不同，凡此种种均是政策执行过程中影响其成败所需考虑和认定的因素。

图 4－5 描述了在政策执行过程中这四个主要变量及其相互关联对政策执行效果的影响过程。除了四个要素各自单独对政策执行发挥作用之外，这四个要素之间还存在互动关系，这些互动关系也会对相应的每一个要素产生影响，进而通过这些要素对政策执行产生影响。史密斯用“处理”一词来表示对政策执行中各组成要素自身及彼此间的紧张、压力和冲突等关系的反应，实际就是指互动关系所产生的结果。

2. 范・米特与范・霍恩的政策执行系统模型

1975 年，学者范・米特与范・霍恩二人在《政策执行过程：一个概念性的架构》一文中提出了影响政策执行效果的六大因素：政策目标与标准，政策资源，组织间的沟通和强制行为，政策执行机构的特性，政治、经济和社会环境、政策执行者的偏好，从而构成了政策执行系统模型（见图 4－6）。

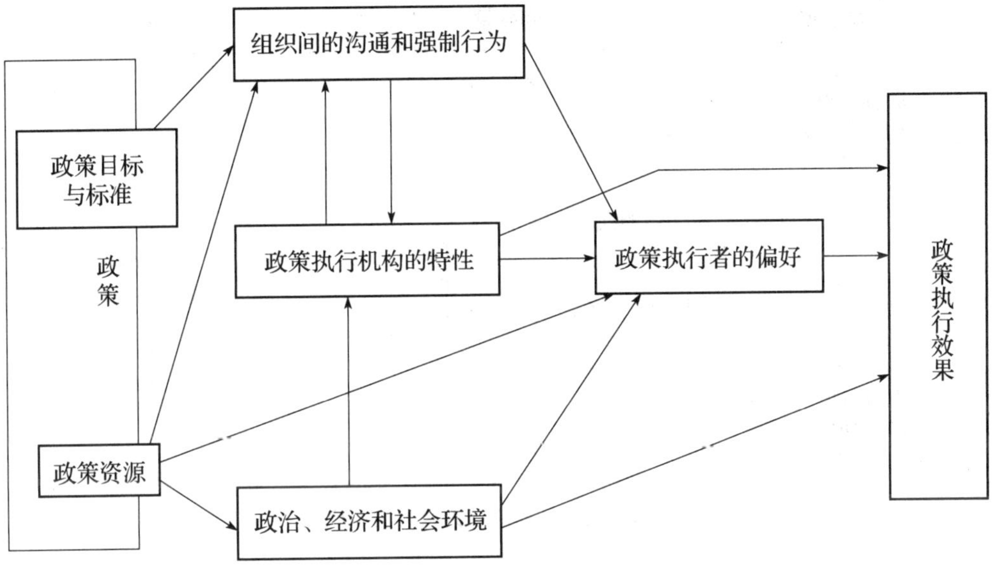

图 4－6　范・米特与范・霍恩的政策执行系统模型

（1）政策目标与标准。政策在合法化以后，付诸实施时应该已具有清晰的目标，可供执行人员遵循。政策标准作为衡量政策目标达成程度的指标，是政策目标的具体表现。政策目标是否明晰、可行？政策标准是否能敏感地标示政策目标的达成程度？这些都将影响到组织间的沟通和强制行为，并间接影响到政策执行者的偏好。

（2）政策资源。政策资源即系统本身实现目标的条件，包括所有应用于执行活动的人力、设备、经费、信息、权威等。资源的充足与否会直接影响到组织间的沟通，直接影响到执行人员是否愿意认真去执行政策。

（3）组织间的沟通和强制行为。政策的有效执行需要执行机构与人员通过各种沟通方式，明确政策的目标、评估的标准、执行的技术与程序等。

（4）政策执行机构的特性。政策执行机构的正式与非正式特性，会直接影响到执行人员的偏好。这些特性包括：机构层次高低、规模大小、编制状况、组织结构、权责分配、人员特性、与其他机构及人员间的关系等。

（5）政治、经济和社会环境。政策执行所涉及的外在政治环境、经济环境、文化环境、社会条件等，对政策执行机构的特性、执行人员的偏好和最终的执行效果，都具有直接的影响。

（6）政策执行者的偏好。实际负责执行公共政策的执行人员对政策的认知、认同程度将严重影响到政策执行的成败。

总体来看，该模型吸收了许多政策执行模型的优点，将影响政策执行的主要因素都纳入了模型中。其不足之处在于，这六个因素之间的互动关系还不够明确，也就是说，为什么某一因素会直接、间接或根本不影响其他因素？该模型并没有对此给予详细说明。

3. 高金的府际政策执行沟通模型

1990 年，高金等人在其出版的《政策执行理论与实务：迈向第三代政策执行模型》一书中，提出了“府际政策执行沟通模型”，如图 4－7 所示。

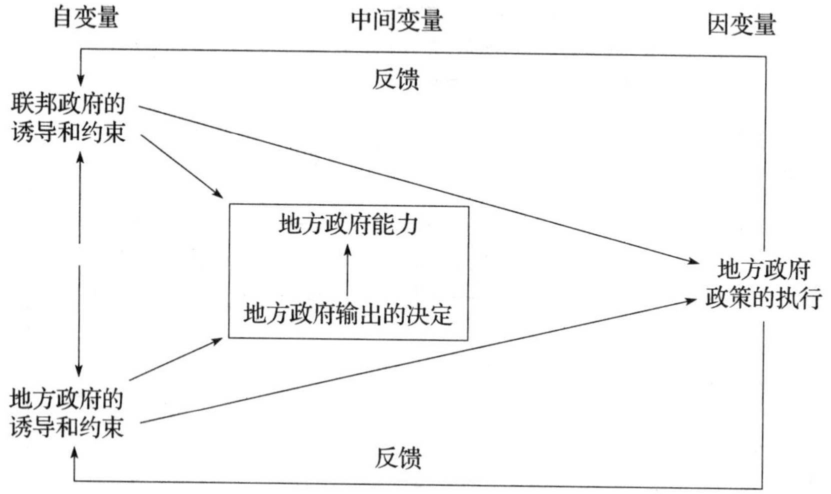

图 4－7　高金的府际政策执行沟通模型

在这一模型中，高金等人将政策执行的影响因素依据其独立性分为三类。独立的自变量包括联邦政府的诱导和约束、地方政府的诱导和约束，这两者都是事先存在的。半独立的中间变量是由中央政府决策与地方政府决定共同影响的，地方政府能力与地方政府输出的决定是两个重要的中间变量，影响着因变量，即地方政府政策执行，而地方政府政策执行情况又反馈回联邦政府和地方政府作为其诱导和约束因素。

这一模型分析的重点在于政府间关系对政策执行的影响，突出强调了地方政府的相对独立性，体现了一种综合的看法。同时，该模型也区分了影响因素之间的相互影响，而这正是政策分析中容易被人们所忽视的一点，因此，该模型的提出意义重大。

4. 麦克拉夫林的政策执行互适模型

1976 年，麦克拉夫林在其发表的《互相调适的政策执行》一文中提出政策执行互适模型（见图 4－8）。他认为，政策执行是执行者（政策主体）与受影响者（政策客体）之间就目标和手段做相互调适的一个动态过程，政策执行是否有效取决于二者相互调适的程度。

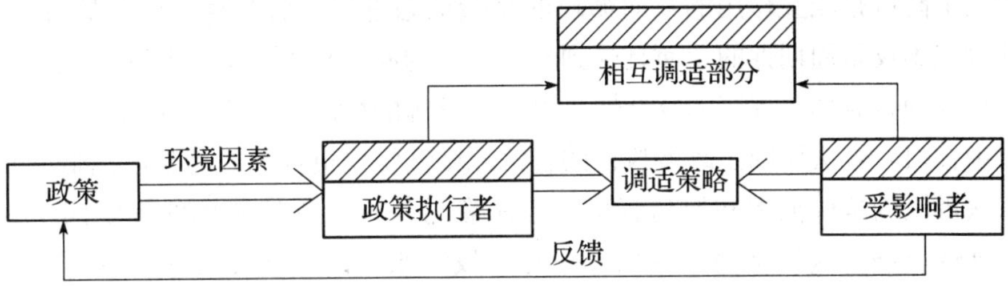

图 4－8　麦克拉夫林的政策执行互适模型

互适模型至少包含以下四项逻辑认定：

（1）政策执行者和受影响者之间的需求和观点并不完全一致，基于双方在政策上的共同利益，彼此须经过说明、协商、妥协等方式，修正立场，以确定一个双方都可以接受的政策执行方式。

（2）政策执行者与受影响者之间的相互调适过程是一个双向的信息交流过程，政策执行者与受影响者双方在相互调适过程中处于平等的地位。

（3）政策执行者的目标和手段富有弹性，可随环境因素或受影响者需求和观点的改变而改变。

（4）受影响者的利益、价值与观点仍将反馈到政策上，从而影响政策执行者的利益、价值与观点。

5．雷恩和拉宾诺维茨的政策执行循环模型

1978 年，马丁·雷恩和弗朗西·拉宾诺维茨在《执行：理论的观点》一文中提出了政策执行循环模型（见图 4－9），认为政策执行是介于政策意向与行动之间的动态过程，这一过程包含三个不同的阶段：拟定纲领阶段、分配资源阶段、监督执行阶段。

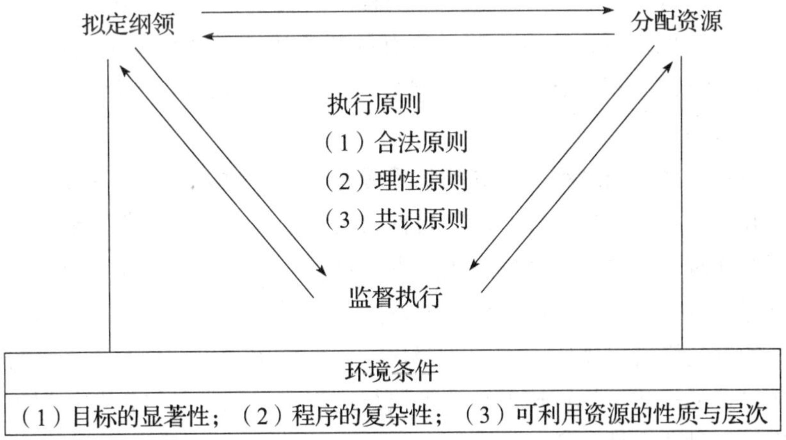

图 4－9　雷恩和拉宾诺维茨的政策执行循环模型

（1）拟定纲领阶段：将立法机关的意图转化为行政机关执行政策的规范和纲领。

（2）分配资源阶段：将政策执行所需要的资源公平、公正地分配给执行者。

(3) 监督执行阶段：对政策执行过程与成果加以评估，确认执行者所应承担的行政责任，监督过程包括监督、审计与评估三种形式。

上述三个阶段是相互作用的双向循环的复杂动态过程，而非直线单向的过程；同时，这种循环过程不仅是周期性的，而且受到环境条件的冲击与影响。这些环境条件包括三类因素，即目标的显著性、程序的复杂性、可利用资源的性质与层次。在每一阶段，必须遵守三条原则：(1) 合法原则。政策执行的合法原则又受议员权力与地位的高低、技术可行程度、立法辩论的争议范围和厘清程度、立法者与执行者支持法律的程度四个因素的影响。(2) 理性原则。这包括两个方面：一是一致性原则；二是可执行原则。(3) 共识原则。这是指有影响力的政策执行者只有在存在争议的问题上达成共识，政策执行才可能顺利进行。

6. 政策执行的非线性特征

公共政策执行过程是一个非线性系统，存在着非线性特征。威廉·邓恩注意到了在“时间-结果”的政策执行体系中存在着非线性特征，包括摆动现象、周期现象、增长曲线、衰减曲线和剧变现象等，但其说法并不十分全面。傅广宛指出，公共政策执行过程的一般非线性特征还包括滞后特征、共振特征、临界慢化特征、多值响应特征等，这些特征在政策执行过程中几乎都程度不同的有所表现。同时，详细界定了这些非线性特征的概念内涵，并描述了其具体表现。

公共政策执行中的滞后特征是指一个政策系统出现回应的时间或者消退的时间比人们预想的时间要滞后一个时期的现象。如政策执行的主要过程临近结束或者已经结束，而政策执行的大部分综合效益却还没有显现出来，需要经过一个较长时期才能够得到比较充分和比较完全的表现。

公共政策执行中的共振特征是指一个政策执行系统往往会自发地带动另一个政策执行系统按照相同的执行模式进行政策执行过程。这里的共振可以理解为扩散、仿效、感染等效应。不同的政策执行系统之间可以产生不同程度的共振。一个政策系统的政策执行过程可以对另外一个政策执行系统产生作用。所有的政策执行都会程度不同地表现共振特征。“左顾右盼，等待观望”“讨价还价，政策攀比”“互相学习，取长补短”等就属于政策执行中共振特征的范畴。

政策执行过程也经常出现程度不同的临界慢化效应。政策执行的速度随着时间的变化而有所变化。政策执行的早期阶段，政策目标实现的速度比较快，但是到了一定时期，越接近政策目标的实现，政策执行速度就越放慢，这是公共政策执行中经常出现的现象。尤其是政策执行过程进行到一定程度，即将要发生质变时，执行的速度更加放慢。政策执行的速度与时间的变化没有呈现相同程度的变化，这一变化过程完全符合非线性的特征。因此，临界慢化描述的是政策执行速度在政策执行过程中，尤其是接近政策目标实现的最后阶段所表现出的一种非线性特征。

在公共政策的执行过程中，也会出现多值响应效应，即对于同一种政策执行过程会同时出现多种不同的政策反应或者政策结果。例如一些政策目标之外的政策附带结果等，就是政策执行的多值响应效应。

在政策执行的研究中引入非线性理论，界定政策执行中一般非线性特征的概念内涵，有利于在一种成熟理论的视角下观察政策执行现象。随着研究的进一步深入，利用非线性特征的数学描述，无疑能够深化对政策执行系统的了解，并在量化层面得出新的结论和解释。

三、公共政策执行的过程、原则与手段

政策执行的过程

(一) 政策执行的过程

一般说来，政策执行的过程包括三个阶段：准备阶段、实施阶段和总结阶段。

1. 政策执行的准备阶段

在政策执行的准备阶段需要做好四项工作：

(1) 加强政策宣传。政策宣传就是通过各种有影响力的渠道和方式向社会公众宣布和传播公共政策的意图和内容，以获得政策执行者和政策目标群体对政策的理解、支持，形成有利的政策执行舆论环境，促使政策执行者和政策目标群体的行为向着宣传者所希望的方向发展。

(2) 进行组织准备。组织准备主要涉及执行机构的确定和人员的配备。确定政策执行机构是组织准备的首要任务。一般政策的执行，可由原有政策执行机构及其工作人员继续承担，不必另建机构。如果所要执行的是涉及多个部门的非常规性政策，而非原有执行机构所能承担的，则可抽调有关人员组建新的执行机构，以确保政策的有效执行。在人员的配备方面，需要综合考虑执行人员的专业知识、管理经验、事业心与责任感、个体素质与群体素质等因素，通过分工与合作确保政策执行任务的顺利完成。

(3) 做好物质准备。物质准备主要是指政策执行所必需的经费（财力）和必要的设备（物力）两个方面的准备。

(4) 制订执行计划。政策执行机构需要结合本地实际，对出台的政策规定加以具体化，对政策总体目标进行分解，制订出具体的、可行的政策执行计划。

2. 政策执行的实施阶段

政策执行的实施阶段包括政策试验、全面推广、指挥协调和监督控制等内容。

(1) 政策试验。政策试验是指在新政策正式出台之前，可根据目标群体和政策适用范围选择局部地区先行试行政策的一种方法。政策试验可以较小的政策成本提前检测政策成效，起到减少政策执行失败风险的作用。

(2) 全面推广。在完成了执行准备和政策试验后，公共政策实施就进入全面推广阶段。这一阶段是政策执行过程中最为重要的阶段，它在很大程度上决定了政策执行效果的好坏。在政策全面推广阶段，需要遵循原则性与灵活性相统一的原则，既要遵循公共政策的精神实质，不折不扣地实现政策目标；又要结合本地实际，采取灵活多样的方式、方法和程序使政策目标真正得到落实。

(3) 指挥协调。指挥是行政领导者将已经确定的执行计划和目标任务通过命令、指示、决定等方式，分派落实到具体的部门、单位和个人；按照计划筹集、分配物资经费，组织实施试点工作，总结推广试点经验；通过行政命令、经济调控和教育激励等手

段，指导政策执行工作全面展开和有效推进的过程。协调是指行政领导通过引导、调停和说服的办法，使不同的政策执行机构和政策执行人员之间建立起相互协同、相互配合的关系。

（4）监督控制。对政策执行过程进行监督控制主要是为了保证政策执行活动遵循政策方案，监督检查政策内容是否得到贯彻执行，各项措施是否存在违背全局利益或整体利益的情况，及时发现和纠正违背政策目标的行为，提高政策执行的效率，促进政策目标的实现。

3. 政策执行的总结阶段

政策执行完毕后，要对政策的执行情况进行绩效评估，并根据评估状况进行追踪决策。政策执行绩效评估的作用有三个：一是检验政策执行是否达成了政策意图，是否具有效率、效益和公平性；二是根据评估结果决定该项政策应该继续执行、调整、革新还是终止；三是评估结果为下一阶段重新确定政策目标、进行追踪决策提供了必要的依据。

（二）政策执行的原则

1. 合法公正原则

依法行政是现代公共行政的基本准则，作为政府履行职能主要形式的公共政策的执行也必须要遵循合法公正原则。合法原则要求政策执行机构和人员做到以下两点：一是要在法律规定的职责权限范围内开展政策执行活动，即权限合法；二是政策执行机关做出的任何政策执行行为，均应按照相应的法定程序进行，即办事程序合法。公正原则要求政策执行机构和主体在政策执行过程中，排除各种可能造成不平等和偏见的因素，相同的情况同等对待，不同的情况区别对待。

2. 灵活变通原则

这一原则要求政策执行机构和人员在政策执行过程中，要根据实际政策执行条件和环境的变化，在不违反政策规定精神的前提下，灵活变通政策执行方式、方法、工具和手段，以高效率地实现政策目标。

3. 系统协调原则

为了有效达成政策目标，在政策执行过程中必须建立起既有分工又有协作的执行机构。同时，还要保持政策执行过程中各执行要素之间、政策与环境之间的良性生态平衡，以保证政策执行健康、持续地推进。

4. 注重时效原则

时间与效能是政策有效执行的两大基本因素。政策执行机构和人员在政策执行过程中，必须要具有强烈的时间和效益观念，把握时机，抓住关键，及时果断地付诸行动。

（三）政策执行的手段

政策执行手段是指政策执行机构及其执行者为实现政策目标和政策意图所采用的各种政策工具、措施和方法的总称。常见的政策执行手段有：行政手段、法律手段、经济手段和诱导手段。

1. 行政手段

行政手段是指依靠行政组织或行政首长的权威，按照行政系统和行政层级，通过采用规章制度、命令指示、组织程序等方式来推进政策执行的方法。行政手段是政策执行最基本的手段，它具有以下特征：一是权威性。行政手段依靠国家权力将国家的各项方针、政策推行和落实下去。二是强制性。行政主体所发出的命令、规定、条例等都必须服从和执行，否则将面临相应的行政责任。三是垂直性。行政手段通过行政系统、行政层级来执行政策，强调上下级之间的垂直关系。

2. 法律手段

法律手段是指通过各种法律、法令、法规、司法、仲裁、释法等，特别是通过行政立法和司法方式来调整政策执行活动中社会关系的方法。法律手段具有以下特征：一是规范性，即以明确、不能产生任何歧义的语言严格规制人们的社会行为，是所有组织和个人行为的统一准则。二是稳定性。法律一经制定颁布，就在一定时间内具有相对稳定性，不得随时随意更改。三是程序性。法律作为一种社会行为规范，其程序相当严格，不可随意更改。

3. 经济手段

经济手段是指利用各种经济措施（如价格、利润、利息、工资、税收、资金、罚款以及经济责任、经济合同等），调节政策执行过程中的各种不同经济利益主体之间的关系的方法。经济手段具有以下特征：一是间接性，利用经济杠杆作用对各个方面的经济利益进行调节来实行间接控制，达到政策执行的目的。二是有偿性。政策执行主体将政策与物质利益挂钩，贯彻物质利益原则，有关政策执行者和执行对象在获取自己经济利益上是平等的。三是关联性。一种经济手段的变化不仅会引起社会多方面经济关系的连锁反应，而且会导致其他各种经济手段的相应调整。

4. 诱导手段

诱导手段是指通过运用非强制性手段，诱导政策执行者和政策对象自觉自愿地去贯彻执行政策，而不从事与政策相违背的活动。它能够最大限度地激发政策执行者和政策对象的热情，可以节省大量的人力、物力、财力。

本章内容小结

政策问题构建、公共政策规划、公共政策执行是公共政策制定过程中三个非常重要的环节。公共政策执行是公共政策方案转化为公共政策现实的唯一途径。本章主要介绍了以下内容：

（1）公共政策问题的概念、政策问题的构建与论证、公共问题进入政策议程的触发机制、政策议程的建立过程等内容。

（2）公共政策规划的含义与原则、程序与方法、政策规划的三种理论模型以及政策的合法化。

（3）政策执行的含义、特点与作用，政策执行的影响因素与理论模型，政策执行的过程、原则与手段，以及政策执行的非线性特征。

思考与练习

1. 公共问题进入政策议程的触发因素有哪些？政策议程是如何建立的？
2. 政策议程有哪些类型？
3. 政策执行的一般非线性特征有哪些？
4. 政策执行的手段有哪些？

在线自测

第五章

公共政策评估、政策监控与政策终结

学习目标

1. 掌握公共政策评估的基本概念。
2. 掌握公共政策评估的方法。
3. 掌握公共政策监控的内涵与作用，了解政策监控机制的构成。
4. 了解公共政策监控的社会系统核算方法、社会审计方法。
5. 了解公共政策终结的含义及方式。

本章提要

公共政策评估和公共政策监控都是政策过程的重要组成部分，制约并影响着从政策问题构建、政策制定、政策执行、政策调整到政策终结等一系列过程。在政策制定中，通过政策预先评估的手段可以选择政策方案；在政策执行之后，通过政策评估可以判断政策过程的得失优劣。政策监控是在政策行为开始之后，用来提供特定的公共政策所产生的原因和取得的结果等相关信息，并根据特定目的对于政策过程加以控制的政策分析程序。政策监控虽然可以单独看成一个政策过程运行的保障性政策环节或措施，但从功能上看，由于其同政策评估的功能近似度较大，因此也可以认为是一种特殊形式的政策评估。公共政策终结往往在公共政策评估之后发生，分为完全政策终结和部分政策终结。政策终结之于政策周期而言，是上一个政策周期的终结，同时又是下一个政策周期的开始。

引导案例

精准扶贫对农户生计可持续性的政策效应评估

巩固拓展脱贫攻坚成果是“十四五”时期的重要任务，提升农户生计可持续性是防止返贫和实现脱贫地区高质量发展的关键，在生计可持续性视角下系统评估精准扶贫政策效应，可为此提供重要依据。

我们首先构建涵盖生计资本、生计环境和代际发展能力3个维度的扶贫政策效应评估框架，然后以武陵山区石柱县为案例区，采用双重差分（DID）和倾向得分匹配法量化了精准扶贫对农户生计可持续性的影响，并讨论了其分异性。

评估结果表明：(1) 精准扶贫使农户生计可持续性水平整体提升了20.5%，农户生计资本、生计环境和代际发展能力分别提升了21.3%、23.9%、15.8%，农户生计环境改善更突出，而代际发展能力具有一定时滞性。(2) 精准扶贫对生计要素禀赋较好的兼业型农户带动效应更大且显著，其次是务农主导型和务工主导型脱贫户，而以“输血式”帮扶为主的补贴依赖型农户则被边缘化，加剧了群体间生计可持续性分化。(3) 精准扶贫政策效应空间分异性明显。相比经济基础条件较好的王场镇和黄水镇，精准扶贫对具有区位优势的龙沙镇、贫困程度较深的中益乡的带动效应更大且显著。

本研究围绕强化对山区教育与技术投入、对偏远地区资源倾斜以及引导贫困边缘群体治理等方面提出巩固脱贫攻坚成果的对策。本研究可为提升巩固脱贫攻坚成果政策的匹配性和精准性提供科学依据，有助于深化对于中国反贫困理论的认识。

资料来源：刘倩，雷洋洋，喻忠磊，等．生计可持续性视角下精准扶贫的政策效应评估及其分异研究：以武陵山区石柱县为例 [J]. 地理科学进展，2023，42 (4)：670－686.

案例思考：

1. 该案例是如何区分精准扶贫的效果的？
2. 该案例使用了什么方法进行政策效应评估？
3. 结合案例内容，讨论政策评估的作用。

本章建议学时：7学时。

第一节　公共政策评估的理论

一、公共政策评估的基本概念

政策评估的基本概念

公共政策评估也称政策估计、政策估价或政策评价，是使用某种价值观念来分析政策运行结果的一个不可或缺的重要环节或步骤。公共政策评估者通过政策评估，能够获得政策运行结果所带来的价值方面的信息，判断政策过程是否已经实现或者在多大程度上实现了政策目标，以及判断某项政策取得的成效有多大等。简而言之，政策评估需要依据一定的标准和程序，运用科学的方法，对政策的效益、效率、效果及价值进行综合判断与评价，政策评估是政策过程的一个重要阶段。

关于政策评估的概念有多种界定。张金马认为，所谓政策评估，是指采用现代社会科学研究方法对一个社会或社区或特定社会群体的政策需求、对拟议之中的政策方案以及付诸实施的政策所产生的效果、执行情况及其带来的各种影响等进行客观、系统化的考察与评价。威廉·邓恩认为，政策评估可以提供价值或有价值的政策结果方面的信息。陈庆云认为，公共政策评价的着眼点应是政策效果。简单地讲，公共政策评价就是对公共政策实施效果所进行的研究。戴维·纳茨米亚斯认为，政策评估就是根据正在执行的政策和方案所要达到的预期目标，客观、系统、实证性地检验其作用于目标的影响和效果。弗兰克·费希尔认为，政策评估作为一种社会科学，主要是政策分析或政策科学的应用活动。陈振明指出，政策评估是依据一定的标准和程序，对政策的效益、效率及价值进行判断的一种政治行为，目的在于取得有关这些方面的信息，作为决定政策变化、政策改进和制定新政策的依据。

上述界定的表现形式不同，是由于观察问题的角度不同所致。各位学者分别从公共政策评估对于政策方案的评估、对于公共政策全过程的评估以及对于公共政策效果的评估等方面，对于公共政策评估进行了界定。在政策实践中，公共政策评估是一种全方位、系统化的政治行为。评估主体、评估客体、评估环境、评估目的、评估标准、评估过程以及方法等多方面要素都应该包括在公共政策评估的内涵之内，而且以上要素以及各要素之间的相互作用，对于政策效果的评估和政策方案的评估等内容更是公共政策评估的应有之义。如果在相对完整的意义上理解政策评估，则可以认为公共政策评估是评估主体依据一定的评估标准，利用相关的评估方法，考察公共政策过程的各个阶段、各个环节，对政策产出和政策影响进行检测和评价，以判断政策结果满足目标群体的需要程度、与目标群体价值判断的吻合程度、对于目标群体相关机会的满足程度。政策评估实质上是一种政策运行的保障活动。

二、公共政策评估的基本作用

公共政策评估是政策运行过程中具有重要作用的政策行为。公共政策评估的作用主要体现为以下几个方面。

（一）提供关于政策结果的相关信息

对公共政策进行评估，需要首先回答政策绩效如何的问题，而政策结果则是考察政策绩效的基础之一。公共政策评估能够对政策行为满足目标群体的需要、价值和机会的程度即政策结果提供真实可靠的信息，并且能够揭示公共政策运行的特定目的和特定目标，还可以对公共政策运行状况进行分析，做出事实评判和价值判断，为把握政策方案或政策运行的实际状况提供相关信息。

（二）为政策运行提供相关预测

公共政策评估者在事实评判的基础上，依据不同的评估手段和技术，除了可以对政策方案及其运行状况做出价值分析之外，还可以对政策方案的科学性、可行性进行考量，并据此预测政策运行的未来状况，描述关于政策未来的结果以及政策行动的未来状态，因此公共政策评估能够起到预测作用。

（三）为政策调整提供参考依据

公共政策评估通过事实判断和价值评判，在相当大程度上能够通过既定的政策目标，对政策过程进行监测和控制，修改政策方案，规范政策运行。公共政策执行者常常会基于客观环境和主观价值的变化，来对政策过程进行调整。这种政策调整一般有三种可以选择的方向：（1）政策延续。对于实践证明具有可行性的政策，可以在原有方向上继续执行。（2）政策革新。当政策在运行中遇到新情况必须加以解决时，则对政策方案或者政策执行做出某种调整，包括政策目标、组织结构、资源配置、执行时间和执行方式等。（3）政策终结。当继续执行政策方案无法实现原有政策目标时，公共政策执行者往往需要完全停止原有的政策，或者根据需要重新进行政策规划。政策评估活动可以为选择政策延续、政策革新或政策终结等提供方向性的依据。

（四）对政策运行作阶段性或最终的审视

公共政策评估不仅能够对公共政策的全过程做出最终的评估，而且还可以对政策运行进行阶段性的审视，包括在政策制定阶段或者政策执行阶段，都可以利用政策评估对政策运行的目标、效率、影响力等进行综合的分析、比较和评估，并为新的政策制定和运行奠定基础。

三、公共政策评估的主要类型

政策评估的类型

公共政策评估可以根据活动形式特征、评估主体担当、政策过程时序等方面进行分类。从评估活动的形式特征来看，政策评估可以分为正式评估和非正式评估；从评估主体担当来看，政策评估可以分为内部评估和外部评估；从政策过程时序来看，政策评估可以分为事前评估、事中评估和事后评估等。

（一）正式评估和非正式评估

正式评估和非正式评估是根据评估活动的形式特征进行划分的。具有评估方法科学化、评估过程标准化以及评估结论规范化特点的政策评估是正式评估。不符合上述特点的政策评估即可以称为非正式评估。非正式评估对评估主体、评估形式和标准，以及评估程序没有严格要求，评估结果存在很大局限性。

（二）内部评估和外部评估

内部评估是指由政策主体内部的评估者所完成的评估，具体可分为政策方案制定者或执行者实施的评估和政策系统内专职评估人员实施的评估。外部评估是指由政策主体以外的评估者所完成的评估。形式上，它可以分为委托评估和非委托评估两种。委托评估即政策主体委托政策体系外的机构或个人进行的评估，被委托者可以是学术团体，也可以是商业机构，可以是营利性的，也可以是非营利性的。非委托评估即政策主体之外的机构等自行进行的评估。

（三）事前评估、事中评估和事后评估

按政策过程时序来进行划分，公共政策评估可以分为事前评估、事中评估和事后评估三种类型。事前评估是指在政策方案执行之前对政策方案进行的一种预测性评估，其重点在于对政策进行可行性分析和对政策效果及发展方向进行预测，包括公共政策及其政策环境的发展趋势、可行性评价、政策效果的预测和评价等。事前评估往往发生在政策制定阶段，是对政策过程进行事前控制的有效工具。我国 2019 年 9 月起施行的《重大行政决策程序暂行条例》规定，重大行政决策的实施可能对社会稳定、公共安全等方面造成不利影响的，决策承办单位或者负责风险评估工作的其他单位应当组织评估决策草案的风险可控性。这正是对于公共政策方案进行可行性分析和对政策效果进行预测的要求。事中评估是在政策执行过程中所进行的评估，其目的就是通过分析政策在实际执行过程中所遇到的各种情况，具体分析政策执行中的结果，准确地反映政策执行效果，对于发生的新情况及时反馈，对于出现的执行偏差及时纠偏。事中评估已经成为政策过程控制的一种重要手段。事后评估是指政策执行后所进行的一种最终评估，也是最为重要的一种评估形式。事后评估要求具有系统性和全面性的特征，因此对于一项政策的延续、改进或终止具有至关重要的参考价值。

四、公共政策评估的内容

（一）政策效果的分类

在公共政策评估中，人们所关注的评估效果很多，但从政策效果的内涵看，主要有以下几种类型。

1. 直接效果

直接效果是指公共政策的执行对所要解决的公共政策问题及目标群体所产生的直接作用。比如，精准扶贫政策有效减少了我国贫困人口的数目。到 2020 年 11 月 23 日，国务院扶贫办确定的全国 832 个贫困县全部脱贫摘帽，全国脱贫攻坚目标任务已经完成。所谓直接效果，是相对于政策目标而言的，所以评估政策直接效果的前提是和既定的政策目标相比较。

2. 附带效果

公共政策执行的效果超出了公共政策既定的直接目标，这种超出直接目标的政策效果称为附带效果。例如免费接种疫苗是预防和控制传染病的有效公共卫生干预政策，其直接政策效果是能够减少社会成员的疾病发生、减少医疗费用。其附带效果之一是增加了社会成员对于社会的信赖感。公共政策的附带效果是必然的，因为公共政策是面向全社会的，不可避免地会对所有社会成员产生直接或间接的影响，超出公共政策本身既定的政策目标，对政策目标之外的个人、团体或环境产生影响。因此附带效果是公共政策的溢出效果，这种效果既有正面的，也有负面的。例如就近入学政策催生了学区房的概念，其直接效果是增加了中小学学生上学途中的安全感和中小学学生获得了更多的睡眠时间等，但该政策附带效果的负面影响是加重了优质中小学附近学区房的涨价态势等。

3. 潜在效果

潜在效果是公共政策对社会产生影响的一种形式，指一些公共政策对社会所起的作用和影响是缓慢的、长期的、潜移默化的。由于公共政策的滞后效应①，一些公共政策的效

① 傅广宛．非线性视角中的公共政策执行过程［J］．中国行政管理，2003（5）：33－36.

果在短期内不易为人们察觉，但有可能在今后一段时间里得到充分表现，这种没有与公共政策执行同步，后来才表现出的政策效果就是公共政策的潜在效果。这种潜在效果具有不确定性，不易测定，给公共政策评估带来不少不确定性。

4. 象征性效果

在公共政策实践中，一些公共政策的内容只是象征性的，其产生的有形效果可能十分微弱，但其产生的无形效果却比较明显，这里的无形效果就是象征性效果。例如领导者看望经济困难户，其产生的无形效果就非常明显。这类公共政策的本意也不是以取得有形效果为主，而是以取得无形效果为主。这类公共政策效果在强化社会对于政府的拥护程度，使政府获得多数人支持等方面具有积极作用。

（二）政策评估的一般内容

政策评估一般有以下五方面的评估内容。

1. 政策成本评估

政策成本评估就是衡量政策投入与产出之间的关系。政策成本是指整个政策过程中所投入的全部政策资源，如人力、物力、财力、时间、信息和风险等。政策产出主要是指有形的政策结果，例如接种疫苗的人数等。将产出和投入统一量纲后进行比较，即可得到政策成本。

2. 政策需求评估

政策环境的变化会对某些公共政策表现出一定的需求。存在什么需求？这种需求有多大？社会条件能否满足这种需求？准备出台的政策能否满足解决公共问题的需要？等等，对于这类问题进行评估就是政策需求评估。政策需求评估多发生在政策制定阶段，是构建政策议程、制定相应公共政策的基础。

3. 政策效益评估

在公共政策分析中，效益的含义是效果和收益。这里的效益可以分为三种情况：经济效益、社会效益和环境效益。政策效益评估就是获得政策目标在这三种效益上得以实现的程度的一种评估类型。

4. 政策过程评估

对政策运行各个环节进行评估就是过程评估，它涉及政策问题构建、政策制定、政策执行、政策调整等过程的评估，是一种对于政策运行状况进行实际评估的过程。

5. 政策价值评估

政策评估不仅是客观真实、符合实际的，而且应当是正义的。为了秉持这个原则，通过某种方式对政策价值所具有的意义进行评估就显得十分必要。作为一种评估类型，政策价值评估的主要目的正是力图廓清公共政策在价值上所具有的意义。

解释性案例 5－1

我国农村税费改革的政策效果评估

农村税费改革被誉为我国农村继联产承包责任制之后最重要的一项改革举措。然而，关于这场改革所能取得的实际效果，社会各界的看法都比较谨慎。实行多年的农村税费改革是否真正减少了农民的负担，增加了农民的收入，以及这种影响是短暂的还是持久的，是一个极其重要的实证性问题。

由此，有研究试图对中国农村税费改革的政策效果进行系统而严格的实证研究。在数据上，该研究运用7省591个县和县级市1999年至2002年的相关社会经济数据；在方法论上，该研究利用税费改革分地区逐步推进的特征，借鉴计量经济学“自然实验”和“双重差分模型”的方法估计税费改革对农民收入增长所产生的因果效应的大小，从而避免现存文献的一些重要缺陷。利用双重差分模型的基本想法是，农村税费改革一方面制造了同一个县农民纯收入改革前后的差异，另一方面又制造了在同一时点上改革县与非改革县之间的差异，基于这双重差异形成的估计有效控制了其他共时性政策的影响和改革县与非改革县的事前差异，进而识别出政策改革所带来的因果效应。

研究发现，农村税费改革的确对农民收入的增长率有相当大的正面影响：税费改革使农民纯收入平均而言提高了1.3～1.5个百分点，对样本期间农民纯收入增长的贡献高达45%左右，而且该影响至少持续一年以上。这一结论能够通过一系列的稳健性检验。此外，该研究对影响税费改革效果的因素进行了一些深入探讨。结果发现，税费改革在不同样本地区的影响差异甚大，农村税费改革的增收效应主要体现在那些改革之初财政自给率低、基层政府规模庞大以及远离省会和位于省边界的县市。这些实证结果表明，农村税费改革确实有力地扭转了农民负担加重的严重局面，初步达到了农民增收的政策初衷。

资料来源：周黎安，陈烨．中国农村税费改革的政策效果：基于双重差分模型的估计 [J]. 经济研究，2005 (8)：44－53. 有删减．

第二节　公共政策评估的标准与过程

一、公共政策评估的标准

公共政策评估的标准是衡量有关政策的利弊得失的指标或准则。公共政策评估的标准必须能够客观反映公共政策过程，但人们对于公共政策过程的认识是不断深化的，因此公共政策评估的标准也是在相对稳定的基础上与时俱进的。这就对公共政策的评估标准赋予了阶段性的显著特征，即公共政策评估的标准在不同的历史时期也会有所不同。在早期的公共政策评估中，人们主要关注公共政策活动的结果，侧重于效率、效能和效益，对公共政策活动中应包含的伦理考量和价值观考量等重视程度不够。如对于公共政策的公平性、回应性、适宜性等的评估在早期的评估中就很少见到。实际上，公共政策活动不仅与效率、效能、效益等政策结果密不可分，而且与公共政策的合法性、公正性、适宜性等价值观层面的评估标准息息相关。在多数情况下，这些价值观层面的标准甚至能够决定一项公共政策的成败。因此评估标准的选定，决定了其与评估主体所持的价值观有密切的关系，同时又符合一定的技术条件。评估标准的选定，也决定了政策评估既是一个事实判断和技术判断的过程，又是一个价值判断的过程。公共政策评估的任务决定了其必须是建立在事实标准、技术标准和价值标准基础上的科学活动。一般来说，政策评估的评价标准可总结为效果、效率、充足性、公平性、回应性、适宜性等类型。

（一）效果

效果主要是看政策过程运行的结果是否有价值，或者说是对一项政策实际成效的度量与判断。例如，政府为适龄儿童提供疫苗接种服务的数量有多少等。政策效果既可能是正面的积极效果，也可能是负面的消极效果。例如，因为交通部门做出高速公路维修的决定的实施所引发车辆拥堵的规模与时间等的度量等。

（二）效率

效率主要是看政策过程为得到这个有价值的结果付出了多大代价，衡量的指标包括单位成本、净利益、成本收益比等。政策效率是指政策的产出与投入之间的比例关系。政策的投入包括政策活动所投入的人力、物力、财力、信息和时间，政策的产出是政策执行过程中直接产生的结果。政策效率高低可以细化为三对关系：第一，投入与成本的关系。第二，行政开支与业务开支的关系。对政策运行过程来说，直接用于服务对象开支的为业务开支，管理机构和人员自身的开支是行政开支。一般而言，行政开支过大，业务开支过小，是效率低下的一种表现形式。第三，人均开支和单位成本的关系。某项政策实施时，所在辖区居民人均开支过大，表示纳税人所承担的费用过多，单位成本过高，效率就低。

（三）充足性

充足性主要是指在多大程度上实现了政策目标。这包括两个内涵：一是在固定成本的条件下所能够得到效果有多大；二是在固定效果的条件下所能够实现的最小政策成本是多少等。例如，“仅仅花了不到 10 万元就办成了过去需要花费 50 万元才能够完成的政策目标”“仅仅用了一年的时间就实现了通常需要三年才能够实现的政策目标”等说法，就是对于政策评估中的政策效果充足性的一种表达方式。

（四）公平性

公平性是指成本和效益在不同集团之间是否等量分配。判断的工具主要是帕累托准则、卡尔多-希克斯准则、罗尔斯准则等。帕累托准则常用于分析资源配置的合理性。利用帕累托最优状态标准，可以对资源配置状态的任意变化做出好与坏的判断。如果既定的资源配置状态的改变使得至少有一个人的状态变好，而没有使任何人的状态变坏，这种状态称为帕累托改进。卡尔多-希克斯准则也称卡尔多改进，可以用以比较不同公共政策的效果。其含义是，如果一个人的境况由于变革而变好，因而他能够补偿另一个人的损失而且还有剩余，那么整体的效益就改进了。罗尔斯准则的含义是，一个社会的公平状况，取决于这个社会中生活处境最差的那个人。当面对三个行动，分别产生三种可能的不同结果时，应该比较三个行动所能带来的最低收益，以三个行动的最低收益中的最大收益为原则，选择相应的政策行动。罗尔斯准则为公共政策方案制定如何体现出公平性的问题提供了一种参考。

（五）回应性

回应性主要用来判断政策运行结果是否符合特定集团的需要、偏好或价值观念。例如与民意测验的一致性。在政策评估中，判断政策回应程度的重点不在于政策的制定和执行的形式方面，而在于政策的实际效果能够在多大程度上满足特定集团的需要、偏好或价值观念。人们的利益诉求是相对稳定的，但随着时间、空间、满足程度和其他条件的变化，也会发生一定变化，从而打破原有的相对稳定。政府所掌握的政策资源具有一定的限度，保证百分之百的随时满足需求回应性是不现实的，而且，对于全体社会成员都给予一个良好的回应也是不太现实的，因此回应性只能是针对特定集团而言的。在林林总总的需要政府做出回应的选择中，需要政府加以权衡，选择出最需要最紧迫的问题进行回应。对某一类公众而言，在某一项政策上政府可能没有做出良好的回应性，但从其他政策或总的政策体系来看，政府已经做出了回应。因此，回应性是对政策体系回应性的完整判断而言的，并不是对某一项政策而言的。判断政策的回应性，既要考虑到某一政策的回应性，也应考虑到政策体系内其他政策的回应性。

（六）适宜性

适宜性是指所需要的政策结果（目标）是否真正有价值或者值得去做。例如，是否遵循了公平与效率兼顾的原则等。这是一个价值层面的判断标准。它常常回答这样一些问题：为什么偏好这一项政策，而不偏好另一项政策？一项政策优先进行价值分配的顺序是什么？如果政策必须面对一定的风险，那么面对来自经济上、道德上或政治上的风险如何进行取舍？在政策评估活动中，适宜性主要强调的是评估主体的一种信念、思想和理想追求，反映出社会公共利益的实现程度，社会生产力的发展水平和社会发展总方向符合评估者价值的状况。评估的重点是关注生产力的发展、关注政策成本和收益在不同集团或阶层中分配的公平程度、关注社会可持续发展、关注人与自然的和谐程度等。以生产力发展为标准对公共政策进行评估，能够最大程度体现社会发展的根本状况。

政策评估的标准是多方面的，这就决定了在政策评估中，很少使用单一的某个标准进行政策评估。在政策评估实践中，往往使用复合标准进行综合评估，力图获得尽可能全面的评估结果。

二、公共政策评估的过程

公共政策评估的过程，一般由评估筹划、评估实施和评估总结三个阶段构成。

（一）评估筹划

评估筹划是评估的基础和起点。这个阶段主要承担明确评估目的、选定评估对象、制订评估计划等任务。

1. 明确评估目的

这是回答为什么要对政策进行评估的问题，也就是回答评估的目的问题。作为贯穿评估过程各阶段的总指向，明确评估目的对于后续评估过程具有引领作用。

2. 选定评估对象

政策体系中的政策纷繁复杂，往往涉及诸多的政策评估对象。选定评估对象，围绕评估对象按照评估程序展开评估，有利于评估活动更加聚焦，易于达到评估目的。

3. 制订评估计划

通过制订评估计划，可以明确评估所需的时间、限定评估的范围、确定评估标准与评估方法、准备评估条件。

（二）评估实施

政策评估实施阶段是整个评估活动中最关键的阶段。这个阶段承担的主要任务是收集政策过程信息，通过数据分析和价值判断，对照评估标准对信息进行评估，撰写评估报告，得出符合科学要求的评估结论。评估报告的撰写除根据评估情况提出政策建议外，还应当对评估初衷与目的、评估所使用的方法和评估中存在的问题做出说明。

（三）评估总结

该阶段承担的任务是对评估筹划阶段和评估实施阶段进行全面回顾。通过总结前两个阶段存在的不足和获得的经验，为下一次政策评估活动提供借鉴。

第三节　公共政策评估的方法

政策评估的方法

用于公共政策评估的方法很多，按照不同的标准，可以分为不同的类别。其中，以是否可量化为标准，公共政策评估可分为定量评估方法、定性评估方法等。在公共政策评估活动中，有不少内容涉及数据与统计，可以通过这些数据挖掘出更深层次的数量关系，来反映公共政策运行状况，因此公共政策评估与定量评估方法密切相关。定量评估方法的使用有利于减少不必要的评估纠纷与争论，避免评估活动中过于偏重主观价值的倾向；用事实和数据说明评估结果更易使人们接受和信服。

一、定量评估方法

下面介绍政策评估中常用的几种量化方法如下。

（一）指标法

指标法是一种将公共统计数据用于评估公共政策的工具。其主要作用是，建构一个指标体系，然后将公共部门的统计结果根据所建构的指标体系进行衡量，据此制定公共政策或调整公共政策。指标体系的优劣决定了评估结果的可靠性。只有科学合理的指标体系，才可能得出科学公正的评估结论。指标体系的指标并非越多越好，过多的指标有可能内容重复并互相干扰。建构指标体系应从实际出发，科学地选取体系中的指标。

尽管建构评估指标体系有多种原则，但在实际应用中，往往需要体现出公共政策的三种评估特征，即经济效益、主观福利和公平。因此政策评估指标体系一般应该包含三种类型的价值取向。

1. 经济效益取向

绝大多数政策评估无法绕过的内容就是经济效益。因此，在政策评估指标体系的建构中，凡是能以货币形式表示的经济效益都应该设立此类指标。在衡量经济效益取向的指标中，最具代表性的是政策的成本效益之比。无论何种经济效益指标，其数字所反映的政策效果相对于纯粹的价值判断来说，更加具有客观性和科学性。

2. 主观福利取向

主观性福利指标是衡量政策合法性的一个指标。公众对于某一政策的满意程度通常依靠此类指标来衡量。经济效益指标衡量的是政策带来的市场价值；主观福利指标则强调的是人们尤其是作为政策客体的人们直观的感受或情绪，往往反映公众对某项政策的拥护程度。主观福利指标的测量和获得往往以问卷调查或其他更直接的方式进行。由于没有客观的基础数据而只有主观感受，因此人们不可能以成本-效益分析的方式来衡量政策的净经济效益，只能以其他方式来衡量政策的社会效益。

3. 公平取向

除了以上两种价值取向外，公共政策还必须考虑资源分配的公平性。公共政策最基本的功能之一就是资源分配。将社会资源在不同群体之间进行分配，必然存在一个社会公平问题。这种公平性在政策指标上的反映往往是公共政策能够对弱势群体所提供的帮助。一项政策若仅仅追求总效益的最大化，而忽视了对于弱势群体的帮助，忽视了对于公平性的考量，则往往由于其与伦理考量和价值观考量的冲突而成为不大可行的政策。

许多方法都可以用来建构公共政策评估指标体系。但只要指标与价值取向有关联，指标的选择就无法回避地包含着对于政治利益的考量。指标之间也由于这些原因而出现“厚此薄彼”的情况。同时，不同的利益群体因为利益与价值观的冲突而对政策指标的选择具有不同认识。因此在建构政策指标系统时，应该适当留有一些缓冲不同价值与利益冲突的余地，同时也要适当强调某项指标的重要性程度。政策评估指标体系也是一个与时俱进的概念，如果社会的主流价值对某项政策的看法产生了变化，政策评估指标体系也必须随之发生变动。由于诸如此类的原因，政策评估指标在多数情况下应该具有权重，以彰显不同衡量指标的重要性顺序排列以及应对指标重要性的调整过程。

表 5-1 是一个利用指标法设计的治安政策评估指标体系。

表 5-1　治安政策评估指标体系

价值取向	评估指标体系
经济效益取向	重大刑事案件发生率
	人群的平均犯罪率
	假释犯的再犯率
	社会治安投资的成本
主观福利取向	公众的安全感
公平取向	没有专门设立

上述治安政策评估指标体系只是一个简明的指标体系的表述，因而没有利用复杂的方法设置各项指标的权重。同时，该指标体系是针对全社会在社会治安方面的公共利益所设计的，并不是专门针对某一个利益群体的安全来设计的，本身就不涉及公平性问题，因此没有专门设立用来衡量公平性的指标。以此政策指标体系为依据，可以逐项评估一个时期治安政策的效果，获得对于治安政策的初步评估印象。如果需要进一步的精确评估结果，则要进行指标权重方面的设计。

（二）实验法

实验法源自物理学上传统的实验室实验，其遵循物理实验的基本程序，但并不严格。

由于需要对于实验数据进行量化处理，因此历来被认为属于量化评估方法的范畴。

所谓以实验法评估公共政策，就是运用随机指派的方法，将一群受试者分配到两个以上的研究小组中，其中一组接受政策实验的处理，称之为实验组；实验组接受政策分析人员的直接控制，获得公共政策作用后各种可能的实验结果。分析人员尽可能地将各种实验结果的差别实现最大化，以求达到实验结果之间的辨识度最大。其他组是没有接受政策实验的小组，只是接受通常政策环境下的自然处理，被称为对照组。

政策实验的关键环节是“随机指派”，应保证每个实验对象都有相同的概率被抽到任何一组。随机指派的方式可以尽量避免在选择各组和各成员时产生的偏见，在无法避免时也能够使选择实验对象时产生的偏见最小化。例如评估某项高等教育政策的合法性，在选择实验对象时，脱离随机指派原则，将来自南方家庭的孩子分为一组，将来自北方家庭的孩子分为一组，通过实验结果可以看到，与北方家庭的孩子相比，南方家庭的孩子可能会对该项教育政策表现出更为积极的支持态度，这就是由于实验对象的非随机指派所产生的一种偏见，显然对实验结果带来了偏差。如果按照随机指派原则选择实验对象，这样的偏差就会被减少或者被消除。

政策执行后，以对照组为基准，观察公共政策对于实验组的影响，从而判断公共政策是否有效、在多大程度上有效、政策发挥效果的最优路径是什么、不良的政策反应如何消除等。还可以利用其他量化分析方法对于获得的实验数据进行深度加工和分析，以便获得更多的、更深层次的实验结论。在政策实验中，由于实验是在开放的空间而很难在封闭的空间中进行，因此政策环境中的诸多因素常常会干扰政策评估结果，使其精确性有所降低。因为这种开放空间难以避免，所以往往导致政策实验的内在效度降低。由于这个原因，在严格意义上政策实验经常被认为是准实验。

例如，在师范院校经济困难学生的资助政策中，资助额度的多少是事关该项公共政策成功与否的一个重要因素。学校为提高经济困难学生的学习成绩，拟于下一学年开始，每月为经济困难学生提高 500 元的资助。影响经济困难学生学习成绩提高的因素很多，资助额度是其中的一个因素。

为了评估这项公共政策对于经济困难学生学习成绩的影响，可以随机抽取 20 名经济困难学生进行政策实验。首先按照随机指派的方法将学生分为两组，每组 10 名同学。确定一组为实验组，另一组为对照组。实验开始前先分别测定一下两组同学的平均学习成绩，由于是随机指派，因而两组同学的学习成绩应该没有太大的差别。然后对其中的实验组同学提高资助额度。实验持续一年后，再分别测定两组同学的学习成绩，结果两组同学的学习成绩有了较大区别。其中实验组的同学其学习成绩提高幅度较大，说明提高经济困难学生资助额度的政策有助于解决实际困难，提高学生的学习成绩效果明显。如果需要进一步的研究，则可以采用更加精确的量化方法来对数据进行深度挖掘。

由于实验法对于政策过程的处理过于简单化，因而实验法不宜应用于目标宏大的政策，因为这些政策往往包含着利益相关者的深层次冲突，并不是简单的实验就可以概括和描述的。实验法也不适用于对于某项公共政策的态度完全对立的不同群体。类似这种情况，可以利用德尔菲法或焦点团体座谈会等其他形式来进行政策合法性的评估。

（三）间断时间序列分析方法

1. 间断时间序列分析的内涵

时间序列分析是研究政策发展变化规律的一种量化分析方法。时间序列是随时间而变化，具有动态性和随机性的数字序列。时间序列分析在政策评估中具有广泛的应用。近年来，时间序列分析在政策评估中的应用研究逐渐成为热点。间断时间序列分析是时间序列分析的类型之一，是一种用于评价政策干预效果的准实验设计方法。其利用控制干预前的政策发展趋势，比较干预后政策的发展趋势的办法，通过干预前后产生政策发展的对比，得到相关的政策评估结论。

一般情况下，按照时间先后顺序排列起来的一系列有相同内涵的政策数据都可以构成时间序列。时间序列在政策过程中无处不在。例如，GDP、物价指数、股票指数等每一种都可以构成时间序列；普通家庭每天的开支、私企工人每天的工作量、中部地区大学生每天的伙食费等，也可以构成时间序列。政策过程的发展变化所表现出来的各种特征，只要能够被持续地观察、度量和记录，都能够得到各种各样的时间序列。在公共政策实践中，许多统计资料都是按照时间进行观测记录的，因此时间序列分析在公共政策分析尤其是政策评估中具有广泛的应用。

公共政策过程的时间序列由一些有严格先后顺序的数据组成。不同时间点或时间段对应的政策数据之间可能在表面上是没有关联的，但大多数情况下政策数据之间往往存在着某种前后相承的关系，而非互相独立。对这类政策数据的时间序列分析是针对这种政策数据特点而形成和发展起来的，因此时间序列分析具有难以替代的作用。在政策评估中，时间序列分析是一种动态的政策数据处理的方法。该方法基于随机过程理论和数理统计学方法，研究随机政策数据序列所遵从的统计规律，以此来回答政策评估中的一系列问题。

时间序列分析承认事物发展的延续性。其基本思想建立在这样一个基础上，即应用过去的数据，就能够推测政策发展的未来趋势，同时也承认政策发展受偶然因素影响所产生的随机性。例如，公共政策的颁布和实施、政策的中断以及气候变化、地震、水灾、战争等其他因素带来的政策发展轨迹的变动等。在公共政策评估中，时间序列分析就是利用系列观察值，应用数理统计方法加以处理，根据处理结果，或做出关于政策效果的评估结论，或预测未来政策的发展。

间断时间序列分析是一套广泛应用于政策评价领域的程序，是按照随机因素（如政策执行）作用的时间点，对一个时间序列进行划分，然后对作用前和作用后事物的发展轨迹进行分析并得出相关评价结论的方法。该方法以图形和统计表格等形式直观显示政策行为对政策结果的影响，从而为准确进行政策评价提供依据。在无法进行随机对照试验来进行政策评估，或在缺乏对照组难以根据实验结果进行政策评估的情况下，间断时间序列分析方法可以有效评价种种随机因素对政策的干预效果。

时间序列模型不同于一般的经济计量模型，其不以经济理论为依据，而是依据变量自身的变化规律，利用外推机制描述时间序列的变化。时间序列模型在处理的过程中必须明确考虑非平稳性。如长期趋势偏倚、自相关偏倚、循环或季节性对政策发展轨迹造成的影响等。间断时间序列分析可以避免一些因自然发展中的随机因素对事物发展轨迹造成的影响，能够更加准确地评估公共政策。

2. 间断时间序列分析实例

以下通过例子来说明间断时间序列分析在政策评估中的应用：

美国康涅狄格州 1955 年交通事故创下新高，因交通事故而死亡的人数是 324 人。1956 年州长宣布对该州的超速驾驶者实行严格的制裁政策。到 1956 年年底，交通事故死亡人数是 284 人，交通死亡人数下降了 12.3 个百分点。基于这个事实，州长宣称这项政策的执行是有价值的。图 5－1 显示了这项超速制裁措施的表面结果。图中的最高点是 1955 年康涅狄格州因交通事故而死亡的人数，最低点是到 1956 年年底该州因交通事故而死亡的人数。①

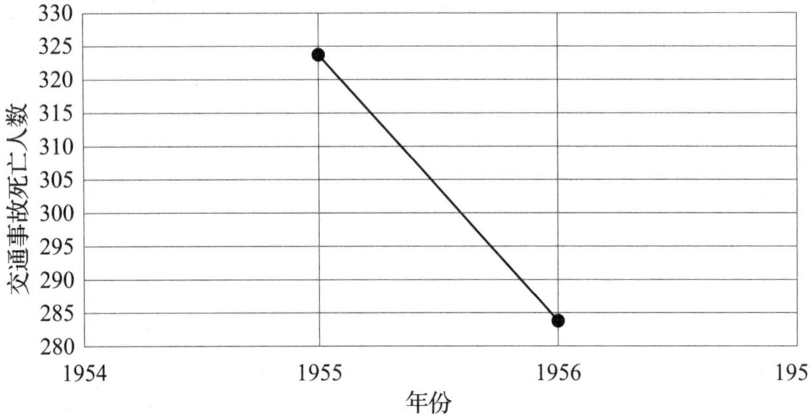

图 5－1　1956 年超速制裁措施执行前后的康涅狄格州的交通事故死亡人数变化

现利用间断时间序列分析来评估康涅狄格州的超速制裁政策的效果。程序如下：

（1）绘制出间断时间序列分析图。

将制裁政策执行开始时间的前后多年的交通事故死亡人数统计数据画在图上，形成了一个含有 1951 年至 1959 年交通事故伤亡人数统计数据的扩展的时间序列。

然后，在政策执行第 1 年（即 1956 年）处画一条垂直线，将扩展的时间序列断开，断开后的时间序列称作“间断时间序列”。横轴上可见的时间刻度表示每年的 7 月 1 日，两个刻度之间的中点表示每年的 1 月 1 日。按照上面步骤获得图 5－2，称作间断时间序列图。

（2）根据间断时间序列图进行分析。

根据图 5－2 所做的关于政策效果的分析，与根据图 5－1 所做的分析完全不同，主要表现为如下三点：

1）交通事故死亡率的下降可能是“蜕化”现象所致。

除了政策行为之外，司机的内在变化，如安全意识的变化（蜕化）可能对政策效果产生了影响。多年来康涅狄格州的交通事故死亡率曾经多次出现下降的现象，这可能是司机加强社会学习的结果，例如司机接受了培训项目或公共安全运动的教育等。图 5－1 只能

① 威廉·N 邓恩．公共政策分析导论［M］．谢明，伏燕，朱雪宁，译．4 版．北京：中国人民大学出版社，2011，有改编．

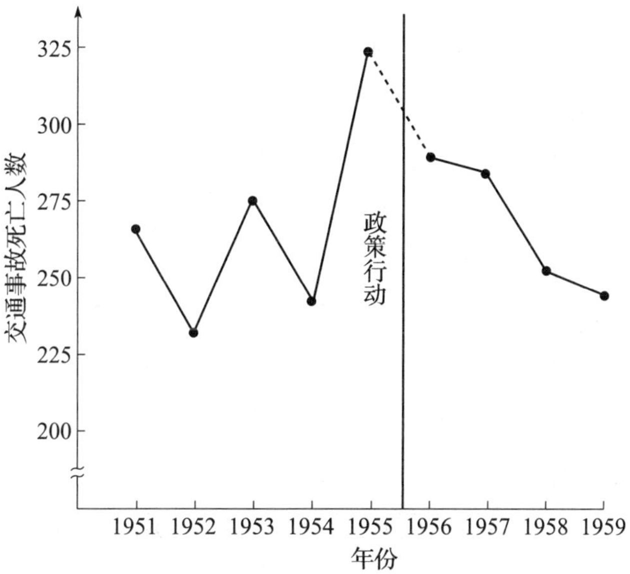

图 5-2 康涅狄格州交通事故死亡人数在 1956 年超速制裁措施执行前后的间断时间序列图

简单反映政策执行前后交通事故死亡率变化，无法考虑这些可能存在的因素的独立影响。但间断时间序列图（图 5-2）就可以把“蜕化”作为影响交通事故死亡率的重要的影响因素考虑进去。

2）交通事故死亡率的下降可能是时间序列的不稳定性所致。

所有的时间序列都有一定程度的不平稳性。间断时间序列可以将这种不稳定性显示出来，这种不稳定性相当明确。1955 年与 1956 年之间的下降幅度仅仅比 1951 年与 1952 年之间和 1953 年与 1954 年之间的下降幅度大一点，这就表明交通事故死亡率下降的现象可能是时间序列自身的不稳定性造成的，而未必是由政策行为引起的。

3）交通事故死亡率的下降可能是回归假象

如果 1955 年的交通死亡人数代表着一个极值点，则它在 1956 年的下降可能仅仅是极值向均值或时间序列总体趋势回归的过程。事实上，1955 年的死亡人数确实是序列的一个极值点。因此，1955 年到 1956 年的下降可能部分归因于回归现象和时间序列的不稳定性。

总之，间断时间序列分析的一个主要优点是它能够系统地考虑对于政策结果的因果推理的有效性产生怀疑的其他因素。当对间断时间序列图所显示的政策效果和州长的推理进行比较时，间断时间序列分析这一优点的重要性可以清楚地凸显出来。

（3）将对比序列分析的方法应用于政策评估中。

对比序列分析是在间断时间序列分析的基础上增加了一个或多个对照组，然后将间断时间序列的结果和对照组的结果进行比较，以确定除了最初的政策行为之外，不同组的特性是否对政策结果造成了独立的影响。对比序列分析也是应用于政策评估的一种程序。对比序列分析的逻辑和间断时间序列分析相同，唯一的区别在于它将没有受到政策行为影响的一组或多组（对照组）的情况也反映在图上。图 5-3 显示了从康涅狄格州获得的原始数据以及对照组的交通事故数据。

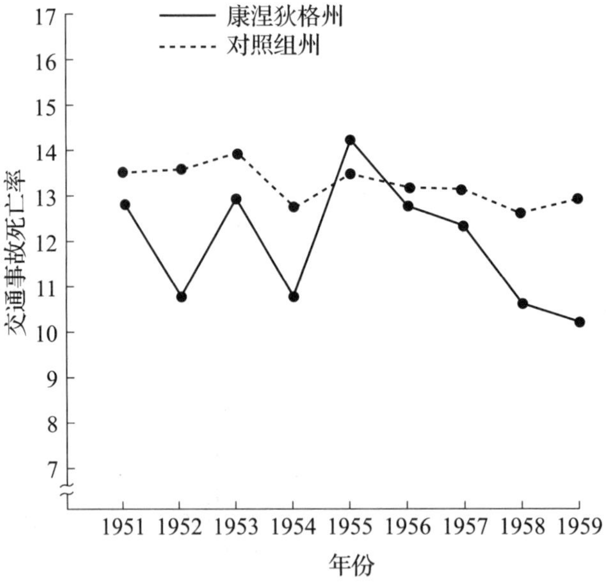

图 5－3 康涅狄格州以及对照组州 1951—1959 年交通事故死亡人数对比序列图

注：交通事故死亡率是各州人口中每 100 000 人中死于交通事故的人数。

对比序列分析有助于进一步考察关于政策行为对政策结果影响的报告的有效性。对比序列分析中的数据，在一定程度上证伪了以历史和蜕化为根据的与州长的看法相悖的报告。从对比序列分析图中可以看到，虽然在 1951—1956 年间，康涅狄格州和对照组州的交通事故死亡人数有着相似的连续的增长和下降的模式，但有一个现象清晰地凸显了两个州的区别，即 1955 年以后康涅狄格州的交通事故死亡人数，比对照组州的死亡人数下降得更快。这意味着康涅狄格州实施的严格的制裁政策还是具有一定效果的。利用对比序列图，不仅可以对州长关于政策成功性的报告进行更加精确的评估，而且可以证伪一些看似正确的与州长的结论相左的解释，从而为政策评估报告提供了更加坚实的逻辑基础。间断时间序列分析和对比序列分析的结果，同各种对内部有效性和外部有效性构成威胁的因素一道，可以被当作政策论据来利用。

二、定性评估方法

为体现评估主体和评估对象的主观意愿，政策评估中经常还需要利用定性评估方法。

（一）以定性为主的政策评估方法的含义

以定性分析为主的政策评估方法强调被评估者在参与政策评估过程中的地位和作用。这种方法认为，评估的过程也是一个吸纳各种利益诉求的过程，是一个完善公共政策方案的过程。同时还认为，在参与政策评估过程中，强调被评估者的地位和作用，有利于不断调整公共政策，使各种利益相关者逐渐达成共识。所以，以定性分析为主的政策评估方法实际上是一个修改完善政策方案的过程。以建构主义为基础的定性评估是主要的定性评估方法之一。该方法的主要内容是：重视利益相关者对政策的认知，更重视政策对于这种认知的回应性。这里的政策认知是利益相关者对于政策认识过程的一种产物，是利益相关者的政策主张、对政策的关心程度和理解程度等几种主要因素的复合体。具体地说，政策认知是利益相关者获得特定政策知识或应用特定政策知识的过程，是利益相关者最基本的心理过程。它包括对于政策效果的感觉、知觉、记忆、思维、想象等各种认识。因此这种方法强调的是融入更多的主观逻辑推理，并以主观逻辑推理结果为政策评估的参照系。同时强调以建构主义为主体的自然调查方法。

（二）以定性分析为主的政策评估过程的要点

基于政策评估的过程也是一个吸纳各种利益诉求的过程，以定性分析为主的政策评估主张，在评估中务必明确各种利益相关者，尤其是关注潜在的政策执行后的利益受损者，然后，识别出政策利益相关者的政策认知，尤其要关注其利益诉求；在以主观逻辑推理结果为政策评估参照的基础上，建构定性评估的网络。这个过程要求体现人性关怀与社会互动相结合，特别关心那些承受政策风险的利益相关者的政策诉求。要汇聚和利用各种社会力量的协同作用，化解或降低政策风险；寻找各种利益相关者的利益诉求平衡点，使得各方的利益诉求能够逐渐趋向共识，对于一些无法达成共识的政策诉求可以考虑使其成为妥协点。尽可能更多地采集与妥协议程相关的信息，如民意调查、灾害损失数据、相关政策和法律法规等。尽可能全面地了解各种利益诉求，可以提供一个让利益相关者自由讨论的公共平台，以化解各种歧见。最后将已经达成妥协和共识的政策诉求形成报告，将尚未达成共识的各种政策诉求按照上述顺序重新构建，直到满足大多数人的政策诉求。

第四节　公共政策监控

一、公共政策监控的内涵

政策监控的内涵

公共政策是一个过程。由于政策主体、政策客体和政策环境的各种原因，政策过程在运行中有可能偏离政策目标，导致政策的合法性、合理性和有效性出现偏差。政策监控是测量和描述政策过程运行状况信息的一类公共政策分析方法。提高政策目标的实现程度，及时发现和减少政策过程中出现的偏差，必须对政策运行过程进行检查、督促、指导和纠偏，这一系列监控措施与分析程序就构成了政策监控的过程。政策监控是政策过程的重要组成环节之一。它能够提供一系列政策过程的运行信息，用以描述所监控的政策过程，并探讨该过程诸环节与政策结果之间的关系。在政策监控过程中，监控主体、监控对象、监控目的和监控过程等所包含的要素之间需要协同发挥作用。

（一）政策监控的主体

政策监控的主体一般包括立法机关、行政机关、司法机关、政党组织、大众传播媒介、利益集团和公众等主体。由于国家政治体制和历史文化传统等的不同，对于政策监控主体的理解和界定也不同。

（二）政策监控的对象

政策过程是一个动态过程。广义的政策监控对象，是指政策过程中任何监控要素的运行状态，主要包括政府组织和公务员的政策行为及状态、政策过程的任何政策环节中其他要素的运行状态等。狭义的政策监控对象，是指从事某一政策过程任何环节的活动的个人和组织的活动状态，以及政策过程其他要素及其运行状态。

（三）政策监控的目的

政策监控的目的是从属于政策目标下的子目标，这个子目标为了力保政策目标的实现，维持政策过程的合法性、合理性以及有效性，对于政策过程出现的偏差及时进行干预，以求最大程度实现预期政策目标。

（四）政策监控的过程

政策监控的静态性体现在建立起相应的内外部监控体制的过程。政策监控的过程是指从建立政策监控机制开始到政策过程的监控任务结束的动态过程。

二、公共政策监控的类型

以实施监控的时间先后为标准，公共政策监控可以分为预防性监控、过程性监控和结果监控。以监控的经常性为标准，公共政策监控可以分为经常性监控和引发性监控。引发性监控是政策过程引发了分歧而产生的被动型监控。以监控的参与程度为标准，公共政策监控可以分为单方面监控和抗辩性监控。单方面监控是由政策监控主体组织的没有被监控单位参加的监控。抗辩性监控是政策监控主体安排时间，允许被监控单位对于监控结果进行答辩的监控。

解释性案例 5-2

教育部已明确取消 5 类全国性高考加分项目

日前，教育部召开新闻发布会，介绍党的十八大以来考试招生制度改革成效。教育部介绍，目前已明确取消 5 类全国性高考加分项目，逐步取消 95 类地方性加分项目。

据介绍，自高考加分政策设立以来，国家一直对政策的执行情况进行跟踪监控。通过监控，发现高考加分政策存在一定的不公平性，引起社会的议论。

2015 年、2019 年，教育部会同有关部门先后开展了两轮清理和规范高考加分工作，明确取消体育特长生、中学生奥林匹克竞赛、科技类竞赛、省级优秀学生、思想品德有突出事迹等 5 类全国性高考加分项目，指导各地减少地方性加分项目，进一步降低加分分值。这些措施，目的在于促进公平、科学选才、监督有力的体制机制更加健全，中国特色现代教育考试招生制度更加完善。

资料来源：周韵曦．教育部已明确取消 5 类全国性高考加分项目［N］．中国妇女报，2022-09-16（2）．有改编．

政策监控的机制

三、公共政策监控的机制

政策监控机制是由政策监控主体和监控对象之间的关系模式以及监控主体的行为规则和方式等要素构成的一个系统，分为内部政策监控机制和外部监控机制。

（一）内部政策监控机制的构成

内部政策监控机制是指政策制定系统内部所存在的一种监控机制。它主要包括：上级政府对下级政府的监控机制（如省政府对市政府政策执行过程的监控机制）、专门系统的监控（如审计、监察机关对相关政策执行情况的监控机制）等。

根据政治制度的不同，在不同的国家具有不同的内部政策监控主体。在联邦制国家，只有很少的一部分政策是在上下级之间进行监控的。其余的则是按照法律规定由联邦政府、州政府等按照法律的规定在职权范围内进行监控。在单一制国家内，较多的政策监控发生在上级政府之间，例如上级政府对于下级政府政策制定和政策执行的监控。

（二）外部政策监控机制的构成

对行政部门而言，下列监控主体的监控构成了外部监控机制。

1. 立法机关对公共政策的监控

这主要包括：（1）以法律形式对政策进行监控。立法机关所制定的法律为公共政策提供了基本的行为规范，成为对公共政策强有力的制约。（2）以听取和审议政府工作报告、预决算安排等形式，对社会资源的分配加以监控等。（3）以行使人事任免权的方式对公共政策制定者的选择产生影响。（4）以诘问、质询和弹劾等方式对公共政策进行监控。（5）在西方国家，实行内阁制的议会拥有提出不信任案的权力。议会经常以提出不信任案的方式对政府所实施的政策或政策制定者进行监控。不信任案被通过意味着内阁必须辞职。（6）以检查、视察或组成特别调查委员会的方式对政策执行情况进行监控。

2. 司法机关对公共政策的监控

这主要包括：就公共政策的制定程序与原则、公共政策内容的合理性、公共政策的执行的合法性、公共政策执行的方式是否符合法律程序等事项进行司法裁定。

3. 政党对公共政策的监控

政党对公共政策的监控一般采用下列方式：立法机关以议员身份活动的政党成员直接参与制定政策，并参与立法机关对行政机关的监督活动；通过政党成员掌握的国家权力和政府权力，直接运作公共政策的制定和执行；通过政党所控制和影响的社会团体、大众传媒等来对公共政策施加外部的间接监控。

4. 利益集团对公共政策的监控

除了国家与市场的影响之外，社会团体和各种利益集团对公共政策的监控也不可忽视。社会团体通过具有一定组织化水平的方式表达对于公共利益的诉求或其他诉求，是对政府政策产生影响的政策监控方式之一。

5. 大众传播媒体对公共政策的监控

通过大众传播媒体所形成的社会舆论，能够对政策的合法性、有效性和合理性进行监控，达到实现公共利益的目的。

6. 社会公众对公共政策的监控

根据法律规定，社会公众对影响自身利益或公共利益的政策表达某种要求，可以视为对公共政策的一种监控机制。在形式上往往表现为面访、写信、网络表达诉求、提起诉讼等方式。

第五节　公共政策监控的方法

政策监控的方法

在政策评估的介绍中，已经介绍过的指标法、实验法、间断时间序列分析等都可以应用于政策监控。除此之外，能够用于政策监控的方法还包括社会系统核算和社会审计等方法。

一、社会系统核算

社会系统核算的主要分析因素是社会指标，即利用社会指标来进行政策监控。因此，社会系统核算可以认为是指标法的一种特定情形。其与普通指标法的区别在于，普通指标法是针对特定的某项政策专门设立和建构的一个指标体系，而社会系统核算所依据的指标则大都是通用的社会指标。社会指标具有特定内涵，其意是指用以衡量总体各部分社会状况及其随时间变化的统计量。这里的总体是指社会总体，社会状况则是指在一个既定社会里人类存在的外在环境与内在环境。外在环境是指社会和自然的环境，内在环境是指人们主观和感觉的环境。社会指标强调了指标属性中随时间变化的要素，但指标法中所建构的指标属性一般不强调这个要素。社会指标的特点在于其用途属性既可以是客观的又可以是主观的，因为它既可以用于监测如城市化程度等客观状况，又可以用于监测对市政服务的满意程度等主观状况。在行政区划的意义上，社会指标可以对包括全国在内的各级行政区域发生的政策过程变化进行监测。在行业的意义上，社会指标可以用于监测社会变化的任何领域，如对于海洋污染、医疗保健及造纸业每周的用电量的监测等。常用的指标举例如表 5－2 所示。

表 5－2　部分有代表性的研究领域及其社会指标举例

研究领域	社会指标
健康和疾病	州精神病院的人数
公共安全	害怕夜间单独行走的人数
教育	25 岁及以上的高中毕业生
就业	妇女就业比率
收入	处于贫困线下的人口百分比
住房	住房条件低于法定标准的家庭数
休闲和娱乐	制造业职工年均带薪假期
人口	计划人口数和实际人口数
政府和政治	公共管理的质量
公众价值取向和态度	对生活总的满意度和陌生感
社会流动性	父辈职业的变迁

续表

研究领域	社会指标
自然环境	空气污染指数
科学和技术	科学发现

资料来源：威廉·N 邓恩．公共政策分析导论［M］．谢明，伏燕，朱雪宁，译．4版．北京：中国人民大学出版社，2011.

大部分社会指标的特点是：与公共政策有关，受公共政策影响可以改变的指标，如空气污染指数可以用于监测环保机构所采取政策措施后的效果；社会指标的目标是锁定的，即所有指标的改变都对应公共政策目标的改变；社会指标的数据是因时变化的，即所有指标的数据随着时间的推移将会发生一定的改变；社会指标是可以交叉分类的，即所有指标都可以按照年龄、受教育程度及收入水平或其他身份特征进行交叉分类。

二、社会审计

社会审计是审计的种类之一，也称独立审计或注册会计师审计，是指注册会计师依法接受委托、独立执业、有偿为社会提供专业服务的活动。社会审计常常用于公共政策监控。与其他公共政策监控主体不同，社会审计的主体是注册会计师，具有特定性，属于第三方监测的范畴。在公共政策监控中，社会审计的主要任务是维护市场经济秩序，保护社会公共利益和各类投资者的合法权益，及时发现经济活动中的偏差，保证公共政策过程的正常运行。依法审计是社会审计必须遵循的基本原则，社会审计过程是在我国制定的一系列旨在指导、管理和监督社会审计行业及其业务活动的法律法规中运行的。服务方式的独立性、有偿性和服务对象的社会性是社会审计的基本特征。在开展社会审计的过程中，注册会计师不受任何机关、单位、团体或个人的干涉，依法独立承办委托业务，并对其出具报告的真实性、合法性负责。正是由于这些独特的性质与品质，社会审计在公共政策监控中所发挥的作用也越来越大。

社会审计能够弥补社会系统核算所具有的天然不足。社会系统核算具有自身的局限性，这种局限性就是，该系统在政策监控中忽略了对于政策执行过程的详细观察，或者将其做了过于简单化的处理，以至于难以观察和监控政策执行过程的具体细节。社会审计可以部分弥补这种不顾过程只问结果的缺陷。社会审计能够清楚地监测政策投入、政策过程、政策产出及政策影响之间的运行状况，表达这些要素运行状态之间的各种关系。利用社会审计进行政策监控的目的，是保证从开始投放资源到所投放的资源被目标群体接受的这一过程，能够被全程跟踪和观察。因此，社会审计可以帮助确定不太理想的政策结果是由何种原因所导致，是政策投入不足还是资源或服务偏离了预定目标群体。利用实验或统计控制来消除环境变量的影响后，社会审计能够将政策投入和政策产出关联起来，从而衡量政策效益。该评估方法以收益超过成本以及社会净福利最大化作为政策评估标准，制度性结构干预可以形成“黑匣子”，将资源投入这个“黑匣子”，从“黑匣子”里产生的结果及负效应等信息则无从知晓。将社会审计应用于政策过程监控时，则可以显现出其价值：能够提供关于“黑匣子”里面正在发生的事情的重要信息。

第六节 公共政策的终结

公共政策终结是一种发生在政策领域的、人为的终结政策方案的行为。下列原因容易导致政策终结：政策目标已经实现，或政策积极作用已经消失，或政策执行后引发了预料之外的严重问题，导致政策的消极作用大于积极作用，或政策本身背离了既定的政策目标，或政策环境发生较大的变化，原有政策已经不能适用于新的政策环境等。在构成政策过程的诸环节里，政策终结的进程往往根据政策评估的结果来展开，因此政策终结往往在政策评估之后发生。

一、公共政策终结的含义和方式

（一）公共政策终结的含义

正如政策方案的出台是一次利益关系调整一样，政策终结也是一次利益关系的调整，而且有时比政策方案利益调整的力度还要大。因此政策终结往往也会遇到一些阻力，政策终结在政策实践中实施的难度导致了政策终结并不经常发生。所以，对政策终结的研究比起其他环节的研究显得薄弱一些，一些公共政策著作甚至不把它作为政策过程的独立环节。但随着政策实践的深入，不少国家都认识到政策终结的必要性和重要性，出台了相应的法律规定来规范这一政策现象。我国 2023 年修改的《立法法》第 116 条规定："对法律、行政法规、地方性法规、自治条例和单行条例、规章和其他规范性文件，制定机构根据维护法制统一的原则和改革发展的需要进行清理。"《立法法》的修改，第一次以法律形式明确规定法律、行政法规、地方性法规、自治条例和单行条例、规章和其他规范性文件的政策终结制度，为我国政策终结的持续推进提供了制度安排和法律保障。

所谓政策终结，就是通过一定程序，对政策进行审慎的评估后，终止与现行法制不统一的，或与政策环境的要求不相适应的，或错误的、多余的、无效的各种政策，以及相应的政策功能或政策组织的政策行为。政策终结可以分为完全政策终结和部分政策终结两种类型。完全政策终结是在时空上完全中断政策的延续性，是在政策目标已经完全实现时的一种政策终止或政策废除措施。部分政策终结是指在政策目标没有完全实现时，对政策本身、政策功能、政策组织等方面所进行的革新。部分政策终结被认为是对于政策的改革和完善过程，在时空上体现了政策之间的继承性与联系性，实质上就是政策接续。

政策终结能够产生废止全部或部分政策的结果，是解决政策与经济社会发展变化不适应、解决规范性文件之间冲突的有效方式。及时进行政策终结的活动在某种意义上不亚于政策制定活动的重要性。政策终结对象可能是单个的规范性文件，也可能是批量的法律法规和规范性文件。考察我国政策终结的实践可以明显看出，大多数政策终结都伴随着批量性的法规规章条文的修改和废止。例如我国对 2017—2019 年全国范围的生态环保领域进行过一次政策终结活动，该次活动修改和废止的法规达 1 000 件以上。通过政策终结改变或者撤销同宪法、法律相抵触的政策，也是实现政策监督的有效方式。开展政策终结，可以对全部或者某一领域的现行政策进行一次全面审查，从而采取修改、废止等方式纠正政策中存在的问题。实践证明，通过政策终结及时修改、废止与宪法和法律不一致、不衔接、不适应的政策，可以进一步提高公共政策质量。

解释性案例 5－3

国务院关于废止部分行政法规和文件的决定

为进一步推进“放管服”改革，促进境内企业依法合规利用境外资本市场规范发展，国务院决定废止以下行政法规和文件：

一、国务院关于股份有限公司境外募集股份及上市的特别规定（1994 年 8 月 4 日中华人民共和国国务院令第 160 号发布）。

二、国务院关于进一步加强在境外发行股票和上市管理的通知（国发〔1997〕21 号）。

本决定自 2023 年 3 月 31 日起施行。

资料来源：国务院．国务院关于废止部分行政法规和文件的决定［EB/OL］.（2023－02－14）［2023－06－27］. https://flk.npc.gov.cn/detail2.html?Y2EwNjViYTA3ZGMzNDM4ZGJmMjcwNTIzODNjNTc4OGU%3D.

公共政策的终结应当由公共权力机关通过合法的程序做出决定，并以文件、公告等形式向社会宣布。政策实践中的政策终结需要严格遵循政策梳理、政策审查、政策评估等程序，才能完成相关规范性文件或其他政策形式的修改或者废止工作。

（二）公共政策终结的方式

政策终结的常用方式如下。

政策终结的常用方式

1. 政策废止

政策废止就是宣告某项政策作废和停止执行。政策废止是政策终结的一种最直接、最彻底的方式。政策废止一般针对那些经评估认定已经完全过时或完全失效的政策。政策废止有自然废止和人为废止两种形式。如果一项政策的政策目标已经实现，这项政策就失去了继续存在的必要，自然予以废止。这种情况称为政策的自然废止；如果政策执行一段时间后，发现有严重的失误或失效的情况，这时相关政策主体及时发布公告或出台新政策以取代旧政策，这种做法就称为人为废止。

2. 政策替代

政策替代是政策终结中比较常见的方式。其过程是将原来的政策终止，再推出一种新的政策替代原来的政策。与政策废止不同的是，废止的政策和替代的政策所解决的公共问题是相同的。政策替代是以一个新政策取代旧政策的过程，这种推陈出新的方式可以填补政策废止所带来的真空。尽管新旧政策所要解决的政策问题基本相同，但新政策在操作方法、操作程序以及政策的着力点上一般变化较大，新政策能够更好地解决旧政策所无法解决的问题。比如，我国实行的利改税政策，将原先上缴的利润改为税收的形式，以保证国家财税的稳定，并提高了企业的积极性；我国在老旧小区改造中，取消直接拨付给业主的货币化拆迁费用补贴，而代之以由国家直接将货币投入到老旧小区进行改造的政策，都是成功的政策替代案例。

3. 政策分解

政策分解指的是将旧政策的内容按照一定的分解规则和政策环境的需要，分解出几个部分，每个部分各自形成一项新政策。政策分解适合于原有政策由于内容繁杂、目标众多而影响政策执行的情况。运用政策分解的方法将原有政策分解为几个政策，往往能提高政策绩效。比如我国传统的社会保障是一种“就业保障”和“单位保障”模式，由于这种模式不能适应经济社会发展的需要，因而按照保障内容的不同，原有的政策被分解成了养老保险、医疗保险、失业保险、工伤保险、生育保险以及城市居民最低生活保障等具体的各项政策。政策分解过程中需要抛弃掉原有的不合时宜的部分，但不是将旧政策完全抛弃掉，而是将其中失效的、过时的部分去掉，而把仍然行之有效的部分保留下来，与其他的政策一起组合为一系列新政策。

4. 政策合并

政策合并指的是有些政策在整体上虽然被终止了，但它们的部分内容仍然可以使用，因而通过一定的程序和方法，将仍然可以使用的部分内容合并到其他政策中，重新组合成一项新政策。这样的合并通常有两种形式：一种是将被终止后还有用的部分政策的内容合并到一项已有的政策当中；另一种是把两项或两项以上被终止的政策中还有用的部分内容合并为一项新的政策。

5. 政策缩减

政策缩减指的是采用渐进的方式对政策进行终结，以缓冲终结所带来的巨大冲击，逐步协调好各方面的关系，减少损失。政策缩减是政策调整的一项特殊内容，属于温和的政策调整。政策缩减的常用手段包括：逐步减少对政策的投入，缩小政策实施范围，放松对政策执行的控制等，通过这些渐进性的方式，来达到最终完全终止政策的目的。例如，2014 年 12 月我国教育部、国家民委、公安部、国家体育总局、中国科学技术协会联合发布的《关于进一步减少和规范高考加分项目和分值的意见》规定，取消部分高考学生的全国性高考加分项目，实际上是进一步缩减已经沿用多年的高考加分政策，最后导致该政策走向终结。

二、公共政策终结的障碍

政策终结是一种利益关系调整，因此必然是一种政治过程。政策终结能否顺利完成，取决于能否克服政治过程中的各种障碍。彼得·德利昂提出了一个关于政策终结障碍的理论框架。这个理论框架涵盖了五种政策终结的障碍。

（一）心理抵触

有三种人通常会对于政策终结产生心理抵触，即政策制定者、政策执行者和政策受益者。政策终结导致政策不再存在，这是政策制定者所不愿意看到的，更不愿意承认政策制定中的错误。政策执行是有代价的，政策执行者对于政策执行付出了一定的精力、工作量以及其他代价，所以也不愿意看到政策终结。政策受益者由于不愿意放弃既得利益，也不愿意看到政策终结。这三种人的心态，形成一股心理抵触，严重影响政策终结的进程。

（二）组织的持久性

包括行政组织在内的任何组织都具有寻求生存和自我扩张的本性，即使它已经没有继续存在的价值，但也要想方设法延续自己的存在状态。当一个依赖某项政策而生存的组织，其执行的政策被终止时，这个组织的存在价值就会逐渐失去。因此组织有自己天然的持久性，再本能地做一下，争取各方面支持，通过各种办法抵触政策终结。

（三）反对势力的联盟

在一项政策被终结时，反对势力往往会形成联盟，共同抵制政策终结，包括在政府内部拉拢有关人员、联合政府外部的利益集团，共同抵制政策终结；从政策中获得利益的人或利益集团也会自发地形成联盟，通过各种合法的或非法的途径，向决策者施加压力，阻碍政策终结的通过。反对势力一旦形成联盟，就容易对政策终结构成有效威胁。

（四）法律上的障碍

正如公共政策的出台需要一定的法律程序一样，公共政策的终结也需要一定的法律程序，政策终结的法律程序也是一个繁杂的过程，需要一定的时间和资源，这一过程的时间越长，延误政策终结的可能性就越大。同时，政策终结需要时机，错过了这个时机，就可能会大大延缓政策终结的过程。所以，法律程序的复杂性显然是政策终结的一个重要障碍。

（五）高昂的终结成本

政策终结是需要付出成本的，其成本包括现行政策的沉淀成本和政策终结所需要付出的成本。沉淀成本是指政策实施中已经投入且无法挽回的成本。如果政策终结，已经投入的政策成本将会付之东流，如果不进行政策终结，已经被证明是无效或失败的政策只会扩大损失。面对这种因高昂的成本所引发的两难选择，决策者常常会陷入难以抉择的境地。同时政策终结本身也需要付出高昂的代价，例如在终结过程中可能还要花费资金来寻求支持，可能还需要为制定和推行新的政策以及为减少阻力安抚原来政策的受益者等事宜筹措资金。在这些高昂终结成本的重压之下，决策者有可能放弃政策终结。

三、公共政策终结的策略

作为一种利益调整过程，政策终结存在着错综复杂的利益纠葛，应该采取灵活的策略妥善处理，否则容易引发深层次的政治冲突。为了顺利完成政策终结过程，需要采用以下几种策略。

（一）重视说服工作

为确保政策终结的顺利进行，政策主体首先应该重视做好说服工作，加强宣传教育，消除相关人士的抵触情绪，提高思想认识。有效的说服工作最终能够使人们明白：政策终结未必就是机构利益或个人利益的损失，正确处理，会成为组织或个人积极寻求发展的又一个开始，是组织或个人迈向成功的新机遇。同时，尽可能公开评估结果。公开政策评估结果，陈述待终结政策的低效或无效，有助于人们了解这种政策将对社会造成的危害和损失，改变对政策终结的怀疑或反对态度，获得更多的支持，以推动政策终结的实现。

（二）废旧立新并举

所谓废旧立新并举，是指采用新政策出台与原有政策终结并举的方法来缓和由政策终结所带来的压力的一种举措。在政策终结的同时，及时地采用新政策替代旧政策，能够使人们寄托希望于新的政策，缓解对于原有政策的眷恋。这种做法转移了对于原有政策的注意力，可以大大减少政策终结的阻力。处理好废旧和立新的关系，是废旧立新并举的关键环节。新政策和原有政策必须要有充分的区分度，但为了减少政策终结的阻力，也要注意适当程度的衔接性，以方便在坚持原则的前提下协调各种利益关系。

（三）进行政策试验

对于那些不涉及国家机密的新政策，可以通过政策试验的方式，在一定范围内对政策进行必要的试验，积累经验，发现矛盾，调整修正，查漏补缺，使得新政策更加完善，减少对于原有政策终结的阻力。避免突然宣布一项政策终结所带来的各种激进情绪，这种激进情绪往往容易导致矛盾的激化，强化人们对原有政策的依赖感，进而影响社会稳定。

（四）终结必要部分

在政策终结阻力较为强大且持久的情况下，政府可以考虑接受现实，缩小政策终结的范围，以此减少政策终结的代价。终结的部分越少，受政策终结影响的人就越少，政策终结的阻力就越小。但是，不能放弃实现政策终结的主要目标。这是一种常用的减少政策终结阻力的方式，在政策终结实践中，绝大多数都存在利用这一方式的现象。

本章内容小结

政策评估需要依据一定的标准和程序，运用科学的方法，对政策的效益、效率、效果及价值进行综合判断与评价，它是政策过程的一个重要阶段。按照不同的标准，公共政策评估方法可分为不同的类别。其中，以是否可量化为标准，公共政策评估方法可分为定量评估方法、定性评估方法等。在公共政策评估活动中，有不少内容涉及数据与统计，可以通过这些数据挖掘出更深层次的数量关系，来反映公共政策运行状况。因此，公共政策评估与定量评估方法密切相关。

政策监控是测量和描述政策过程运行状况信息的一类公共政策分析方法。要提高政策目标的实现程度，及时发现和减少政策过程中出现的偏差，就必须对政策运行过程进行检查、督促、指导和纠偏，这一系列监控措施与分析程序就构成了政策监控的过程。政策监控是政策过程的重要组成环节之一。指标法、实验法、间断时间序列分析等都可以应用于政策监控。除此之外，能够用于政策监控的方法还包括社会系统核算和社会审计等方法。

政策终结是通过一定程序，对政策进行审慎的评估后，终止与现行法制不统一的，或与政策环境的要求不相适应的，或错误的、多余的、无效的各种政策，以及相应的政策功能或政策组织的政策行为。政策终结能够产生废止全部或部分政策的结果，是解决政策与经济社会发展变化不适应、解决规范性文件之间冲突的有效方式。及时进行政策终结的活动在某种意义上不亚于政策制定活动的重要性。政策终结对象可能是单个的规范性文件，也可能是批量的法律法规和规范性文件。考察我国政策终结的实践可以明显看出，大多数政策终结都伴随着批量性的法规规章条文的修改和废止。

思考与练习

1. 试述公共政策评估的基本概念。
2. 政策评估的一般内容有哪些?
3. 利用指标法设计一个经济困难学生资助政策的评估指标体系。
4. 试述政策监控的主要方法。
5. 试述公共政策终结的策略。

在线自测

第六章

政策分析的价值观念和思维方法

学习目标

1. 掌握价值和价值分析的内涵，了解价值分析在公共政策研究中的重要作用。

2. 掌握价值冲突的内涵与特征，理解价值冲突产生的原因，掌握政策分析中价值冲突的类型。

3. 掌握政策分析中伦理选择的内容，理解政策分析中的伦理困境的表现，了解政策分析中伦理要素的重要性。

4. 掌握运用价值分析的方法进行公共政策价值分析的实践技能。

5. 掌握系统分析的内涵，能够在政策分析中运用系统分析的思维方法。

6. 掌握辩证唯物主义的内涵，能够运用辩证唯物主义的思维方法进行政策分析实践。

7. 掌握量化思维的内涵及特征，理解量化思维方法的重要作用，能够在政策分析中融入量化思维的观念。

本章提要

价值分析在政策研究中具有重要作用。在价值分析中会出现价值冲突。价值冲突有其根源和实质。为了解决价值冲突问题，就需要进行伦理评价和伦理选择，以走出伦理困境，规避伦理失范。在进行价值分析时，需要设定相应的价值评价标准和规范，采用一定的分析方法，进行价值扫描、价值描述、价值关系澄清，以及价值排序、妥协与均衡等。政策分析中，除了要进行价值分析外，还需要利用一定的思维方法，包括系统分析的思维方法、辩证唯物主义的思维方法、量化思维方法等。

引导案例

征收拥堵费，不能议而不决

北京市交通委表示，在就小客车数量调控政策优化方案公开向社会征求意见过程中，有不少群众建议出台征收拥堵费和发放郊区牌照等政策。对此，北京市有关部门将结合落实城市总体规划进一步研究论证。或许是因为有“拥堵费”这样的敏感词，消息一经发布就冲上热搜引发热议。

事实上，这不是北京首次讨论拥堵费问题。十多年前北京就提出过要征收拥堵费，但后来没有了下文。2013 年 9 月，北京发布“清洁空气行动计划”，提出交通委和环保局牵头研究制定征收交通拥堵费政策；交通委和交管局牵头落实智能化车辆电子收费识别系统等，引导降低中心城区车辆使用强度。2016 年 5 月，北京出台的《关于推进价格机制改革的实施意见》明确提出，研究交通拥堵收费政策。不过，最终也是“只闻楼梯响，不见人下来”。

北京市究竟要不要收取拥堵费？收取拥堵费能否真正缓解拥堵？多方围绕这些核心问题，争论始终没有停止过。很难说，反对者没有情绪化的因素。但如果我们冷静下来，多些理性思考，答案或许就会清晰地呈现出来。

汽车产业是推动新一轮科技革命和产业变革的重要力量，是建设制造强国的重要支撑，是国民经济的重要支柱型产业。经过多年的发展，我国建成了种类齐全、配套完整的产业体系。目前，汽车零售额占全社会商品零售总额、相关税收占税收总额、相关从业人数占城镇就业总人数的比例均在10%左右，对推动经济增长、促进社会就业、增进民生福祉起到了重要作用。

然而，近年来由于不少城市限购，汽车消费受到较大影响，汽车产销已连续多年出现下滑。更令人担忧的是，因为车牌的稀缺，还滋生了大量车牌租借和买卖的非法交易，饱受社会诟病。在加快建构以国内大循环为主体、国内国际双循环相互促进的新发展格局中，如何打通汽车消费堵点，激发汽车消费活力，成为迫切需要解决的问题。

从技术支撑来看，过去征收拥堵费的技术手段不成熟，由此导致的征收成本、征收效率、征收方法等问题不能有效解决，难以差异化对待，大家秉持着不接受甚至反对的态度，可以理解。但如今，随着车辆识别系统、ETC、大数据测算等技术手段的进步，各项条件在逐步成熟中，这一难题应该说已不再是障碍。

从公平角度来看，车牌和道路都是公共资源，相较于简单地通过限购、限行、限号等行政手段，针对不同车辆的行驶情况，采取经济手段进行动态调节，让长期占用道路资源的车辆承担一定的“拥堵费”，其实是更具效率和公平的做法。这样不仅可以促进社会道路资源和出行需求之间的优化与平衡，提升整个社会出行效率，而且还能以此为契机，有序放开限购、限行，在促进汽车消费和普及的同时，让更多的北京市民享受到有车生活，满足其对美好生活的向往。

从政策层面来看，《中共中央关于制定国民经济和社会发展第十四个五年规划和二〇三五年远景目标的建议》提出，“推动汽车等消费品由购买管理向使用管理转变”。国务院常务会议指出，要稳定和扩大汽车消费，“鼓励各地调整优化限购措施，增加号牌指标投放”。从“购买管理”转向“使用管理”的政策，为各地调整限购措施打开了空间。

事实上，国际上也有不少国家和城市通过收取拥堵费，利用经济杠杆效应减缓城市交通紧张程度。比如，新加坡在实行拥堵费以后，进入控制区的车流量就明显减少。

交通拥堵是当前大城市治理的一个综合难题，其复杂性需要我们进行更多开创性的探索，而不是简单地“一限了之”或者增加几个指标。如果还抱着旧地图，是找不到新路的。

资料来源：杨忠阳．征收拥堵费，不能议而不决［N］．经济日报，2020-12-19（9）.

案例思考：

1. 为什么北京市民建议出台征收拥堵费政策？
2. 征收拥堵费的利益相关者有哪些？
3. 征收拥堵费与汽车产业发展、环境保护、道路资源供给、出行需求的关系是怎样的？
4. 如果征收拥堵费政策要取得良好的“治堵”效果，还需要哪些配套措施？

本章建议学时：6 学时。

第一节　政策分析的价值观念

一、价值在政策分析中的作用

（一）价值与价值观的内涵

价值的最初含义是表示物的有用性、可交换性，是一种物品属性，是政治经济学的概念，后来扩展到其他社会科学领域，表示一种观念形态、心理意识。“价值是主客体关系中表现出来的客体对于主体的有用性和效益性，是一种主观意识。”[①] 价值观是在价值的基础上形成的稳定形态，是“一定社会群体中的人们所具有的对于区分好与坏、正确与错误、符合与违背人们愿望的观念，是人们基于生存、享受和发展的需要对于什么是好的什么是不好的根本看法，是人们所持有的应该希望什么和应该避免什么的规范性见解，表示主体对客体的一种稳定态度”[②]。价值观不是先天就有的，而是在一定的社会环境、社会活动中形成的。价值观与人们的理想、愿望、偏好、认识等紧密相关，不同的经济地位、政治地位、阶级地位的人们，价值观念也会有差异。每个人都自觉或不自觉地运用这些价值观念去感知事物、评价事物、分析事物。价值观形成以后，就会长时间发挥作用，影响着人们的思想和行为，具有一定的稳定性。

（二）公共政策研究的“价值中立”

公共政策的研究开始于 20 世纪 50 年代，深受逻辑实证主义和行为主义政治学的影

---

① 李德顺．价值论：一种主体性的研究［M］．3 版．北京：中国人民大学出版社，2013：45.

② 袁贵仁．价值观的理论与实践：价值观若干问题的思考［M］．北京：北京师范大学出版社，2022.

响，在早期的公共政策分析中学者们倡导“价值中立”。在逻辑实证主义和行为主义政治学的视野中，价值是被有意去除的。逻辑实证主义是一个哲学流派，产生于20世纪30年代至50年代。逻辑实证主义主张实事求是地反映客体的特征和状况，不掺杂个人情感、态度和意识，研究过程采用统计、描述、实验等方式。行为主义产生于20世纪初的美国，是一场政治学的革命，主张政治学的价值在于行为的研究，而不是研究意识。行为主义革命深刻影响了政治学发展的方向，主张政治学对行为的关注取代了对于制度的关注。

但是逻辑实证主义和行为主义政治学对于价值的去除是存在缺陷的。逻辑实证主义科学观的根本局限就是对科学与人文价值的人为割裂，只强调科学的实证精神而严重忽视了人的人文精神。政治学的研究同样不可能去除价值，政治学研究的主体、客体、内容必然涉及价值判断与价值选择。逻辑实证主义和行为主义政治学由于上述缺陷和局限性，不可避免地走向了衰落。深受逻辑实证主义和行为主义政治学影响的公共政策研究，其所倡导的“价值中立”也随之受到巨大冲击。20世纪80年代后，政策学家把价值要素纳入政策分析，认为价值因素与事实因素密不可分，在事实判断中也存在价值判断的成分，在公共政策分析中要坚持科学性和价值性的辩证统一。

（三）价值分析在公共政策分析中的重要作用

公共政策分析活动是由人做出的，价值观引导人的思想和行为。价值观是决定政治或政策制定行为的主观概念。另外，公共政策具有公共性，它对于资源的权威性分配也必须符合社会与公共部门主导性的价值追求，所以价值分析在公共政策分析中发挥着重要作用。

1. 价值分析可以发现新价值，选择和确立新价值

价值作为一种社会意识，会随着社会存在的变化而变化，价值分析可以揭示人们价值观念的形成过程和变化状况，探索价值的来源，发现新价值及其生成机理。另外，价值分析通过多元价值的比较，有助于价值的澄清和评判，选择和确立新的价值标准，指导政策选择。

2. 价值分析可以减少政策问题构建错误

政策问题的界定和构建是政策分析的第一个阶段。在这一阶段，乔治·格斯等人认为，政策问题界定错误，源于三个原因：一是由于分析者自己无意识强加的定义妨碍了问题分析而导致错误；二是本位价值观和组织文化可能集中在导致错误定义问题的程序中；三是意识形态或者现存的政策和项目中对待委托人的价值观可能导致问题被错误地定义。不难看出，这三个导致政策问题构建错误的原因中，都涉及价值问题，充分的价值分析可以减少这些错误的发生。

3. 价值分析有助于政策目标的确立

政策目标的确立遵循的是价值理性，需要确定某种政策目标是否值得为之争取。渗透在其中的价值追问往往是：为了什么？为了谁？这些价值追问贯穿政策目标确立的整个过程。

4. 价值分析有助于政策方案的设计与优选

如果把政策目标的设定看成目的的话，政策方案的设计与优选就是手段的问题，政策

方案的设计与择优必须要合乎目的性。为了完成政策目标，政策方案的设计与择优除了要考虑经济可行性和技术可行性以外，更要考虑政治可行性，这些可行性的考虑都涉及价值判断与选择的问题。

5. 价值是政策评估的根本依据

政策评估，究其实质来说，是提供价值或有价值的政策结果方面的信息，关注对政策有用性或价值的判断。

二、价值冲突的背景和类型

（一）价值冲突的内涵与特征

价值冲突是指不同的价值观念之间因为差异而表现出来的矛盾和斗争状态。价值冲突在社会中的存在具有普遍性。价值冲突既有积极作用，也有消极影响。随着社会存在的变化，社会意识、价值观念也会相应发生变化，一些新的价值观念与旧的价值观念持续发生碰撞、交锋，逐渐成为主流价值观念。

价值冲突具有广泛性、复杂性、深刻性、持续性的显著特征。具体到公共政策分析领域，价值冲突的广泛性表现在其超越了道德领域。任何领域的公共政策，例如教育、医疗卫生、就业创业、产业发展、国家安全、社会保障等，都存在着价值对立和冲突的问题；现代社会利益分化严重，不同利益主体价值追求多元化。随着社会的变迁，特别是在转型期，传统价值虽然式微但仍然存续，必然与现代新生的价值观念发生碰撞。全球化的加速发展，国家间交往频繁，也会带来不同文明之间的震荡、冲撞。上述状况都会造成政策分析价值冲突的复杂性；由于社会利益的多元化、复杂化，公共政策调整的关系也具有复杂性，再加上调整的对象之间具有相关性，每一项公共政策可能都会涉及多元价值取向的叠加和调和。新的价值观念的生长、国家发展战略重心的转移，都会使政策的价值取向发生缓慢的变化和转移，价值冲突就会始终存在并持续下去，贯穿于整个政策周期的始终。政策分析必须意识到价值冲突的持续性及其变化，对其进行辨识、澄清、确认，这样才能在政策问题的构建、政策目标的确立、政策方案的设计与优选、政策效果评估中，做出正确的选择。

（二）价值冲突的背景

1. 价值冲突的实质是利益冲突

从意识与物质、思维与存在的对应关系来看，利益就是一种物质或存在，而价值就是一种意识或思维。与价值相比，利益具有本源性，价值冲突的根源是利益冲突。人与人、群体与群体、阶层与阶层、阶级与阶级利益关系的变化与调整，都会带来观念、思想的波动、激化和对抗。

2. 社会子系统的差异可以孕育价值冲突

整个社会系统是由不同的子系统或亚系统组成的，每个子系统或亚系统具有不同的目标追求、组织结构、运行逻辑、伦理准则。整个社会系统根据功能形态可以分为经济子系统、政治子系统、文化子系统和社会生活子系统四个子系统。这些子系统遵循不同的运行逻辑，例如经济子系统遵循的是权力平等、自由交换的市场化逻辑，政治子系统遵循的是权力非对称性和层级节制的科层逻辑。社会子系统或亚系统的这种差异性为各种价值的矛盾提供了土壤，孕育了价值冲突。

价值冲突的类型

（三）价值冲突的类型

政策分析中价值冲突的表现类型多种多样，概括起来，大致有四种类型，分别为政策分析中的短期利益与长期利益取向的价值冲突、利益分配区域差异的价值冲突、政策问题排序优选的价值冲突、政策分析师角色定位的价值冲突。这四种价值冲突类型的划分只具有相对的意义，四种类型往往都是相互交织、相互重叠的。

1. 短期利益与长期利益取向的价值冲突

政策分析中存在着短期利益与长期利益取向的价值冲突。政策本身具有的稳定性、持续性、预见性等特征，使其关注的重点并不是只局限于解决当下的公共问题，还在于着眼于未来可能发生的公共问题，否则未来的公共问题就会因公共政策本身的相对滞后性而无法得到及时、有效的解决。从政策制定者的角度来看，受职位任期制和周期性交流任职预期的影响，有的政策制定者出于政绩和“晋升锦标赛”的激励，也会看重近期利益、短期利益。从政策参与者和政策作用对象的角度来看，由于受到信息、知识的限制，人们对短期利益感知明显，而对长远利益认识不足，就会出现“短视效应”。解决现实问题、带来现实利益可能成为他们判断政策好坏的依据。在某种程度上，公共政策设计的利益取向的时间维度常常与人们对政策本身的关注程度和热情成反比关系，即越长远的政策规划越远离人们的当前现实需要，越难与民众产生共鸣；反之，越是直接的、近期的政策越能引起民众的关注、参与和支持。

由于政策制定者和政策参与者常常很难对政策影响下的近期利益和长远利益做出恰当的判断和权衡，由此产生利益的短期性取向与长远性取向的价值冲突。

2. 利益分配区域差异的价值冲突

从空间来看，政策分析中存在着利益分配的局部与整体、地方与全国等基于区域差异的价值冲突。戴维·伊斯顿认为公共政策是对公共价值的权威性分配，这至少隐含着两层含义：一是政策的功用在于重新分配公共资源，以期实现社会整体的公平与和谐；二是政策对公共资源的分配并不是基于平均的分配，而是存在空间上分配的差序格局，为了保证这种分配的差异性，政策必须具有权威性，以强制力作为保障。

3. 政策问题排序优选的价值冲突

公共问题的特征包括：（1）相互依赖性。问题不是孤立的，一个领域的问题（例如能源）常常影响其他领域（例如健康保健和失业）。（2）基于主观的客观性。政策问题虽然可以进行客观事实描述，例如空气污染程度可以用大气中二氧化碳气体和悬浮颗粒物的水平来表示，但是促使问题产生的外部条件是被有选择性地进行界定、分类、解释和评价的，二氧化碳气体和悬浮颗粒物的选择及水平确定则是主观的。（3）人为性。只有当人类对改变一些问题情势的愿望做出判断时，政策问题才是可能的，人类是政策问题界定的主体。（4）动态性。问题和解决方案都是处于不断的变化之中。

由于作为政策对象的公共问题具有上述特征，那么作为解决公共问题的政策分析，如何合理界定公共问题、如何确定政策分析的边界条件就成为公共政策分析的重点和难点。从理论上讲，所有的公共问题都应该成为政策分析的考虑对象，但是在实践中，从公共资源的稀缺性和公共问题的复杂性来看，试图在既定的时空范围内解决所有公共问题是不可能、也是不现实的，必须对作为政策分析对象的公共问题做出选择，即选择具有特定价值的亟须解决的公共问题作为政策对象，这就涉及政策问题的排序优选，自然就会引发公共政策中政策对象选择的价值冲突。

4. 政策分析师角色定位的价值冲突

政策分析师一般是指那些以政策分析为职业的既具有理论素养又具有实践技能的政策研究专家。20 世纪 60 年代，叶海卡·德洛尔最先提出该概念。1967 年他发表《政策分析师：政府部门中一个新的职业性角色》一文，此后“政策分析师”就成为从事政策分析的职业称号。政策分析师承担的职能或发挥的作用主要是辅助决策者、政策评估者和政策评论员，其工作就是研究公共问题，向公共决策机构提出计划、建议与评估报告。

政策分析师到底应该扮演什么样的角色，学者们的看法不一。韦默、瓦伊宁根据分析技能、对客户负责、坚持个人对良好社会的价值信念三个维度，将政策分析师的角色定位分为客观技术员、客户拥护者、问题拥护者三种类型。他们认为，客观技术员的角色定位，是按照客观公认的标准，运用专业技能，提出政策建议，不做价值考量，价值选择交由客户完成；客户拥护者的角色定位，是指政策分析师接受了客户委托，就要对客户负责，把对客户忠诚作为第一要务，自身的价值偏好和技能运用置于次要位置；问题拥护者的角色定位，是指政策分析师关注政策分析的公共价值，将分析技能、对客户负责的目标置于次要位置，将良好的社会使命感和责任担当置于首位。

委托决策研究类型，是政策分析师接受决策机构的委托进行研究，在这种关系中，政府与专家的关系表现为委托方与代理方的关系，具体含有劳务合同与一般委托代理合同的双重结构关系。此类型又可细分为：先验决策研究型，即决策已由委托者做出，分析师只负责论证；展示性决策研究型，即政策分析师的决策研究形式化，成为决策者装点门面和展示决策科学化的一种形式或程序，而不是关注质量；建议性决策研究型，即决策者已经预决策，分析师在指定的若干方案中进行优化，并提出建议；论辩性决策研究型，即决策行为主体没有特定目标指向，分析师被委托给予专业性的不同意见。

独立决策研究类型，具体又可分为纯学理性研究和基于社会需求的学理研究，这两种类型都是研究主体在研究目标上具有自主独立性的决策研究，是纯粹的学术型研究。

综上，学者们对政策分析师的角色定位的分类具有多样化的特征。政策分析师的角色差异性，既与政策分析师的专业技能、独立性有关，也与其所处的立场相关。从类型学的角度，我们可以做出一些归纳：根据与决策圈的远近，可以分为内部专家和外部专家；根据分析技术和政治能力状况，可以分为技术型（强技术、弱政治能力）、技能型（强技术、强政治能力）、政治型（弱技术、强政治能力）三种典型类型；根据与决策机构之间的独立性程度，又可以分为高、中、低三种类型。不管何种类型的政策分析师，都会面临价值冲突的问题。因为所有的政策分析师都需要做出价值判断和价值选择，即使是纯粹从事技术分析的专家，也会涉及对事实的认定、选择及价值判断的问题，而内部专家、技能型、政治型、低独立型的政策分析师虽然无意识或有意识地顺从于决策者（机构）的价值取向，而如果社会化产生的个体价值观念，与社会普遍流行的价值观念或与决策者（机构）的价值取向产生差异，也会使其产生内在的价值冲突。

三、政策分析中的伦理选择

（一）政策分析中无法排除伦理要素

早期的公共政策分析倡导“价值中立”，也在一定程度上排除了伦理在公共政策分析中的重要作用。早期政策分析对伦理要素的融入，被认为不具有可行性、必要性和合理性。早期的政策分析深受逻辑实证主义的影响，强调将事实与价值、实然与应然、手段与目的、客体与主体相割裂，追求事实的“真实性”与“客观性”。道德判断完全是一种主观性的评价，无法揭示客观事实的真实情况，把其纳入对客观事实的分析是不可行的；道德判断属于价值层面的问题，价值层面的问题一般由政治过程来解决，政策分析者无须参与解决价值问题，也就没有进行道德判断的必要性；如果政策分析涉及伦理因素，就难免会将分析者的个人偏见或成见带入分析过程之中，从而影响到研究结论的真实性、客观性。政策分析中考虑伦理因素是不具有合理性的。

随着政策分析中“价值中立”原则受到冲击，对公共政策价值的考量成为必然，政策分析师需要澄清政策中的价值目标，直面价值冲突的问题。而要解决价值冲突问题，就需要进行伦理评价和伦理选择，伦理是价值评判和选择的基础和依据；科学的决策以充分、系统的政策分析为基础，政策分析如果仅仅局限于效率、成本收益等维度的评判，不做价值和伦理的考量，就不能满足政策选择的需要，政治层面的讨论也无法深入展开；政策分析师是有思想、有情感的个体，要把这些思想意识和情感完全排除在政策分析之外是不现实的，也是不可能的；分析者的个人偏见或成见确实有可能带入分析过程之中，但这也不是完全拒绝伦理元素融入政策分析的理由，政策分析中的伦理评价和选择，其目的也是弘扬普遍的社会价值，防止个人偏见或成见在政策分析中发挥作用。所以，政策分析中无法排除伦理要素，而且必须要进行伦理评判和伦理选择。

（二）政策分析的伦理困境、伦理失范表现

政策分析的伦理困境、伦理失范表现在如下几个方面。

1. 基于利益考量的伦理困境、伦理失范

每个政策分析师都是一个鲜活的个体，具有个人利益和所属群体的利益，具有经济人的冲动。政策分析师必须要处理好公共利益与个人利益和所属群体利益之间的关系，把个人利益和所属群体利益纳入更高层次、更广范围的公共利益的领域。由于公共政策是一种价值的权威性分配机制，在政策分析中，政策分析师就会面对上述选择的伦理困境。政策分析师如果不能处理好这种关系，在政策问题构建、政策方案设计、政策评估时，以个人利益和所属群体利益至上，就会产生伦理失范现象。

2. 基于受托者身份的伦理困境、伦理失范

政策分析师依据身份可以分为内部专家和外部专家两种类型。决策机构（或决策者）与政策分析师之间的关系可以看成是一种委托-代理关系。内部专家的委托者是其上级组

织或领导，会受到科层权威的制约和影响，需要保持政治忠诚和遵循命令-服从的层级节制体系；外部专家的委托者是其客户，受到劳务合同的限制和影响，需要保持继续获得政策分析委托项目的敏感性，遵循利益驱动的市场逻辑。政策分析师与委托者的价值目标存在着一致、分离两种状态。当两者价值目标一致的情况下，存在伦理困境的可能性较小；当两者价值目标不同的时候，政策分析师就会产生严重的伦理困境。如果委托人的价值目标与政策分析师的价值目标相左，明显违背普遍的社会价值准则，会对国家与社会产生危害，而且委托人对政策分析师施压，要求其屈从委托人的价值选择的时候，政策分析师就有可能出现伦理失范的现象。

3. 其他类型的伦理困境、伦理失范

除了上述表现外，政策分析师由于自身特殊经历、职业训练不足、社会化不良等因素，造成价值观扭曲、自控能力差等不良个性特征。在政策分析中，当政策分析师的价值取向违背基本的人权和宪法，与普遍的社会价值不符时，就会产生伦理困境。当其不遵守正当的约定，违反基本的诚信原则等，就会出现伦理失范。

（三）政策分析中伦理选择的特征

政策分析的伦理评价标准是公共政策价值判断的依据，也是政策分析中进行伦理选择的准绳。由于伦理属于社会意识的范畴，深受政治、经济、文化、社会等因素的影响，因此政策分析中的伦理选择也具有多样性、变动性等特征，主要表现在如下三个方面：

1. 政治制度不同，伦理选择也有差异

西方国家虽然也存在分配正义、责任义务等伦理标准，但主导性的伦理诉求是功利主义，必然导致以效率、成本收益作为方案选择和政策结果的重要考量，轻视少数人的权益维护和其他伦理价值的融入。我国是社会主义国家，公共政策的伦理评价标准既注重经济价值，也注重社会价值，既追求绝大多数人的最大幸福，也关注少数人的权益维护。

2. 在不同的发展阶段，公共政策的伦理选择标准也会有所调整

国家发展战略是一个对于公共政策伦理具有能动改造功能的战略，在这个战略之下，不适宜的公共政策伦理必须接受其规约，这就带来一个公共政策的伦理选择标准向国家发展战略看齐的问题，即公共政策的伦理选择标准也会随之有所调整。

3. 不同类型的公共政策，其伦理选择标准也有差异

由于不同类型的公共政策作用的对象不同，调整的关系或分配的价值类型不同，伦理评价要素也会有差异。例如：环境保护政策伦理选择，需要重点考虑的是环境保护政策程序公正性、成本负担公平性等方面；而高等教育政策，主导性的伦理诉求是教育公平，保证考生不因家庭条件、家庭背景、性别、民族、地域等原因而无法享受高等教育的权利。

政策分析中的伦理选择除了具有上述的变动性、多样性以外，也具有稳定性、同一性，是变动性、多样性与稳定性、同一性的辩证统一。政策分析伦理选择的稳定性、同一性要求我们在较长的一段时期内进行政策分析时，必须遵循一系列的伦理价值规范。

（四）政策分析中伦理选择的内容

政策分析中伦理选择的内容

在某一时期内进行政策分析时，所必须遵循的一系列伦理规范，是社会普遍认可的价值准则，是政策分析师必须具备的道德素质和价值判断的依据。这些伦理规范既包括基于个人道德品质的内容，也包括基于工作的职业伦理的内容。

1. 个人道德品质的内容选择

基于个人道德品质的内容选择具体包括但不限于如下几个方面：

（1）乐观豁达。现代公共政策问题日益复杂，牵涉到政治、经济、文化、社会等多方面的因素，政策分析师需要考虑政策目标冲突的问题、政策方案选择困难的问题，还要考虑到执行的问题。面对一系列的不确定性，政策分析师只有具有乐观豁达的情绪和态度，才能顶住压力，发挥自己的创造性，化解政策分析的难题。

（2）勇气与坚持原则。在政策分析过程中，政策分析师会面对各种界定模糊、自相矛盾的事物或现象，面临不同利益群体的压力，这就需要政策分析师坚持原则，不为决策者的不良意图所左右，不为错误命令所支配。

（3）诚信与敬业。政策分析师要诚实守信，做到言行一致、表里如一，讲真话、办实事，不撒谎、不编造数据，分析的过程应当是真实的、实事求是的，分析的结论应当具有相当的效度、准确性。政策分析师有义务以严谨、科学的态度为委托者或客户服务，具有敬业精神。

（4）摒弃私利与坚持客户导向。政策分析师虽然也具有私人利益以及所属群体的利益，但是在政策分析时，必须把个人利益纳入更高的和更广的公共利益之中，而不应关注自我的个体利益、小群体利益，追求职务升迁，照顾裙带关系。政策分析师要对客户负责，认真履行契约，保守机密信息，充分考虑客户需求。

2. 职业伦理的内容选择

基于工作的职业伦理的内容选择包括但不限于如下几个方面：

（1）合法律性。法律是伦理道德的底线。伦理道德是先于法律产生的，而法律的内容又来源于伦理道德。法律法规是规范人们行为、维持良好社会秩序的基本维度。可行的政策既不能违背宪法，也不能违背一般性的法律。公共政策合乎法律的要求是现代法治国家的基本要求之一，合乎法律性是对公共政策最基本的伦理要求，这在客观上就要求分析的形式和内容要符合相应的法律原则，不能与现行的法律和法规相抵触。政策分析师要依法行事，这是对政策分析师职业伦理的底线要求。

（2）公共利益取向与追求公共价值。公共政策是对社会公共利益进行选择、确认、分配的行为准则和规范，目的是提供公共服务，追求公共价值。政策分析师应把价值判断与事实判断有机统一起来，价值判断要以公共利益为重，与社会公众愿望、社会公众利益相一致。政策分析是否是致力于实现社会公共利益，是判断和评价政策分析师工作正当性和有效性的基本标准。

（3）社会公平。公共政策虽然追求的是社会福利的最大化，但是公共资源具有稀缺性，需要通过公共政策来分配和协调社会各方的利益，由于技术、结构、制度等因素，分配不可能满足社会公众的所有需求，不可能做到完全平等地分配，必然有少部分人的利益受损或获得的利益较少。政策分析师在政策分析时，必须考虑每个公民基本权利的保障，给每个公民提供平等的发展机会，给弱势群体提供底线的物质保障和相应的利益补偿，利益分配向弱势群体倾斜，保护和扶助弱势群体，体现社会公平正义。

(4) 程序公正。在政策过程中，程序公正是公共政策伦理的基本要求。程序是由一定的行为方式、步骤、时间序列构成的体系化过程，它既是实施公共政策的一种需要，也是政策制定和实施必须依赖的过程。在政策分析过程中，必须做到程序的规范性和公正性。

四、政策分析中的价值分析

政策分析中的价值分析，就是确定某个政策目标是否值得去争取，所采取的手段是否能被接受，以及得到改进以后的系统结果是否良好等，价值分析所要回答的问题是：希望得到什么？因为什么？为了什么目的？会有多大风险？应优先考虑什么？等等。价值分析是政策研究不可或缺的关键环节。任何政策研究都离不开对政策的受益者或受损者关于政策问题的价值判断进行分析。脱离价值观的“超然”的政策研究是不存在的，不符合主流价值评价标准的政策选择，也是不可行的。

（一）价值分析的评价标准

价值分析的作用主要是制定和应用评判标准来评价政策价值观以及政策选择，给予政策实践以指导。因此，价值分析首先需要提出评价价值正确性的标准，即用什么标准证明政策行为的正确、有益或公正。价值分析的评价标准有多种类型，常见的大致有义务论、目的论、实用论三种。

义务论和目的论是相互对立的。义务论主张某种政策行动内在正确或必须履行是因为它们与某一正式原则相一致，与行动的结果无关。罗尔斯的正义论就是典型的义务论。目的论主张某种政策行动正确是因为它们导致了好的、有价值的结果，即根据行动的结果来评价行为。功利主义就是目的论的一个经典类型。作为目的论的现代新功利主义与义务论的区别具体表现比较明显：目的论依据政策行为结果证明行为的正当性，例如新功利主义强调正确的政策是遵循社会净收益最大化准则，而义务论证明行为正当是因为行为与某种原则一致或因为行为本身被认为是正确的；目的论提出附条件的义务，而义务论提出绝对义务；目的论促进物质或实质的标准，而义务论促进形式的或关系的标准；目的论提供总体标准，而义务论提供规范的善或恶的分配标准。无论是义务论还是目的论，从根本上来说，都有其片面性。两者虽各有偏颇，但可以互补，将两者结合起来对于政策分析具有实践指导意义。

实用论认为，只有与某一正式原则相符合，并产生所期望的结果的行为，才是正确的行为。实用论强调把回应性的道德行为作为发现价值标准的过程，依据该标准，价值和伦理可以被获知，主张这些原则或结果的正确性通过讨论、协商、辩论或谈判等而建立。

（二）价值分析的方法

由于价值分析评价标准的类型具有多样性，进行价值分析的具体政策类型及政策过程的不同阶段具有差异性，因而价值分析的方法依具体情况而不同。价值分析常见的方法包括规范性和经验性探索、超伦理研究方法。

1. 规范性和经验性探索

例如，对相互冲突或对立的“价值假说”——政策行为的正确、良好或价值的规范假设体系，进行考量和选择时，遵循如下规则和步骤：（1）以书面的形式详述相互对立的价值假设，明晰价值内涵。（2）选择并应用通用的评定标准。通用的评定标准包括普遍性（应用的范围）、内部一致性（一个价值假说体系内部没有矛盾）、外部一致性（一个价值假说体系与其他对于正当道德行为的信念之间没有矛盾）。（3）从对立的价值论点中引出矛盾的“冲突情节”，并用通用的评定标准评定其恰当性。

2. 超（元）伦理的研究方法

超（元）伦理的研究方法，是回答关于目的论、义务论、实用论这些评价标准本身的问题：我们能够确定这些伦理标准或伦理主张的正确或谬误吗？什么（超伦理观）准绳能保证选用来证明政策行为正确、有益或公正的有关论断正确的标准是合理的？

除了上述两种主要方法外，价值观念外在表征的揭示、各社会主体价值观念各个维度的调查审视、社会各领域价值规范的探究、具体工作领域的调查与多维度价值透视，也是公共政策的具体的价值分析方法。价值观念外在表征的揭示是对作为价值观念外在表征的行为方式和需求结构进行研究，调查社会各阶层人们对待政策的态度与行为。各社会主体价值观念各个维度的调查审视是对各社会主体的价值观的各个方面，如人生态度、道德风尚、审美标准、生活方式、思维方式以及领导与管理作风等开展深入的调查研究，以识别社会公众、公务人员和社会团体各层面的价值观念的含义、范围和变化趋势。社会各领域价值规范的探究是对价值规范进行分析，包括对社会意识形态、伦理道德规范、精神文明规范，以及社会经济、科技、生态环境方面的规范的分析研究，寻求价值规范所蕴含的价值观念。具体工作领域的调查与多维度价值透视是通过各种形式的社会调查和分析工具，对具体工作领域的价值准则和观念进行多维考察和透视，例如，利用决策分析对不同价值准则的敏感度进行分析，通过经济活动中的预算分析及劳动报酬分配关系、资源分配优先顺序等方面来透视价值观念及其变化。以上价值分析方法，是规范性、经验性以及超伦理的研究方法的展开或具体化。

（三）价值分析的内容

价值分析的内容

价值分析的内容包括价值扫描，价值描述，价值关系澄清，价值排序、妥协与均衡等。

1. 价值扫描

公共政策的目标是追求公共利益，但公共利益是一个抽象的、复合的、复杂的概念，涵盖了功利、公平、正义、自由、民主、秩序、安全等多元价值。每一项公共政策都至少关涉两类及以上的价值选项。公共政策是对价值的权威性分配和社会关系调整的机制，在某一项政策中，利益分配给谁，分配多少，哪些人的利益应该得到保护和加强，哪些人的利益应该得到调整，利益受损者应该得到何种补偿和平衡，应该建构一种怎样的利益格局，这些问题都会涉及多样化的价值取向。在政策分析中，需要梳理具体政策的利益相关者，然后对政策问题和政策目标进行价值检视，把涉及的价值选项尽可能充分暴露和揭示出来，并予以确认，这是价值分析的基础性工作。

2. 价值描述

价值扫描完成后，需要把揭示出的价值列表中的每一项价值进行详述，包括价值内涵、特征、影响群体及结果等。

3. 价值关系澄清

前已述及，一项公共政策往往涉及多个价值，那么，这些价值之间到底是什么关系？是相互兼容、互补，还是存在张力，乃至相互冲突？如果是相互冲突，冲突激烈程度如何？对诸如上述这些问题的回答就是价值关系澄清的过程。

4. 价值排序、妥协与均衡

在价值关系澄清之后以及在正式的价值选择之前，需要进行价值排序，而如果遇到价值冲突，同时又需要对次级位阶的价值进行吸纳时，就会涉及价值的妥协与均衡。价值排序是针对某一公共政策涉及的多个价值，确定其优先顺序，形成价值位阶，为政策目标的确定、政策方案的选择提供依据。价值排序需要考虑的因素包括社会发展阶段和公共政策的类型。在一个社会的不同发展阶段，公共利益具有不同的侧重点。因此，公共利益所包含的不同价值对于公共利益的助推作用是具有不同效用的。对当前社会效用最大化的价值就应该优先排序；每一类型的公共政策都有自己特定的调整领域和价值分配向度。

单纯的价值排序解决不了价值冲突的问题，当遇到价值冲突而又要进行价值兼顾时，就需要进行价值妥协与均衡。价值妥协与均衡，是指在公共政策的价值选择中，不指望对一种价值或几种价值的全部完整取用，而是在考量每种价值作用的基础上，在不伤及某一种或几种价值原则“内核”的情况下，做出策略性让步，为其他冲突的价值不同程度地吸纳和融入留出空间，形成多个价值兼容并蓄的价值结构。价值妥协与均衡涉及多个价值的完整度的取舍问题。如果优势价值的实现，必须以其他价值的损害为代价，那么就要确定每一种价值的损失比重。在面临价值冲突时，韦默和瓦伊宁就认为，需要尝试同时考虑多个价值的吸纳，这样，当冲突产生时，价值选择就转变为决定每一种价值应牺牲多少。

第二节　政策分析的思维方法

一、系统分析的思维方法

公共政策的系统分析

（一）系统及系统分析的内涵

1. 系统的概念

系统的思想古已有之，中国古代的《周易》《孙子兵法》《黄帝内经》等典籍都蕴含了系统思维，古希腊的柏拉图、亚里士多德等哲学家也都在其著作中一定程度上表达了“系统性”的思维。但是对系统进行清晰的概念界定和明确其范畴所指则相对较晚。在组织理论研究领域，巴纳德最早用系统观表述组织并建立了一套影响深远的理论体系。巴纳德将组织视为一个系统，即按照一定的方法进行调整的各种活动与行为的相互关系。一个体系就是一个必须作为整体来看待的事物，因为其中的每一部分都以某种重要方式同体系所包含的其他部分关联着，如果一个部分同另一个部分或所有其他部分的关系有了变化，体系就会发生变化。所以，系统就是由相互作用的要素按照一定的结构组成并发挥一定的功能和作用的统一集合体。一切社会系统都是复杂系统，系统的行为模式与特征主要根植于其内部的动态结构与反馈机制，系统内部组成部分之间相互作用形成一定的动态结构，并在内外动力的作用下按照一定的规律发展演化。

2. 系统分析的内涵及特征

系统分析就是要把事物放在普遍联系的系统中来把握，在系统与要素、要素与要素、结构与层次、系统与环境之间的相互联系和作用的动态过程中来把握。其基本要点在于要将事物置于动态的、联系的统一体中，注重全局与局部的关系。

系统分析在公共政策的分析方法中占据特别重要的地位，因为它构成了政策研究的认识论、方法论基础。公共政策分析中的系统分析是把政策过程看成一个相互联系的、动态的、开放的系统，对系统进行整体分析、结构分析、层次分析、环境分析等。

（二）系统分析的作用与局限性

1. 系统分析的作用

运用系统分析思维方法研究公共政策，有利于问题把握和问题解决的整体性、探索性、关联性，该方法在公共政策诸多研究方法中处于重要地位。

公共政策研究中系统分析的主要作用有：帮助政策分析人员从整体上把握政策系统，对不同的政策系统进行比较分析，发现政策系统之间的差异与共识性要素；对政策系统的各子系统进行研究，发现系统内部的结构和层次特点；有助于对事物过去、现在、未来状态之间关系的把握，更好地预测未来，使政策制定具有预见性；能够引导政策分析人员拓宽视野，使他们能从不同的维度审视政策问题，更好地把握政策问题的全貌；促使政策分析人员以事物普遍联系的辩证思维，关注政策目标与政策手段、决策与执行、政策系统与政策环境之间的关系，全面审视政策过程中的问题。

2. 系统分析的局限性

系统分析方法虽然是政策研究中的基本方法，在公共政策分析中发挥着重要作用，但系统分析毕竟只是众多政策研究方法中的一种，本身也存在着一定的局限性。

（1）系统分析具体方法的协调问题。系统分析的具体方法既有定性方法也有定量方法。各个定量方法所获得的数据可以相互换算、整合，各个定性方法所获得的价值要素相互之间可以排序、折中、妥协，但是定量方法和定性方法的认识方式和分析手段不同，定量方法所获得的指标、数据等结果，往往很难与价值、民俗、情感、政治等定性方法所获得的结果进行比较，两者很难统合为一个完整体系，这就使得系统分析的效用不能充分地发挥。

（2）政策问题解决中的恶性循环问题。公共事务具有关联性、复杂性，有时公共政策研究虽然采用了系统分析方法，但制定出来的政策却不一定能够很好地解决问题，有时甚至加重问题的解决难度，政策本身成为问题。

(三) 系统分析的内容

系统分析作为现代公共政策分析最基础的方法，涉及的内容非常广泛和丰富，这里仅从系统的环境分析、目标分析、结构分析三个方面进行说明。

1. 系统的环境分析

政策系统与政策环境的关系是辩证的，两者既相互区别、相互联系，又相互作用、相互转化。政策环境是政策系统赖以存在和发展的各种外部条件的总和。政策系统和政策环境之间具有一定的边界；政策系统与政策环境之间相互影响，不断进行物质、能量、信息的交换，两者紧密联系；政策系统作用于政策环境，不断适应和改造政策环境，政策环境也不断向政策系统提出要求和支持，构成政策系统的约束性条件；政策系统与政策环境之间是相互转化的，每一个系统都是处于更大的系统之中，成为更大系统的子系统，这个更大的系统就是子系统的政策环境。

系统的环境分析就是要了解影响政策的因素及这些因素与政策之间的关系。政策分析人员要将政策研究的对象视为一个系统，梳理以下问题：影响系统的环境有哪些？影响力有多大？是积极影响还是消极影响？政策系统对政策环境的输入，经过加工处理，成为政策方案，输出到政策环境，会影响哪些环境要素？影响力有多大？是积极影响还是消极影响？政策分析人员需要将政策环境作为政策制定的约束性条件，同时需要考虑政策系统对环境的作用效果，据此作出政策评价。系统的环境分析是政策研究最基本的分析内容。

2. 系统的目标分析

政策目标是解决政策问题所要达到的效果，是系统目的的具体化，为拟订备选方案、构造模型、方案评估等提供指引。政策目标既包括总目标，又包括分支目标。政策系统目标分析的任务包括：确定政策总目标的依据；论证政策的总目标与宏观制度环境的适应性；论证政策的总目标与其他政策目标的兼容性和配套性；论证政策总目标本身的合理性、可行性，确定的目标既不能太高，也不能太低，而且要具有政治可行性、经济可行性、技术可行性等；分析总目标可能产生的积极影响和消极作用；建立支撑总目标的分支目标体系和具体方案，指标体系既要层次清楚又能够突出重点；论证分支目标和方案对总目标的支撑性；分析分支目标之间的协调性，防止发生冲突，如果有冲突，要进行必要的、适当的调整，以实现系统的整体功能。

3. 系统的结构分析

系统的结构是指系统各要素的排列组合方式。系统论认为，结构决定功能，有什么样的结构就有什么样的功能，不同的排列组合方式，就有不同的功能、性质，结构如果发生变化，功能一定会发生变化。政策系统非常复杂，如果不能确定其合理的结构，系统的功能就不能很好地发挥。政策系统的结构分析的目的就是要找出政策系统构成上的层次性、相关性、整体性等特征。层次性是指政策系统的构成要素可以分解成若干层次，而每个层次都对结果产生直接或间接的影响；相关性是指系统的各要素、子系统之间，系统的各要素、子系统与系统整体之间，系统与环境之间，都存在着相互依存、相互联系、相互制约的关系；整体性是指任何系统都是由子系统构成的统一整体，而子系统又是由各要素、单元组成的，各要素、单元以及各个子系统存在的依据，就在于服务于系统整体，各守其位，各尽其责，由系统整体的目标所统辖，这样才能做到整体功能优化，否则就会引起系统内耗。通过政策系统构成上的层次性、相关性、整体性特征分析，能够使政策系统的要素组合及其布局达到最优。

二、辩证唯物主义的思维方法

（一）辩证唯物主义的内涵与本质

辩证唯物主义是关于自然界、人类社会和思维发展的最一般规律的学说，于 19 世纪中叶由马克思和恩格斯创立，并随着科学和实践的发展而不断丰富发展，是马克思主义哲学的组成部分。它是辩证法和唯物主义的有机统一，既同形而上学和唯心主义根本对立，又同一切旧唯物主义有原则区别，是唯物主义哲学发展的高级形态。

唯物主义是同唯心主义相对立的基本派别。在哲学基本问题上坚持物质第一性，精神第二性；世界的统一性在于物质性；意识是物质世界发展到一定阶段的产物；人的认识是对客观存在的反映。

辩证唯物主义认为，世界是物质的，意识是物质高度发展的产物，是对物质的反映，这种反映是以实践为基础的能动的辩证过程，它依赖于实践，反过来又为实践服务；世界是普遍联系和运动发展的，对立统一规律是宇宙的最根本规律，矛盾着的对立面既统一，又斗争，由此推动事物的运动和变化。辩证唯物主义同历史唯物主义密切联系，成为无产阶级的世界观和方法论。因此，从本质上来说，辩证唯物主义认为世界在本质上是物质的，矛盾是普遍存在的，它是把唯物主义和辩证法有机统一起来的科学世界观，是人类认识世界和改造世界的锐利武器，科学地解答了人与自然、人与社会的关系，实现了唯物主义和辩证法、唯物主义自然观和历史观的统一，创立了一种实践的、辩证的、历史的唯物主义。

运用辩证唯物主义基本观点和思维方法指导政策分析

（二）运用辩证唯物主义基本观点和思维方法指导政策分析

辩证唯物主义是由辩证的唯物论、唯物的辩证法、辩证唯物主义认识论三部分组成，每一部分都包含着十分丰富的理论内容。概括来说，辩证唯物主义的基本观点包括物质的统一性（物质决定意识，意识对物质起到反作用）、物质世界是运动的和普遍联系的、矛盾是普遍存在的（矛盾是推动客观事物运动变化和发展的内在动力）、认识来源于实践（实践是检验认识是否正确的唯一标准）等。充分运用辩证唯物主义基本观点和思维方法指导政策分析，具体体现为以下四个方面。

1. 基于事物是普遍联系的观点，增强系统思维

所谓普遍联系，是指世界上的事物都是相互依存、相互影响、相互制约、相互作用的，任何事物不但同周围事物相互联系，而且其内部各组成部分和要素也是相互联系的，这是客观的，不以人的意志为转移的。基于这一观点，在公共政策制定过程中一定要增强系统思维，学会统筹各方。

2. 基于事物是永恒发展的观点，增强历史、战略和创新思维

辩证唯物主义认为，世界是不断变化发展的，一切事物都处在永不停息的运动、变化和发展之中，发展的实质是新事物的产生和旧事物的灭亡。这一观点给我们的启发是坚持用发展的眼光看待问题，坚持与时俱进。增强历史思维、战略思维和创新思维。历史思维是指尊重历史，以史为鉴。战略思维是着眼于全局和长远，把握事物发展的总体趋势和方向的思维方式。创新思维要求针对现实和未来发展的需要和可能性，突破传统观念或习惯的束缚，不断实现理论和实践的创新。

3. 基于对立统一规律，增强两点论和重点论思维

对立统一规律是唯物辩证法理论的核心内容。矛盾是推动客观事物运动变化和发展的内在动力，也是我们认识和把握客观事物本质和发展规律的基本方法，即所谓的矛盾分析法。矛盾分析法认为，矛盾普遍存在于一切事物的发展过程中，矛盾贯穿于每一事物发展过程的始终，人类的认识活动和实践活动，从根本上说就是不断认识矛盾、不断解决矛盾的过程，因此在认识事物的发展过程中，既要看到主要矛盾，又不能忽视次要矛盾；在认识某一矛盾时，既要看到矛盾的主要方面，又不能忽视矛盾的次要方面。

4. 基于认识与实践的关系，要有理论联系实际、实事求是的思维

辩证唯物主义认识论认为，实践对认识具有决定作用，实践是检验真理的唯一标准，认识是在实践基础上反复性、无限性、上升性的发展过程，要求坚持解放思想与实事求是。“实事求是，是对党的思想路线的集中概括，是党的基本思想方法、工作方法、领导方法。实践反复证明，能不能做到实事求是，是党和国家各项工作成败的关键。”①

三、量化思维方法

（一）量化思维的内涵

量化思维的内涵和特征

量化思维是指从数量上揭示政策过程特征的一种思维形式。在政策分析中，量化思维的特征体现为：在方法论层面，秉承实证主义方法的优势，对政策现象及其相互联系进行类似自然科学那样的探讨，通过具体的、客观的取样和观察，形成经验概括而得出结论。同时，这种过程是可以重复的。在操作方式层面，要求以数字化符号为基础去测量政策过程中的相关变量，或求出某些因素间的量的变化规律。受实证研究范式的影响，定量思维侧重于且较多地依赖于对事物的测量和计算，它强调客观事实、强调现象之间的关联、强调变量之间的因果联系；受解释研究范式的影响，定性思维侧重于和依赖于对事物的含义、特征、隐喻、象征的描述和理解，它更加注重现象与背景之间的关系，注重现象的变化过程，注重现象和行为对于行为主体所具有的意义。二者的比较如表 6 - 1 所示。②

① 中共中央宣传部．习近平新时代中国特色社会主义思想学习纲要：2023 年版［M］．北京：学习出版社，人民出版社，2023：293.

② 风笑天．社会研究方法［M］．6 版．北京：中国人民大学出版社，2022．有改编．

表 6-1　定量思维和定性思维的比较

	定量思维	定性思维
哲学基础	实证主义	人文主义
研究范式	科学范式	自然范式
逻辑过程	演绎推理	归纳推理
理论模式	理论检验	理论构建
主要目标	确定相关和因果关系	深入理解社会现象
分析方法	统计分析等	文字描述与阐释
主要方式	实验、调查	实地研究、个案研究
资料收集	问卷、结构观察等	参与观察、深度访问
研究特征	客观	主观

（二）量化思维在政策过程中的运用

公共政策学科的源头之一是政治学，另一个源头是管理学。

从政治学的发展来看，自行为主义革命开始，量化方法就被作为重要的研究手段而广泛运用到政治学中来，成为政治学研究产生新观点、新思路和新方法的重要策源资本。行为主义的代表人物如拉斯韦尔等人，后来又成为公共政策学科的创始者，必然会将行为主义研究方法带入公共政策学科。同时，公共政策学科对于研究成果应用性具有鲜明的内在要求，这也决定了对于应用特征明显的行为主义方法和量化分析的思维模式，必然敞开学科的大门。在这两大类因素的直接作用下，行为主义革命突破了传统政治学的研究模式，将自然科学方法和一批新的社会科学理论引入公共政策分析和政治学的研究中来。这些理论和方法所带来的量化思维模式，为重新认识和解释公共政策现象乃至振兴当时的整个政治科学领域，搭建起了一套独特的向深层次研究领域迈进的逻辑体系。

就公共政策分析而言，贯穿这套逻辑体系的主线是，不承认传统政治学研究中抽象思辨和演绎等方法所具有的一家独大地位，也不赞成对于包括公共政策现象在内的政治现象进行纯粹的静态描述，认为应该研究实际政策过程和动态政策行为等政治现象。为实现这一研究目的，自诞生之日起，公共政策学科就非常重视政策数据的收集和整理，并在保持价值中立和不排斥规范性研究方法的前提下，主张尽可能地运用数学方法，尤其是统计学的方法进行政策分析，寻找政策过程中的各种相关关系，发现政策过程的各种规律。现代信息技术的发展，又为政策分析得出明晰的结论打开了一扇便捷之门。现代信息技术能够快捷实现对政策过程和政策行为的解释、预测和控制，由此更加强化了政策研究的量化思维模式。数学模型、模拟实验、实地调查、参与观察或非参与观察等成为量化思维模式驱动下的政策分析经常采用的研究技术。

从管理学的发展来看，公共政策量化思维模式的发展与管理学方法的发展具有内在联系。管理学方法的发展经历了三个阶段，即从经验管理发展到科学管理，再从科学管理发展到系统管理的过程。经验管理是最早的管理模式，尽管是人类文明的产物，来源于社会生产和社会管理的实践，但由于它是人类运用初级的朴素的沟通手段对管理学现象进行分析和思维，决定了这种管理模式始终停留在浅层次的、粗犷的层面上。18 世纪下半叶到 19 世纪末期的工业革命时期，泰勒的科学管理和实践为管理学带来了一场革命，这场革命的成果之一就是经验管理模式由此开始逐步淡出历史。被称为“泰勒制”科学管理实践，虽然其中心问题是提高劳动生产率，但却以其标准化、规范化、定量化和专业化为特征和发挥作用的手段，开启了管理学走上科学管理之路的先河，这使得以管理学为源头之一的公共政策学科从中得到了大量科学研究方法的学术滋养。

第二次世界大战以后，几乎与公共政策学科的诞生是同一时期，系统论、信息论、运筹学、控制论等自然科学和其他跨学科的方法相继面世，又为公共政策学科吸纳自然科学的研究方法并形成自己独特的量化思维模式带来了契机。21 世纪以来，信息科学特别是计算机技术的广泛运用，使得本来就具有一定自然科学背景的公共政策研究方法借助现代自然科学方法的趋势更加明显，公共政策分析的理论、方法和研究手段也因此更加丰富，大大促进了公共政策学科的研究层次与发展速度，其量化思维模式也因此更加巩固和彰显。公共政策量化思维模式秉承科学主义方法论的一贯思想，认为公共政策现象和自然现象表现形式各异，但其实质却异曲同工，都是客观的、因果的和有规律的，因而可以通过观测、实验、数学模型和其他量化分析方法等进行理论抽象和模拟。

深层次的公共政策分析往往具有系统深入的量化分析过程，体现了鲜明的量化思维特点。公共政策量化分析思维具有以下三个基本特征。

1. 研究的实证性

研究的实证性即在客观事实和数据的基础上，通过观察和实验等方法，在对政策现象进行以客观性为显著标志的研究基础上，得出尽可能符合实际的结论。实证性强调对现象的直接观察和测量，以及对数据的分析和解释。量化分析的过程和结果是可以检验的，包括分析过程的每一个阶段和结果都可以接受逻辑的和事实的检验。一般地，实证研究的结果往往是证明或建立某种理论观点，以便对政策现象进行客观的评价和分析。

2. 研究的客观性

客观性又称真实性，即客观实在性，对于公共政策研究而言，是建立在可重复性基础上的一个概念。在公共政策研究中，量化分析结果是客观存在的，是独立于分析者主观意志之外的。无论何时、无论哪位研究者，相同条件下对相同的数据应用相同的方法进行研究，如果能够得出相同的结果，那么这个研究结果就是具有客观性的。如果对相同的数据采用不同的分析方法，得出相同或相近的结果，从而就可以表明分析结果是高度有效的。这些就是利用量化思维进行研究所表现出的客观性。

3. 研究的明确性

量化分析所采用的概念一般都有明确定义，尽可能用建构语言而不是自然语言表述，一般不会使用模棱两可的语言来表达，或者武断地凭着主观意志得出结论，因此很少引起歧义和误解。量化分析在论据上具有充分性，所获得的结果和分析过程具备高度的可信度，易于为人们所接受。

解释性案例 6-1

用数字化技术赋能公共治理

在新冠疫情对国家治理体系和治理能力的“大考”中，各大互联网平台所发挥的作用有目共睹。以健康码为代表的数字防疫手段，从浙江、上海等发达地域开始推广，迅速覆盖全国多地，协助各地职能部门落地数字化网格管理。近年来，数字技术和数字经济打下的良好基础，有效缓冲了疫情防控给百姓生活带来的影响。本次疫情应急管理中，数字化、网格化等公共治理手段被相关部门重视与熟练运用。疫情作为一个“极端”压力场景，倒逼出社会治理数字化转型的新起点。一些地方的有序复工工作得到褒奖，除了民众自觉，数字化公共治理手段也功不可没。与之相反，疫情当中出现的一些典型问题往往可归结为公共治理失当，进而可归因于相关部门技术能力薄弱，或者说治理手段欠缺。例如，让某协会之前深陷舆论漩涡的物资处理事项，由一家医药物流企业接手后，依靠科技助力，一天之内就建立了一个现代物流系统。又如，部分地方以简单粗暴的封村封路来防疫，与网格化管理相比，其基层数字化治理能力不足的问题更加凸显。

经此一“疫”，相关职能部门的领导者如何在数字化思维的引导下，锐意进取，充分利用信息技术调动更多的社会力量协同，成为未来社会治理能力现代化创新的关键。与此同时，我们也发现信息技术还需要进一步推广和下沉，数字化技术红利需要从沿海省市推广到中西部内陆省份，数字化系统和服务需要从政府内部系统下沉到基层组织和普通民众。着眼于未来发展，互联网平台企业与政府部门、社会组织多方面合作将是大势所趋，将会在社会应急管理、资源动员等方面发挥更大的作用。

从疫情防控情况来看，我国医疗体制、流通体制、应急管理体制和行政管理体制的协同方面仍有不少提升空间，互联网在帮助政府收集、发布疫情信息，实现紧缺物资的信息协同与高效配送等方面发挥了较大作用。目前政府内部、政府与社会之间已经搭建了信息网络的基本框架，这使得全面数字化治理成为可能。“数字政府”“智慧城市”建设将去虚向实，在国家治理、社会治理中发挥更大作用。

资料来源：蒋光祥．公共治理提速升级，数字化思维功不可没［N］．中国青年报，2020-02-26（2）．

本章内容小结

在价值分析中会出现价值冲突，当代价值冲突具有广泛性、复杂性、深刻性、持续性的显著特征。价值冲突的实质是利益冲突。政策分析中的价值冲突表现为短期利益与长期利益取向的价值冲突、利益分配区域的价值冲突、政策问题排序优选的价值冲突、政策分析师角色定位的价值冲突等。

价值分析的评价标准有多种类型，常见的大致有义务论、目的论、实用论三种。价值分析常见的是规范性和经验性探索、超伦理研究方法等，而且还可以对其进行展开或具体化。价值分析的内容包括价值扫描，价值描述，价值关系澄清，价值排序、妥协与均衡等。

公共政策分析需要掌握辩证唯物主义的思维方法。辩证唯物主义是辩证法和唯物主义有机的统一，同形而上学和唯心主义对立。

量化思维是指从数量上揭示客体特征及说明确定特征之间属性的一种思维形式。

公共政策分析中的系统分析是把政策过程看成一个相互联系的、动态的、开放的系统，进行整体分析、结构分析、层次分析等。

思考与练习

1. 如何理解公共政策研究中的价值中立原则？
2. 为什么说价值分析在政策分析中的作用非常重要？
3. 政策分析中价值冲突的类型有哪些？
4. 试述政策分析的伦理选择的特征。
5. 政策分析中价值分析的内容是什么？
6. 试述政策研究中系统分析的作用。
7. 举例说明如何应用事物是普遍联系的观点指导公共政策制定。
8. 举例说明量化思维在政策分析中的运用。

在线自测

第七章

公共政策过程的模型与分析路径

学习目标

1. 掌握政策过程模型的内涵。

2. 理解和应用“上下来去”政策过程模型、有限理性决策模型和渐进决策模型。

3. 理解和应用公共政策分析的经济分析路径、社会分析路径和历史分析路径。

本章提要

本章阐释了政策过程模型的内涵，重点介绍了具有中国政策实践特点的“上下来去”政策过程模型。对于基于国外经验的政策过程模型，如有限理性决策模型和渐进决策模型等，本章也进行了介绍。对于公共政策分析的路径，则主要介绍了经济分析路径、社会分析路径和历史分析路径。

引导案例

消费回归为政策目标之首

某高端智库首席专家最近在一次学术会议上，以《消费回归为政策目标之首》为题，表达了自己刺激消费的政策建议：户籍制度改革可以收到立竿见影刺激消费的效果。这位专家的意见引发了热烈反响，社会各界纷纷就专家所提出的政策建议进行了讨论。

这位专家说："我算了一笔账，如果按照农民工的消费能力，从农民工的收入来看，其消费能力被抑制了23%。如果按照农民工的收入水平，本来是可以将其消费水平再提高23%的，但是因为农民工没有享有和城里人一样的公共服务及社会保障，所以有后顾之忧，需要存点钱以备不时之需。农民工的消费意愿因此被压低了，这个被压低的幅度大概是农民工消费水平的23%。这就意味着，如果通过户籍制度改革使农民工享有和城里人一样的公共服务和社会保障，就解除了农民工的后顾之忧，就可以提高接近30%的消费水平，而且是在没有收入增长的情况下。"

这位专家表示，户籍制度改革可以把目前已经进城的1.8亿农民工的消费意愿释放出来，农民工可释放的消费意愿所产生的消费总额度大概在2万亿元以上。

"不管是不是2万亿元，但它是万亿级的。万亿级的新消费对应的是疫情期间万亿级的超额储蓄、过度储蓄。比如说按照GDP的3%来算，因三年疫情造成的过度储蓄，大概至少应该是3.6万亿。用几万亿水平的新消费，去冲抵3.6万亿的过度储蓄给社会带来的压力，效果应该是非常明显的。"这位专家分析说。

同时，这位专家也强调，要切实阻断农村的返贫通路，并提高与老龄化相关的社会保障水平。"2022—2035年，因为人口负增长，老年人口与劳动年龄人口的比例不断提高，并且是增长最快的十几年。这就意味着养老金的支付会产生巨大的困难，社会照料老年人的能力也受到巨大的挑战，这个时候，其实也是提供了一个机会，即利用大规模的支出去提高社会保障能力的机会。这个机会既可以用来进行长期的制度建设，也可以起到短期经济刺激的效果。"

显然，专家是通过经济分析路径提出的一种阶段性、针对性的政策建议。

资料来源：本案例根据财联社记者2023年7月8日的相关报道改编.

案例思考：

1. 试分析上述专家通过经济分析路径所提出的政策建议的基本逻辑。
2. 结合该案例分析政策活动与经济环境的关系。

本章建议学时： 5学时。

第一节 描述政策过程的模型

一、政策过程模型的内涵

尽管属于公共政策分析这一学科的模型比较多，如定量地描述政策过程中"局中人"

之间竞争关系的博弈模型，描述政策执行过程的史密斯模型，描述决策者理性特征的有限理性模型等，但全面描述公共政策过程的模型依然居于各种模型应用数量之首。所谓政策过程模型，一般是指全面描述公共政策过程的模型。局部描述政策过程某一侧面或某一特征的模型，可以称为政策理论模型。模型是对原型的抽象与模拟。它是认识主体为了一定的认识目的，依据相似性原则构造出来的一种理念系统，以代表作为研究对象的真实系统即实际存在的事物。模型有实物模型（如地球仪）和理论模型之分。公共政策分析中运用的模型一般是理论模型。所谓理论模型，指的是一组概念或命题按照其相互间的本质联系被组织在一起，从而形成的一个逻辑结构严整的网络或框架。理论模型是在合理假设的基础上，经过删减真实系统或实在系统的非本质性因素并凸显其本质性因素，抽象而成的一种逻辑系统。

（一）政策理论模型的作用

一般意义上的政策理论模型是对政策过程的抽象与模拟。它是认识主体为了一定的认识目的，依据相似性原则构造出来的一种理念系统，以简练、精准地反映研究对象。政策理论模型能够方便理解那些难以直接观察到的政策过程的内部构造，解释政策现象的变化以及政策过程中各种要素之间的关系，是了解和探索公共政策过程的快捷而有效的方法。

作为人为构建的一个高度凝练化的理论系统，政策理论模型具有以下作用：首先，政策理论模型能够帮助认知。理论模型对所观察到的现象或事实进行凝练，突出事物的重要方面，而不是所有内容。这样，理论模型可帮助人们更容易区分本质特征和非本质特征，识别重要因素或变量之间的关系。其次，政策理论模型能够帮助人们分析或解释政策过程的运动。公共政策研究需要从纷繁复杂的实际政策过程中总结、提炼带有规律性的关系，这种规律性的关系可以对政策过程中各要素的相互作用及其结果即运行状况进行分析或解释。再次，政策理论模型具有预测的作用。理论模型是一种提炼的结果，模型化的理论往往是一种规律的表达，因此具有预测作用。当模型所表达的规律运用于类似政策过程的时候，就可以预测这个政策过程的发展结果。

为什么在进行公共政策分析时需要借助于模型呢？除了上述模型的作用外，还有必要指出以下两点：

第一，公共政策学研究的对象是具体的，具有客观实在性，因此这门学科具有突出的实证性；同时整个研究过程又十分强调从个别到一般、从特殊到普遍、从具体到抽象，强调从中发现有关因素之间的因果关系或一定的相关性，发现事物运动的规律。这就要求在政策分析之前预先制定出推理程序和前提条件，选择相关变量，因此设想一个特定的模型就是一种有效的方法。

第二，决策程序是根据模型的特征，人为地编制出的政策制定与执行的步骤顺序。模型对于政策研究和实际决策的意义，就在于通过它就可以把决策理论、方法与实践结合起来，形成一个可实施的决策流程图，即格式化、标准化、工程化的决策程序，使决策有统一的语言、符号、规格，从而限制和缩小决策者主观随意性的自由度，减少决策失误，保证决策的科学性和高质量。

（二）基于中国经验的政策理论模型

我国的公共政策学是在改革开放进程中，特别是在党的十三届六中全会决定强调建立和健全民主的、科学的决策和执行程序之后建立和发展起来的；其概念体系、理论框架基本上是从国外引进的；相关教材中介绍的决策模型都是国外学者构建的；这些概念、理论和模型所依据的是国外的公共决策的经验事实。因此，用这样的概念、理论和模型分析中国的公共政策，就难以真实反映实际的政策过程。为了有效地描述和说明中国共产党和中国政府的决策实践，就需要依据中国公共决策的经验事实来构建有中国特色的公共政策过程模型。中华民族有数千年的历史，有丰富的决策实践和决策思想遗产。中国共产党在领导中国新民主主义革命和社会主义建设过程中，在决策上成功地实现了马克思主义普遍真理与中国的具体实践相结合。因此，对于中国的公共政策学研究者来说，有责任发掘本土资源，构建有中国特色的政策过程模型。有解释力、吸引力的模型是以获得巨大成功的原型为前提的。在这样的原型已经存在的情况下，如果我们不妄自菲薄，就能够构建有中国特色的公共政策过程的理论模型。在这一点上取得成功，我们就有可能构建起中国自主的公共政策学理论体系。

在长期的政策研究过程中，我国学者基于现实国情，根据中国经验，从不同角度构建了一些本土化的政策理论模型。

1. 共识决策模型

薛澜等对中国公共政策制定过程进行研究，分析了政策共同体、思想库和利益相关者的行为和作用，提出了共识决策模型。该模型认为，在中国政治体制下，政策参与者之间以达成共识为目标诉求，共识决策包含有限理性决策和渐进决策的内容，比如，提出的政策方案是有限的，各种备选方案的取长补短也以折中、协商和渐进为基本特征。

在共识决策模型看来，中国的政治制度环境是形成共识决策的重要变量。一方面，民主集中制原则强调民主和集中的辩证统一关系，在实践中体现为充分尊重集体讨论的首长决策机制；另一方面，中国共产党采取委员会制的集体领导制度，从中央到地方，党的各级委员会实行集体领导和个人分工负责相结合的制度，各级党委负责重大政策制定，自然地，政策决策就会以凝聚共识为目标。

共识决策的具体方式有圈阅、会议、协调、动员、听证等多种方式。为了在部门间集聚共识，还会建立多层次的论证和反馈机制，建构机构化的政策共同体，在上下级政府、部门之间展开充分的讨论。在讨论中，参与政策制定的行动主体之间就争议进行磋商，能够折中则相互妥协，不能折中则调整语言表述，使政策内容趋向模糊，寻找各方都能接受的表述。

共识决策模型展示了中国制度环境下政策决策的基本流程和显著特征，对于理解中国政策决策过程具有启发性。共识决策模型也存在局限性：第一，共识决策缺少制度化的意见分歧解决机制，不同部门之间的意见分歧没有一种清晰的审议程序和裁决机制。实际上，高层政治权威总是扮演着最终裁决者的角色。第二，共识决策过程很难保障各方参与者具有平等的意见表达渠道。由于意见表达渠道的畅通程度不一样，各种政策意见未能充分展开辩论，共识主要表现为有限参与者之间的共识。

2. 学习-适应分析模型

王绍光从政策议程的视角提出了学习-适应分析模型，以此来解释 20 世纪 80 年代以来中国取得巨大成就的内在原因。他提出，理解改革开放以来的中国模式，可从适应能力和学习模式两个变量入手。适应能力是指面对环境变化等因素造成的种种不确定性时，一个制度在发现和纠正现有缺陷、接受新信息、学习新知识、尝试新方法、应对新挑战、改进制度运作方面的能力。学习模式是指有意利用某时、某地有关政策或制度的经验教训来调整此时、此地的政策或制度。影响一种治理适应能力的因素有很多，王绍光认为，学习能力发挥着最基础性的作用。

政府治理需要面对各种复杂局面，要应对未知环境、不确定性、价值和利益冲突等问题。包括决策者、政策研究者和专家在内，所有人都只具备有限理性，不可能预见一切可能出现的局面，无法预见各种可能的后果，无力做出最佳抉择。根据渐进决策理论，决策者往往优先诊治最迫切的议题，比较有限的备选方案，而不是寻找最佳方案。

这一分析模型认为，改革开放以来中国政治的学习模式发生了很大变化。王绍光以农村合作医疗体制的变迁为例，发现改革开放以来中国不仅向实践学习，还通过政策试验进行学习，不仅注重本土实践，也十分注重吸取其他国家实践中的经验和教训。20 世纪 80 年代以后，小范围进行的干预性试验也成为重要的学习源，旨在通过试验发现有效的政策目标和工具。另外，学习的推动者也开始包括政策倡导者，比如中央政府、地方政府、国际组织、国内外学术机构等，这些学习的推动者在政策变迁中发挥的作用越来越大。

学习-适应分析模型为划分政治体制提供了新的标准。该研究指出，除了传统的政体类型划分外，世界上的政治体制也可以按学习模式、适应能力来划分。这一分析模型认为，相较于是否实行竞争性选举，学习模式的优劣、适应能力的强弱对治理结果的影响更为显著。适应能力也许比其他能力更重要，不具备适应能力，富国可以变为穷国，强国可以变为弱国；具备适应能力，贫穷、落后、不平等的国家也可以逐步走向繁荣昌盛的康庄大道。

3. 路径-激励分析模型

基于中国政府运行的制度环境，杨宏山分析了单一制与联邦制的环境差异性，根据政策路径的明晰度、激励的强度两个自变量，建构了描述政策执行特点的路径-激励分析模型。其中，政策路径是指将政策内容转化为实际结果的途径，一项政策有可能详细规定政策路径，也可能予以模糊处理。激励机制是指中央政府对地方政府实施政策激励，包括正向政策激励和负向政策激励。

根据政策路径的明晰性和自上而下的激励强度，政策执行方式可划分为以下四种类型：

（1）全面执行。当政策路径的明晰性高、激励力度大时，地方政府有很高积极性将其纳入常态管理，认真全面执行政策。

（2）试验执行。当政策明晰性低、激励性强时，地方政府会创造条件开展政策试验。

（3）变通执行。当政策明晰性高、激励性弱时，地方政府会对政策做变通处理。

（4）象征执行。当政策明晰性低、激励性弱时，地方政府则会做表面文章。

路径-激励分析模型对于理解中国地方政府的多样化执行模式具有一定解释力，为预测特定政策的实施结果提供了分析视角。如果政策路径不明晰、政策实施的预期收益低，地方政府就会采取象征性策略。这一理论模型也存在局限性。对于同一项政策，在同样的激励强度下，地方政府的政策执行结果却存在差异性。地方政府的内在动机和学习能力的差异性，也会影响到对政策意图的理解，影响到政策工具的开发应用，进而影响政策执行结果。

二、“上下来去”政策过程模型

上述理论模型均在一定程度上反映了中国政策过程的实际情况，但它们还只是公共政策某个环节和阶段的模型化。北京大学宁骚教授则从整个政策过程的视角，基于中国共产党民主集中制和群众路线的原则和经验，提出了“上下来去”政策过程模型。

“上下来去”政策过程模型

公共政策过程模型需要借助两种资源：一是理论，特别是认识论和历史理论；二是公共政策的经验认识。在中国共产党领导中国新民主主义革命和社会主义建设的过程中，这两种资源往往能够以主观与客观、理论与实践、知与行的统一获得某种一致性。因此基于中国化马克思主义的认识论和方法论，可以构建一个新的政策过程模型。鉴于政策制定过程在认识论上是一个从“形而下”到“形而上”的过程，政策执行过程在认识论上是一个从“形而上”到“形而下”的过程，与此同时整个政策过程在政策主体与政策客体的关系上则是“从群众中来，到群众中去”的过程，所以我们从总体上称之为“上下来去”政策过程模型（见图 7－1）。这里构建的“上下来去”政策过程是一个逻辑过程。在政策过程的不同阶段使用虚线隔开，表示划分是相对的。政策过程是主体认识世界、改造世界的过程。公共政策的主体是执政党和公共权力机关，它们只有在独立自主的条件下才可能真正地、完全地按照“上下来去”指示的决策路线去制定和执行政策。这里所说的“独立自主”，既包括主权国家能够完全独立地根据自己民族的具体情况和特殊条件决定自己的政治方针、政策和行动，也包括地方政府和中央政府下属的其他公共权力机关在统一的战略、策略之下，因地制宜，因时制宜，从不同地区、不同历史条件的具体情况出发，决定当时当地的工作任务和工作方法。

政策的社会认识过程		
政策制定过程	政策执行过程	政策过程的循环
实事求是，一切从实际出发： ●从客观到主观 ●从实践到认识 ●从个别到一般	实事求是，一切从实际出发： ●从主观到客观 ●从认识到实践 ●从一般到个别	●物质—精神—物质循环往复 ●实践—认识—实践循环往复 ●个别——般—个别循环往复

政策的社会操作过程		
政策制定过程	政策执行过程	政策过程的循环
从群众中来： ●从群众到领导 ●从民主到集中 ●从点到面：“解剖麻雀”，引出一般；调查—研究—决策	到群众中去： ●从领导到群众 ●从集中到民主 ●从面到点：一般号召与个别指导相结合；试点—总结—推广	●群众—领导—群众循环往复 ●民主—集中—民主循环往复 ●点—面—点循环往复

图 7－1　“上下来去”政策过程模型

“上下来去”政策过程是一个具有鲜明中国特色的政策过程模型。但是，由于科学决策是这个模型的根本追求，因而它乐于接纳从国外引进的以科学决策为根本诉求的任何决策理论、决策模型和决策手段。“上下来去”政策过程模型是由若干个亚模型组成的，如决策认识的真理性模型、群众-领导模型、个别-一般模型等。这些亚模型在现阶段只是一个轮廓，比较粗放，有待于进一步地开发和充实。西方学者在另外的理论背景和经验事实的基础上构建的决策模型，经过改造可以被整合到某一个亚模型中去，例如理性决策模型和有限理性决策模型之间的对立有可能在政策认识的真理性模型中得到消解，精英决策模型以科学决策为根本诉求的成分可以被政策操作的群众-领导模型所吸纳，等等。更有意义的是，西方现代社会调查的程序设计、技术手段、统计方法、计算机决策辅助系统等，都可以在“上下来去”政策过程模型的社会操作过程中大显身手。

模型中的“上”，指的是主观、精神、认识、理论以及居于上位或核心地位的政策行为者；“下”，指的是客观、物质、实践、行动以及居于下位或外围地位的政策行为者。“上”与“下”是互动的，互动的路线和方向在政策的社会认识的过程中是客观—主观—客观（或物质—精神—物质）、实践—认识—实践、个别—一般—个别；在社会操作的过程中是从群众中来，到群众中去，其具体操作性程序是群众—领导—群众、民主—集中—民主、点—面—点。这两个过程中的上下互动都不是一次完成的，而是要经过无数次的循环往复，具体如图 7－2 所示。

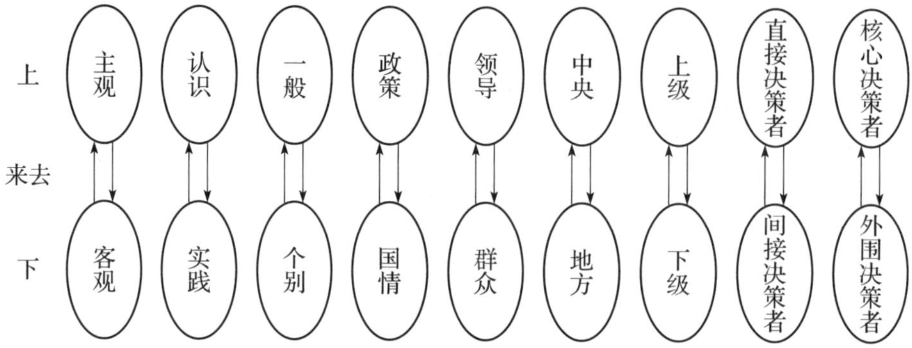

图 7－2 “上下来去”模型中的上下互动

“上下来去”政策过程模型包含四个子模型：政策认识的实事求是模型、政策操作的群众-领导模型、政策操作的民主-集中模型、政策操作的试验模型。

（一）政策认识的实事求是模型

政策认识的实事求是模型也称政策认识的真理性模型。其基本命题是：政策的正确性取决于政策主体经由实践而对客观真理发现和把握的程度，客观真理是认识对象本身固有的规律性。一个特定的政策过程可分为从实践中获得理论的认识，再使认识回到实践、指导实践、受实践检验这样两个大的阶段。该模型的核心命题是：“实事求是，一切从实际出发”、“摸着石头过河”（在认识论意义上）和“实践是检验真理的唯一标准”。

（二）政策操作的群众-领导模型

政策操作的群众-领导模型也称政策操作的群众路线模型。其基本命题是：政策过程是一个“群众—领导—群众”的过程。正确的政策来源于群众的实践、群众的经验、群众的意见，来源于作为政策主体的领导紧紧地依靠群众，密切地联系群众，随时听取群众的呼声，了解群众的情绪，代表群众的利益。政策形成的过程应是领导者将群众的分散的无系统的意见集中起来，经过研究，化为集中的、系统的意见，找出解决问题的方法的过程；政策执行过程则是领导者又到群众中去宣传解释政策，使政策转化为群众的认识，带领群众坚持下去，并在群众行动中检验政策是否正确，然后再从群众中集中起来，修正、完善政策，再到群众中坚持下去的过程。

解释性案例 7－1

从修正到修订：环保法历经四审精雕细琢显民意

十二届全国人大常委会第八次会议 2014 年 4 月 24 日表决通过了修订后的《中华人民共和国环境保护法》（以下简称环保法）。从修正到修订，从“小修补”到“大手术”，这部新法历经四次审议，在此期间两次广泛征求社会意见和建议，从立法宗旨到具体条文，写入了民声，体现出民意。

我国现行环保法于 1989 年开始实施。多年来，环保法修法呼声不断，从 1995 年到 2001 年，全国人大代表共有 2 400 多人次提出修改环保法的议案 78 件。

全国人大常委会于 2012 年 8 月和 2013 年 6 月对环保法修正草案进行了两次审议，2013 年 10 月和 2014 年 4 月，对环保法修订草案进行了两次审议，共四次审议。

全国人大常委会法工委相关人员表示，环保法的修改，前两审是以修正案的方式，后两审改为修订草案方式。这个转折主要是因为审议中大家认为修正案方式有局限性，改为修订草案。

“从‘修正’到‘修订’，一字之差，转变了环保法的修改思路。去年，十二届全国人大常委会第五次会议决定采用修订方式，对环境保护法进行全面修改。只有动‘大手术’才能让环保法‘硬’起来。”全国人大代表吕忠梅说。

2012 年 8 月下旬，十一届全国人大常委会初次审议环保法修正案后，向社会公开征求意见和建议。一个月内，共收到 9 572 位网民的 11 748 条意见。

2013 年 6 月，十二届全国人大常委会第三次会议对修正案草案二次审议稿进行了审议。7 月 19 日至 8 月 18 日，修正案草案二审稿向社会公开征集意见，共有 822 人提出 2434 条意见。

“这个过程正是公众参与立法的过程。”全国人大常委会法工委有关负责人表示，第一次征求意见，各方面对环境保护法的定位、基本制度等提出了许多修改意见。第二次征求意见，各方面主要针对二审稿提出了若干具体修改意见。比较集中的问题有：环境公益诉讼、环境评价机制和各主体的环保义务等。

十二届全国人大二次会议发言人表示，通常一部法律三审就可付诸表决，而环保法经过四审，就是为了更好地吸纳社会的才智，更好地反映社会的关切。

资料来源：余晓洁，顾瑞珍，吴晶晶．从修正到修订，环保法历经四审精雕细琢显民意［EB/OL］．(2014－04－24)［2023－05－25］．https://www.gov.cn/xinwen/2014－04/24/content_2666252.htm.

（三）政策操作的民主-集中模型

政策操作的民主-集中模型也称政策操作的民主集中制模型。其基本命题是：正确的政策的形成及有效实施有赖于民主集中制原则的实行。这个模型的核心命题是在民主基础上的集中和在集中指导下的民主。

（四）政策操作的试验模型

政策操作的试验模型的基本命题是：正确的政策的形成和执行是一个从点到面、再从面到点的过程。这个模型的核心命题是“一切经过试验”“解剖麻雀，引出一般”“一般号召与个别指导相结合”。

三、有限理性决策模型

有限理性决策模型

政策制定者是全智全能的还是在主客观条件的限制下认识外部世界？对事物的客观规律的认识是一次完成的还是一个渐进的从相对真理到绝对真理的过程？从认识论上揭示政策过程的实质，基本上都是围绕着这样一条主线展开的，由此形成了一系列理论分析的框架或者理论模型。在掌握和应用这些有限理性决策模型的过程中要注意它们所依据的特定的事实和经验。

决策者依据完整而综合的信息做出理性的决策，即它遵循以最小的投入获得最大的产出的原则，选择最优方案，使用最佳、最适当的手段，达到最大值的政策结果。由这样一组假设构成的一个分析途径，称作理性决策模型或者决策的理性主义模型。

这个模型假定决策者是“理性人”，而理性人则被赋予以下特征：

（1）当面对多种选择时，他会做出一个决定。

（2）他会依据其价值偏好，在各种可能的选择中排列出优先次序。

（3）他的价值偏好会随着时空变化而转移。

（4）他通常从所有的方案中，择定偏好等级最高者。

（5）面对同样的选择他会做出同样的决定。

理性化是近代资产阶级革命以来对人的观念现代化提出的一种基本要求。所谓理性化，从方法论上看，是指为了要达到一定的目的、为了要解决一定的问题或为了要应对一定的事物，人们使用冷静的、头脑清醒的、客观的和准确的计算，利用可能收集到的信息和统计数字，对目的与手段加以分析，以求得到最佳、最适当的手段或解决办法，有效率地或者有效地达成设定的目标。显而易见，没有理性化就谈不上科学决策。可是，理性化被推向极致，产生了理性主义分析方法，而这种方法由于过于强调工具理性而导致所谓的“理性虐政”。在这里，理性主义被赋予了工具理性的本质，其内涵包括：抽象还原、定量计算的标准化逻辑；预测和控制外部对象的基本旨趣；追求最佳方案、最佳手段、最佳效率的有效思维；人类物质需求相对于其他需求的绝对优先性。

理性主义分析方法在公共政策学领域中的应用，就形成了理性决策模型或者决策的理性主义模型。这个模型在把决策者假定为理性人之后，还假定了决策者如何将其理性主义的决策活动贯穿于整个政策过程中：

（1）发现问题。决策者之所以要进行决策，首先是因为实际的管理过程中面对一个存在的问题，需要对这个问题加以解决。

(2) 提出目标。理性决策模型理论假设作为决策主体的人是完全理性的，他根据自己的目的或价值观，针对已发现的问题提出解决问题的目标，并将这些目标进行排列或组合。

(3) 设计方案。决策者将所有可能的解决问题的方案一一列举出来备用。

(4) 预测后果。决策者运用一系列的科学方法对每一决策方案进行评估，预测执行该方案后所要达到的结果及其可能带来的新问题。

(5) 分析比较。决策者将各个方案进行对比，在比较的基础上排列出先后顺序。

(6) 选择最优方案。决策者在对各个方案进行比较分析后，选取其中一个预测结果与目标最为一致的方案作为决策的最佳方案。

这一过程的结果是做出一项理性的决策，这一决策经过实施将最有效地达到既定的目标。

然而理性主义模型也因其过于理想化而受到了激烈的批评。批评者认为：第一，这个模型设定决策者为理性人，这个设定是缺乏经验支持的。第二，这个模型假定决策者是公正的、客观的、理智的，而在实践中决策者的公正、客观和理智却常常是极为有限的。第三，这个模型过高地估计了逻辑推理和数学模型作为政策分析工具所起的作用，因为在实践中这两种分析工具面对社会性、政治性、文化性公共政策问题时却往往束手无策。第四，这个模型假定决策者全智全能，但是在实践中决策者拥有的知识、获得的信息都是有限的，不可能预先对投入-产出、成本-收益的比例做出精确的计算。在所有的批评者中，经济学家和管理科学家赫伯特·西蒙和政治学家查尔斯·林德布洛姆是最具权威性和代表性的。他们不是完全抛弃这个模型，而是认为如果对它做适当的改进，它就可以成为基本的、现实可行的政策分析方法。

西蒙提出了决策者有限理性的命题。在他看来，理性指的是一种行为方式，是指在给定条件和约束的程度内适于达到给定目标的行为方式。这些条件和约束使得：第一，按照理性主义的要求，行为主体应具备关于每种抉择的后果的完备知识和预见。而事实上，行为主体对后果的了解总是零碎的。第二，由于后果产生于未来，在给它们赋以价值时，就必须凭想象来弥补其时所缺少的体验。然而，对价值的预见不可能是完整的。第三，按照理性的要求，行为主体要在全部备选行为中进行选择。但对真实行为而言，人们只能想得到全部可能行为方案中很少的几个。因此，西蒙认为决策者在管理决策中是不可能达到最佳程度的，而只能是追求一种近似的优化途径，即“寻求满意”的管理决策和结果。最佳决策的前提是决策者的行为完全理性化，而满意决策的前提是决策者的行为有限理性化，后者才是现实的。因此，理性就是要用评价行为后果的某个价值体系，去选择令人满意的备选行为方案，而不是去追求最优、最大值的所谓客观理性。进一步说，客观理性是存在的，但是对它的追求不是一次完成的，而是一步步地向它逼近，永远不能使这个过程完成。

经过对理性主义模型进行批评和改进，形成了能够被人们普遍接受的有限理性决策模型。它主要包括两部分内容：一是政策制定的科学程序。这个程序包括确定政策目标、拟定政策方案、方案评估与选优、政策执行。二是努力运用各种现代调查技术、预测技术、决策技术、环境分析、可行性分析、可靠性分析以及电子计算机等手段与方法，依靠信息、评估、咨询、监控和反馈等各个政策子系统的决策支持，进行科学决策。

四、渐进决策模型

渐进决策模型

渐进决策模型又称渐进理论模型或渐进主义模型，是由查尔斯·林德布洛姆建构的。他的渐进主义思想形成于20世纪50年代，也是在批评理性主义模型的过程中构建新模型的。他认为理性化无疑应当成为公共政策追求的目标，但是基于“完全理性”的理性主义模型在实践中则具有不可行性。他主张援用“民主智慧寓于社会互动之中”的市场运作的原理，另行开辟一种分析和制定政策的途径，其要旨不在于专家做出周详完备的全面分析，而在于广泛地参与主体了解彼此的价值偏好，通过妥协调适、良性互动进而实现政策的动态均衡。这种动态的均衡最大限度地反映了西方工业文明及其与之相一致的西方政治民主的实质和政治制度的特征。由此形成的渐进主义模型包含两组命题：

（1）公共政策实际上只是过去政府活动的持续，只是根据过去的经验而对现行的政策做出的局部的、边际性的调适。调适的成功与否取决于有关政策的社会趋同程度，也就是能否在一种渐进演变的过程中逐步寻求并获得对既定政策的共同看法。

（2）决策者把决策看作一个一步接着一步、永远没有完结的过程。在这一过程中，一点一点地啃代替了一口吞下。决策者不仅会按第二步的预测，而且会按第三步、第四步以至无数步的预测来设计政策。决策者看到了不断地修正政策和目标的可能性，由此他把决策看作在所有方面都是不固定的。“这样，尽管或许没有一个政策措施是壮举，但接连而来的小进展却可能使社会发生迅速的变化。”①

简单地讲，这个模型把直接决策者设定为按部就班、修修补补的渐进主义者或安于现状者，同时他又是一个头脑清醒、与决策中庞大无比的各种社会政治力量进行勇敢的角逐的足智多谋的问题解决者；把政治体制设定为实行多元民主体制、各种社会政治权力主体交互影响和制衡的美国式的政治体系；把政策目标设定为只是进行局部的、有限的，属于既有政策的持续和边际性变革这样的改进；把决策过程设定为公共权力运行过程中公众、政党、利益集团领袖和直接决策者各自行使权力，互相影响和互相作用的动态均衡过程；将直接决策者的决策战略设定为只专注于政策的逐步或微小改变，其政策分析“大大减少所探索的不同政策的数目”，“大大减少必须分析的因素及复杂性”②；把政策结果设定为看上去似乎行动缓慢，但积小变为大变，其实际速度要大于一次大的变革。

林德布洛姆建构的模型所依据的经验事实主要取自国外。这个模型较之基于完全理性的理性主义模型，在国外具有更大的可行性；用它来研究西方国家的公共政策也具有更强的解释力。对渐进主义模型的批评归结为一点，就是认为它具有显而易见的保守性：朝着保守的方向来阐释人的主观能动性和有限理性，只注重看起来微不足道的政策目标的制定及其实现，抑制政策创新和具有根本意义的社会变革。

---

① 林德布洛姆．决策过程［M］．竺乾威，胡君芳，译．上海：上海译文出版社，1988：40.

② 同①42－43.

第二节　公共政策分析的路径

作为一门学科，公共政策是在吸纳管理学、政治学、行政学、经济学、社会学、历史学、数学与统计学等多种学科知识的基础上所形成的一门独立学科，具有很强的开放性和兼容性。因此，凡是与公共政策学科的形成过程相关的其他学科的知识和方法，都可以认为是构成公共政策研究方法体系的有效组分，都可以在一定条件下应用到公共政策研究中来。对于公共政策分析的路径有多种理解，可以是指公共政策分析的研究方法，也可以是指研究所依托的学科，还可以是指为达到研究目的所设计的研究路线等。本书则是指政策分析时所利用的其他相关学科以及公共政策学科的知识和方法的统称。简言之，公共政策分析的路径是指对公共政策的研究对象开展讨论时所利用的某一学科知识和方法的统称。因此，公共政策分析可以选择的分析路径指向是多角度的。本节介绍经济分析、社会分析和历史分析三条常用的研究路径。

一、经济分析路径

经济分析路径

作为一个后发展学科，公共政策学科是在吸纳其他诸多学科知识的基础上迅速发展起来的。在被吸纳知识的学科中，经济学是主要的学科之一，这就决定了经济学属于公共政策的基础学科。在政策实践上，“几乎所有的政策选择都有其经济原因，并且这些原因还经常足以导致或破坏政策”[①]。经济学和政治学从来就息息相关。毕竟政治的根源是经济，经济决定政治。政治是经济的集中表现，是以政治权力为核心展开的各种社会活动和社会关系的总和。政治学是公共政策学科的源头之一。因此，从经济学的视角来分析公共政策，自然成为公共政策分析的一条主要路径。确切地说，公共政策的经济分析路径是指，以经济理论为基础，以各项基本统计资料为依据，运用各种指标、模型和算法，对一定时期的经济动态及由此产生的政策影响进行分析，挖掘其中所蕴含的政策规律，并指出政策应然发展方向或政策抉择应然结果的一种分析路径。概括地说，公共政策的经济分析路径，是指为了认识政策现象或挖掘政策规律，运用经济理论与方法对相关数据或事实进行处理和研究，并提出针对性政策建议的一种研究途径。公共政策的经济分析是一个十分宽泛的概念，小至公共政策的成本收益分析，大至运用公共选择理论及其他经济学理论分析公共政策现象，都可以归为公共政策经济分析路径的范畴。

从研究方法上看，公共政策经济分析路径是社会科学中利用量化方法最多的一种研究路径。传统的公共政策经济分析往往以质性分析为主，较少应用量化分析，常用比较的方法或维持经济发展均衡性的思想等对经济现象进行分析，得出相关研究结论，给出政策建议。如对国与国之间、地区与地区之间一定时期的经济产出总量进行比较，得出位次高低

① 迈克尔·罗斯金，罗伯特·科德，詹姆斯·梅代罗斯，等．政治科学［M］．林震，王锋，闭恩高，译．北京：华夏出版社，2001：371．

的结论，或提出保持经济发展均衡的措施；或根据现有的经济理论，将现实经济运行状况与之相比较，得出经济运行的相关政策建议等。尽管这些研究方法行之有效，但也存在难以挖掘深层次的政策规律等问题。随着全球范围的“后现代转向”，在经济社会不断发展、大数据技术快速进步和信息技术日新月异的背景下，各式各样的量化分析方法为公共政策经济分析提供了改造自身的新机遇，其中最具代表性的就是计量经济学在公共政策经济分析中的广泛应用。在计量经济学的应用过程中，其涉及的微分方程、线性回归、聚类分析、多元统计分析等内容，都能够从不同的角度对传统的公共政策经济分析方法进行优化和塑造，解决既往传统的质性方法难以处理的问题，由此开辟了一条促进公共政策经济分析路径发展的创新之路。计量经济学方法因“借助于成熟的理论和统计分析，创立了经济政策和计划的理论基础”而获得了首届诺贝尔经济学奖。从 1969 年开始颁奖迄今，除了个别年份之外，其余所有的诺贝尔经济学奖获奖成果的研究特点都贯穿了一条主线，即将数学方法与经济学研究进行有机结合。

（一）新制度主义经济学理论

新制度主义经济学在公共政策经济分析路径中应用相当广泛。新制度经济学的研究对象是制度与经济的关系。新制度经济学三个核心理论包括：产权理论、交易成本理论、委托代理理论。产权理论的基本观点是，产权是一种权利，是一种社会关系，是规定人们相互行为关系的一种规则，并且是社会的基础性规则。产权的本质是社会关系。产权理论的主导思想是，产权分配方式决定个体行为，因为它决定对个体的奖励和惩罚机制。交易成本是确立产权的基础，交易成本理论的基本观点认为，作为资源配置机制的企业和市场可以相互替代，但市场交易成本高昂，其原因是市场交易存在有限理性、机会主义、不确定性与小数目条件等。企业交易成本则较低，其原因是企业能够把若干个生产要素和产品等的所有者组成一个单位参加市场交易，减少了交易者数目和交易摩擦，从而降低了交易成本。因此，企业的存在价值是由较低的交易成本决定的。委托代理理论则倡导所有权和经营权分离，企业所有者保留剩余索取权，而将经营权利让渡。委托代理理论是现代公司治理的逻辑起点。显然，正统微观经济学所研究的核心问题是经济运行过程本身，但制度经济学却对经济运行背后的财产权利结构，即运行的制度基础投入了巨大的关心，主要致力于产权、激励与经济行为关系的研究，探讨不同的产权结构对报酬制度及资源配置的影响，强调产权在经济交易中的作用。

制度经济学所研究的制度包括：各种习俗、传统等的社会文化制度；各种宪政、法律和产权等正式的制度环境；针对各种具体交易形成的治理制度；资源配置制度等。四类制度可以分四个层次。如果根据四类制度在政策过程中发挥作用的稳定性的不同，依照上述陈述顺序依次排开，最高层次的是各种习俗、传统等社会文化的制度，最低层次的是资源配置制度。上述四个层次的制度，要么本身就是公共政策，如法律，要么是政策环境，如习俗、传统等社会文化，要么表达了公共政策的本质，如资源配置制度等，因此制度经济学在公共政策分析中具有广阔的应用空间，常常用来解释政策现象、分析政策功能、从动态的视角考察交易成本的变化与制度演变之间的关系等。例如，作为制度经济学创始人之一的科斯认为，为了维持社会的公平正义，维护他人正当利益，不能仅靠本性，需要加上法律制度对人的自利行为进行约束，实现自利和利他的现实结合。只有有了良好的制度作保证，追求个人利益最大化的行为才不会损坏他人和社会的利益。这里肯定了制度与行为的互动关系。另一位创始人威廉姆森则认为应该从跨学科的视角来研究制度的功能、产生与变迁，并且主张从动态的视角考察交易成本的变化与制度演变之间的关系。这里强调了研究交易成本的变化与制度演变之间的关系，这正是制度经济学的优势所在。制度经济学所研究的产权、交易成本等要素在政策过程尤其是经济政策过程中比比皆是，而新制度经济学理论对于这些要素具备较高的现实解释力，将制度经济学纳入公共政策的经济分析路径是十分必要的。

（二）政治学中的制度主义

新制度主义分析范式是超越单一学科的研究范式。新制度主义经济学和其他学科如政治学等学科的制度主义分析共同奠定了其存在的基础。虽然在政治学中存在制度主义分析路径，但却与新制度主义经济学的理论在关注层面方面并不完全一致。新制度主义经济学的理论关注产权、交易成本和委托代理关系，政治学中的制度主义则关注路径依赖、个人偏好对于公共政策形成的作用，以及制度对于个人的规定和制约等。新制度主义是一个概念体系，不仅经济学、政治学等不同学科有自己的制度主义，即便是在同一学科中，新制度主义也不止一种。政治科学中的制度主义有多种分类方法，但一般认为，在政治科学中占主流地位的新制度主义主要有三种，即历史制度主义、理性选择制度主义和社会学制度主义。政治学的制度主义存在一些向经济学的新制度主义进行借鉴和吸纳的内容，许多时候能够表现出新制度主义经济学的要素特征，如假设、逻辑、工具或理念等。这些来自不同学科、不同流派的制度研究共同建构了新制度主义的理论体系，形成了整个社会科学中的新制度主义分析范式。

政治学所关注的广义制度包括非正式约束和正式约束两个部分。非正式约束又称非正式制度，正式约束则称为正式制度。非正式制度是指对人的行为不成文的限制，是与法律等正式制度相对的概念，包括价值理念、伦理规范、道德观念、风俗习惯、意识形态等，是人们在长期的社会实践中无意识形成的。非正式制度具有自发性、非强制性、广泛性和持续性。正式制度的形成总是与公共权力或正式组织行为相关联，是在公共权力或正式组织的作用下所产生的一种组织行为。正式制度是由公共权力或正式组织进行监督和执行的制度，表现为各种成文的法律、法规、政策、规章、契约等社会规则、政治规则或经济规则。政治学中的狭义制度则是指正式的制度。传统政治学注重对结构、职能、权力、责任、方法、程序等静态政府过程要件的描述，而政治学中的制度主义却注重对于政府行为、公共政策过程等动态政府过程的各种要件的描述。正式制度和非正式制度相伴而生，有正式制度的就有非正式制度。二者是对立的统一，既相互依存，又在一定的条件下相互转化。在表现形式上，正式制度不同于非正式制度的不成文形式，正式制度具有明确而正式的形式，并常常通过形式的彰显作用被宣示和确定下来。

1. 历史制度主义

制度是经过长期存在的已经定型的人类行为的样式，历史制度主义力图通过对社会历史发展过程中形成的制度来解释政治现象。其关注重点聚焦在两个方面：一方面强调制度发展过程中的路径依赖；另一方面也注重研究造成政治结果的多元动因。历史制度主义的制度范畴包括正式或非正式的程序、惯例、规范及习俗。历史制度主义认为，政治制度的变迁和稳定存在着路径依赖。对于路径依赖有广义和狭义两种理解。在公共政策分析中，广义的路径依赖是指，前一阶段上的政策选择可能会对后一阶段的政策选择产生某种影响和制约，甚至产生决定作用。对于相同的作用力必然会在任何地方产生完全相同结果的观点，历史制度主义历来秉持反对态度，认为这些力量作用的结果还受到源自过去的特定条件中的某些因素的影响，在这些因素中，制度正是最重要的因素。历史制度主义的历史观强调过去对现在的影响，强调造成政治结果的多元动因。狭义的路径依赖则认为，如果某种制度模式能够提供比其他制度模式更大的收益，那么该制度模式一旦上了轨道之后，沿着同一轨道继续发展的可能性会增大。这个观点试图解释在制度模式的选择中存在回报递增现象，以及解释某种特定制度的稳定性。制度既作用于决策者的政策偏好和选择，也接受经济、权力和理念等制度要素的制约。历史制度主义重视发掘重大政治事件及所在政治进程的规律，其研究存在共时性和历时性两种类型。所谓共时性，是横向的，指寻找同时期的事件与事件结果之间的因果关系；所谓历时性，是纵向的，指找出事件变迁的历时性模式，并在历时性模式中发掘出规律或者因果关系。

2. 理性选择制度主义

理性选择制度主义分析是在关注美国国会制定的规则如何影响立法者的行为这一研究的基础上发展起来的。研究最初只关注理性选择，后来发现这种理论研究难以解释既有的事实。根据研究需要，研究者在应用理性选择理论的基础上又引入了制度研究，逐渐形成了理性选择制度主义。理性选择制度主义吸收了新制度主义经济学的观点，如委托代理理论、产权理论、交易成本理论等来拓展自己的理论空间，在行为主义政治学的基础上，运用现代经济学方法来考察政治现象。理性选择制度主义将制度界定为规则或程序。理性选择制度主义具有自己的显著特点，包括坚持方法论的个人主义和坚持“理性经济人”假设，用交易政治的假设和观点进行政治分析。这些特点为观察政策现象和政策过程提供了一种新的视角，探索了政策分析新的研究范式。坚持方法论的个人主义和坚持“理性经济人”假设的内涵是：把“理性的个人”作为分析起点，设定人的行为目的符合经济人假设；以个人作为基本的分析单元，认为每个政治行为者都有自己特定的偏好，并且能够通过理性的战略计算，以计算“回报”为基础来选择有利于实现偏好最大化的行为。在理性选择制度主义中，制度的功能在于增进个体的效用。所有的政治行为都发生在一定的制度背景下，要对政治现象提供充分的解释就无法回避制度分析。引入制度分析之后，研究者就把研究视角从一维的理性选择转换为二维的“理性人-制度”。这个研究视角转换的目的是把制度安排作为主要的解释变量来解释和预测个人行为及其导致的结果。

之所以如此凸显制度的作用，是因为制度塑造了“理性经济人”的决策活动。制度界定和约束了政治行为者在追求自身效用最大化时所采用的策略；“理性经济人”遵守制度并不是崇尚道德或履行义务，而是经过计算认为遵守制度符合自身的利益。个人与制度的关系相辅相成。制度通过塑造人的行为影响政策结果，制度构成了个人的“策略背景”。例如，在政治场域，如果缺乏推动人们合作以实现集体目标最优的制度安排，那么当个体为实现个人偏好最大化而采取相应行动时，却可能产生对集体而言为次优的结果，个人的最佳选择并非集体的最佳选择。在分别关押的条件下，囚徒困境中的两个同案囚犯对于量刑策略的选择就是如此。这类现象常常被称为政治场域的"集体行动的困境"。

解释性案例 7－2

囚徒的困境

"囚徒困境"是 1950 年美国兰德公司拟定的相关困境的理论，该理论以囚徒对于量刑策略选择方式的阐述，被命名为"囚徒困境"。虽然困境本身只属模型性质，但现实中的价格竞争、环境保护、国际关系等方面，也会频繁出现类似情况。

两个共谋犯罪的人被关入监狱，不能互相沟通情况。如果两个人都不揭发对方，则由于证据不确定，两个人都坐牢一年；若一人揭发，而另一人沉默，则揭发者因为立功而立即获释，沉默者因不合作而入狱十年；若互相揭发，则因证据确凿，两个人都判刑八年。

由于囚徒无法信任对方，因此倾向于互相揭发，而不是同守沉默。

资料来源：杨懋，祁守成．囚徒困境：从单次博弈到重复博弈［J］．商业时代，2009（2）：14－15．有改编．

个人也可以能动地创设制度。制度是基于个人的需要才被创设出来的规则，那么个体也可以通过对于制度的创设提高自身的收益水平。"行为者是理性的，因此一旦对制度产生了某种逻辑上的需要，新的制度就会被创设出来"。在政治场域，制度的创设及其变迁就是相关政治行为者之间达成一致的结果。能否达成一致，在多大程度上达成一致，主要取决于所创设的制度所包含的激励和约束被政治行为者认同的程度。政治行为者之所以相互达成契约、形成规范，是因为相关政治行为者能够从创设的制度中通过合作获取收益。

理性选择制度主义展示了制度通过塑造人的行为影响政策结果这一原理，揭示了个人偏好的选择对于公共政策形成的作用，也揭示了制度对于个人选择的引导功能。作为指导人们行为和活动的基本准则，制度具有可预测性和稳定性，同时具有保障个人的需要和减少交易费用的功能。通过这种功能，制度在公共政策的形成中发挥重要作用。制度对政治行为者之间战略互动的影响为：利用减少政治行为者的行为不确定性的信息和机制，引导政治行为者进入特定的计算过程，并根据计算作出相应的行为选择，从而利用行为选择作用于政策制定和政策执行，并影响整个政策过程。简言之，通过制度引导政治行为者理性进行战略计算，来选择有利于实现偏好最大化的行为，反过来再通过这种行为影响政策过程。

（三）社会学制度主义

社会学制度主义视文化和价值为制度，并以此为依据试图解释为什么组织会采取一套特定的制度形式、程序或象征符号，以及这些制度形式、程序或象征符号又是如何在组织内传播的。因此形成了与历史制度主义和理性选择制度主义相并列的一个重要的新制度主义流派。社会学制度主义发源于社会学的研究传统，因此带上了清晰的社会学研究烙印。如果漠视社会学中制度主义文献对于研究政治现象的重要性，将会潜在地失去一条理解政治制度的重要途径。社会学制度主义同理性选择制度主义和历史制度主义具有显著差异，主要表现在研究路径上。传统的组织理论认为应该从追求效率的途径来研究政治现象；历史制度主义则力图通过对社会历史发展中的制度研究政治现象、理性选择制度主义则用交易政治的观点等来解释政治现象。社会学制度主义认为，传统的组织理论、历史制度主义和理性选择制度主义等的研究路径，对于组织的观察是典型的工具主义和功利主义的做法，它们仅从资源分配和效率的角度来看待组织的存在价值，并没有看到符号、仪式象征等文化活动对于组织存续的重大意义。

为此，社会学制度主义强调从文化的路径切入研究政治现象。社会学制度主义反对传统组织分析中的制度理论把制度和文化截然分开的做法，认为制度和文化不可分开，现代组织所使用的规则、规范、程序就是特定文化的一种实践形态。社会学制度主义将正式规则、程序和规范之外的象征系统、认知模式和道德模板等意义重新界定，称其为对人们的行动提供的“意义框架”，并由此渠道将“意义框架”纳入制度的范畴，开启了从文化途径解释制度对行为的影响之路。其本质是从组织有效性之外的社会合法性的角度解释制度的起源与变迁，从而理解组织中的制度，并通过制度进一步理解组织中的政治现象，解读政治过程。社会学制度主义的最大特征是，它深入挖掘、梳理了从社会学学科确立以来的制度范畴和制度理论，非常宽泛地重新界定制度的内涵，或者说扩充了制度的内涵边界，对制度理论进行了重新建构，并成功地解释了为什么组织要采用特定的制度形式、程序或象征符号等一系列政治行为，以及这些特定的制度形式、程序或象征符号在组织内是如何传播的。

社会学制度主义认为行动者的行为受到制度化规范和文化习俗的驱动。将个人行为完全归结为对于自我利益考虑的理性计算，虽然这一观点是理性选择制度主义的基本观点，也能够在具体条件下解释一定数量的政治现象，但社会学制度主义对此并不认同，而是认为个人的政治行动还要受到制度的规定和制约。关于个体偏好的形成问题，社会学制度主义不认为个体偏好的形成是外生性过程，而是一个受到文化、规范、认知、符号等因素影响的内生性过程。制度可以影响人们的行为，但却是通过提供认知性文字、行为类别与活动模型而发挥影响作用的，所提供的这些认知性内容可以作为人类行为的依据。制度发挥作用的具体路径是，通过塑造人们基本的偏好、特定的认同和自我形象的形成，来进一步引导和规范人们的行为。为此，社会学制度主义将偏好的形成理解为内生性过程，认为制度性要素为偏好的选择设定了标准。在行动者同制度要素的互动之中，制度发生作用的方式往往表现为制度化的、连续的、复杂的过程，这正是文化要素的特征使然。马奇和奥尔森认为，政治是将共有的经验、价值和自然事物进行概念建构的场所。所以，包括政治制度在内的制度能够创造共同的文化和价值，政治组织中的领导者能够通过倡导、建构等方式在制度之内创造某种价值体系。制度可以被视为能够为社会人和组织人提供意义框架的社会合法性所在。所以，组织采纳特定的制度安排，是因为这些制度安排和组织能够获得社会合法性的提高，在社会文化环境中能够得到正面的评价与认可，即使有些制度安排可能妨碍组织目标的实现。

（四）公共选择理论

公共选择理论创立的意图是将经济学的分析方法应用于政治领域，力求解释民主政治和社会选择的过程。这一理论的创立者是三位美国经济学家——詹姆斯·布坎南、肯尼斯·阿罗和保罗·萨缪尔森。他们的思想后来发展成为三种经济学理论，即公共选择理论、社会选择理论和公共物品理论。公共选择理论是三种理论中影响最为广泛却饱受争议的理论。作为当代西方经济思潮中的一个理论流派，公共选择理论第一次将经济学的理论和方法应用于分析非市场的政治现象，即政府行为以及相关的政治行为，主要包括：选举规则、选民行为、政府过程、偏好显示机制、国家理论、政府行为、公共政策、决策机制、党派政治及政府体制等，能够帮助人们理解和加深对公共产品、公共权力、公共选择等核心概念的认识。在公共选择理论建立之前，经济学界占主流地位的是凯恩斯主义。其主要内容是，坚持政府干预经济的主张，经济中不存在生产和就业向完全就业方向发展的自动机制。但这个理论有一定的局限性和缺陷。如，假设政府是理性的，自然会制定最优的理性政策。但这个假设已经被事实证明是偏颇的。因为在政策实践中，政府的政策制定有时甚至会刻意偏离最优政策，引发资源浪费，难以实现高效配置社会资源等。布坎南等人创立公共选择理论的目的正是为了克服凯恩斯主义下政府干预的局限和缺陷。

公共选择理论的研究方法建立在三个基本假定的基础上：一是理性经济人的前提假设；二是方法论上的个人主义；三是政治的可交易性。公共选择的研究对象为集体的非市场决策过程；该理论被经济学视为重要的见解创新，原则在于，它把政治场域理解为政治市场，把选民、官僚和政治家等看作政治市场中的博弈者，把选票看成货币等，具体的要素比较如表 7-1 所示。

表 7-1 公共选择理论中政治制度与市场制度要素的比较

政治制度	市场制度
选举制度	交易制度
投票者	消费者
选票	货币
压力集团	消费者协会
政治家	企业家
政治宣传	商业广告
政府机构	公共公司

正因为政治制度与市场制度有很多相似性，所以公共选择理论认为，经济学的许多原理可以用来分析政治决策行为。在政治市场里，“人们建立契约交换关系，一切活动都以个人的成本-收益计算为基础，作为交换行为主体的政府和经济人一样都是理性的，追求的是集团的最大利益”①。在政府实践中，政府自利性就是追求集团利益最大化的表现之一。“政府自利性的最主要的危害在于政府动用公共权力维护政府官员、政府部门和各级政府的利益，更多从部门利益或者政府成员利益的角度考虑政策的制定和执行，对其有利

① 宁骚．公共政策学［M］．3 版．北京：高等教育出版社，2018：57.

就尽力执行，对其不利的政策就拖延推诿或者消极抵抗”①。由此，在欠缺有关公众偏好的有效信息的情况下，如果社会监督体制不完善，那么就将使一些政治家和政府官僚扩大其权力的天性暴露无遗，他们将会极力扩大政府支出计划的重要性而尽量低估其成本，由此滋长出各种经济和政治弊端。因此，可以通过公共选择理论这一路径，对政府决策行为进行研究，使国家结构的缺陷尽可能地降低。

公共选择理论的两大基本问题是集体行动和偏好加总。集体行动是指有许多个体参加的、具有很大自发性的制度外政治行为。偏好加总是指当不同社会成员存在不同观点时，如何对于这些观点做取舍并形成最终决定。不管是集体行动还是偏好加总，其发展方向都取决于规则，因此规则是集体行动和偏好加总的最主要要素。公共选择理论致力于寻找一种规则，使理性经济人在追求自利性的同时，在规则的约束下也能够造福社会。公共选择理论关于政治决策程序和规则的研究指出，决策的结果取决于决策程序和规则。这揭示了决策程序和规则在决策机制中的重要性，可以用来分析政策制定中的决策程序和规则对于政策方案的影响。公共选择理论“偏好显示机制”在政策分析中的作用表现在，能够彰显政策制定体现公共利益的重要性。公共选择理论中的“特殊利益集团”理论对于分析利益和决策分散化的经济环境中所形成的利益集团和地方保护主义，具有一定的参考意义。

二、社会分析路径

社会分析路径

根据社会形态学说的基本逻辑规律、能够影响社会发展态势和速度的产业特征与技术特征的重大变化等，来进行相关公共政策分析，这一分析路径称为公共政策的社会分析路径。

（一）社会形态分析

社会形态学说是马克思主义的一项创造。恩格斯明确地指出了人类历史发展的五个阶段，即原始氏族社会、古代奴隶制社会、中世纪农奴制社会、近代雇佣劳动制（资本主义）社会、未来的共产主义社会。这就是恩格斯提出的“五种社会形态说”。此后，马克思又进一步提出了所有制形式，即奴隶制社会、封建制社会和资本主义社会，连同原始社会和共产主义社会，一共是五种所有制形式。“五种社会形态说”已经成为阐述世界历史演进规律的基本法则。马克思恩格斯的上述观点，是力图通过构建一种新的社会生产关系的途径来指导社会实践，并最终实现共产主义的社会目标。马克思主义认为，社会形态是“生产力发展到一定阶段的经济基础和上层建筑的统一，或者说是一定社会发展阶段上经济制度、政治制度和思想文化体系的总称，是这个阶段生产力和生产关系、经济基础和上层建筑的具体的、历史的统一”②。

公共政策无疑属于上层建筑的范畴。马克思主义认为，经济基础对上层建筑具有决定作用，其决定了上层建筑的产生、性质与变革。随着生产力的不断发展，经济基础不断发生变化，上层建筑也相应地不断变革。上层建筑一定要适应经济基础发展状况的规律，是

① 王敬波．基于公共选择理论分析《行政诉讼法》的修改［J］. 法学杂志，2015，36（3）：34－41.

② 宁骚．公共政策学［M］. 3 版．北京：高等教育出版社，2018：58.

无产阶级政党和社会主义国家的公共权力机关制定路线、方针和政策的一个重要的理论基础。作为上层建筑的公共政策，其本身的制定、执行和评估等要适应不同社会形态的发展和变化，其存在的价值是看它能否适应不同社会发展阶段经济基础的发展变化。所以，把公共政策与社会形态的关系作为政策分析的切入点，是公共政策分析的基本路径之一。通过分析一定社会形态中公共政策形成、执行、调整与终结的诸影响要素，并根据这些要素的变化与政策调整之间的逻辑关联性，对政策的合理性、有效性及其存在价值进行科学判定，是进行公共政策社会形态分析的一般性方法。我们党所确立的社会主义初级阶段的基本路线，阐述了党在社会主义初级阶段的总任务、总方针、总政策。这一路线就是充分考虑了我国所处的社会形态而提出的，是公共政策社会形态分析的经典实践之一。

产业特征和技术特征是政策环境的重要构成部分，其可以影响社会的发展态势和速度，也可以影响公共政策的产生、变化、评价和终结。不同的时代具有不同的产业特征和技术特征。不同时代的产业特征和技术特征，都是在继承与拓展传统产业特征和技术特征的基础上，接受了新的产业发展和技术进步方向规约的产物。产业特征和技术特征也是生产要素的投入在不同产业部门重新流动配置引起经济结构转型的产物。产业和技术等在接受新的产业发展和技术进步方向的规约，以及在不同产业部门重新流动配置的过程中，逐渐形成了新的产业特征和技术特征。在《后工业社会的来临》一书中，丹尼尔·贝尔（Daniel Bell）以工业社会为分水岭，根据不同社会发展阶段的产业特征和技术特征，把社会发展分为互有联系的三个不同阶段：前工业社会、工业社会、后工业社会，其中后工业社会又称为后现代社会、信息社会或后资本主义社会。丹尼尔·贝尔对于社会发展阶段所做的这个区分，没有表述社会发展的根本动力、基本动力和基本矛盾等带有根本性的问题，不能够被认为是对于社会形态的描述和区分，只能够被认为是对于不同社会发展阶段的产业特征和技术特征的表述。

在丹尼尔·贝尔看来，前工业社会是机器大生产出现前的漫长的历史阶段。该阶段主要依靠原始劳动力从自然界提取发展和生存资源，是以农业、矿业、渔业、林业为产业的社会。人们的思维、生活方式相对简单。经济部门以消耗自然资源为主，受自然环境的影响较大，所以贝尔将其称为“对自然的博弈”。工业社会是围绕生产和机器这个轴心并以制造商品为目的，以加工业、制造业、建筑业等部门构成社会的经济结构。与前工业社会主要利用原料技术相比，该发展阶段主要利用能源技术来生产社会财富，促进社会生产力发展，强调资本重要性，商品经济最终取代了自然经济。在这一社会发展阶段，生产力得到极大提高，但是人性、人格一度变成了大机器驯化的产物。后工业社会是一个以知识为核心的信息社会，主要产业是第三产业和第四产业，即服务业和基于互联网、信息技术等新兴技术所形成的知识密集型产业。人们的活动以信息的搜集、传递、过滤、使用为轴心。机器的重要性相对降低，人们对多元社会生活的追求成为常态追求，人性、人格得到极大尊重和认同，被提高到了前所未有的高度。信息技术对经济结构和劳动力构成带来了巨大变化，包括经济部门、劳动职业、技术利用、方法论、社会轴心等。后工业社会与工业社会具有很大区别，主要区别如表 7-2 所示。

表 7-2 后工业社会与工业社会的主要区别

	工业社会	后工业社会
经济部门	以第二产业为主	以第三产业、第四产业为主
劳动职业	半熟练工人、工程师	专业性、技术性、科学研究性职业
技术利用	能源技术	信息技术
方法论	经验性方法、试验性方法	抽象理论的方法、如模型、模拟等
社会轴心	经济增长	理论知识

公共政策的变化必须要与政策环境的变化相适应，根据政策环境中的社会产业特征和技术特征变化，当代中国公共政策过程也进行了相应调整，如电信、教育、科技等一系列政策的制定，都充分考虑到了后工业社会的产业特征、技术特征以及发展趋势，尤其是考虑了互联网与信息技术的发展，以及大数据、人工智能等重大技术变革对于社会的影响。如 1988 年国务院办公厅《关于印发信息技术发展政策要点和生物技术发展政策要点的通知》(国办发〔1988〕18 号)；2015 年国务院印发《关于积极推进“互联网+”行动的指导意见》(国发〔2015〕40 号)；2023 年中共中央、国务院印发的《质量强国建设纲要》要求，加快大数据、网络、人工智能等新技术的深度应用，促进现代服务业与先进制造业、现代农业融合发展等，都是根据政策环境中的社会产业特征和技术特征变化所做出的政策回应。

解释性案例 7-3

工信部为国家级智能制造示范工厂揭榜单位等授牌

2023 年 7 月 10 日，在武汉举行的智能制造创新发展论坛上，工信部为湖北省 8 家国家级智能制造示范工厂揭榜单位和 31 个国家级智能制造优秀场景授牌，给全国制造业高端化、智能化、绿色化发展树立新标杆。

政府行为是公共政策的一种表现形式。在国家产业政策的引导支持下，荆楚大地的智能制造新场景、新方案、新模式不断涌现。目前，湖北省工业互联网标识解析国家顶级节点、“星火·链网”超级节点等一批网络重器持续稳定高质量运营，成为推动该省产业优化升级、提升生产力水平的重要驱动力。

机械臂上下飞舞，无人小车满地穿梭，已成为 5G 全连接工厂的标配；不同规格的订单产品在同一生产线上切换自如，哪怕一件也能定制……目前，全省 5G 行业垂直应用加速拓展，现已延伸至全省 16 条产业链，5G 全连接工厂达到 238 家。涌现出了 5G 智慧工厂、5G 全连接数字化加工车间等一批创新项目。

有关专家表示，智能制造是新一代信息技术与先进制造技术的深度融合，是制造强国和网络强国建设的“连接点”，是科技革命和产业变革的“新引擎”，是制造业转型升级的“加速器”。

根据社会产业特征和技术特征的变化，国家有关部门不失时机地进行产业政策调整，通过公共政策的分配功能积极引导与支持智能制造业的发展，对传统产业的生产、销售、流通、融资等流程都将是一次重构，无疑能够加速实现传统产业的跨越式发展和助推经济转型升级。

后工业社会的产业特征和技术特征越来越广泛地影响到政治、经济、社会、文化等领域，从而使得社会的发展态势和速度不断发生变迁，促进政策环境更加复杂化并强烈影响公共政策的产生、变化、评价和终结。后工业社会的产业特征和技术特征已经成为当代西方各国制定公共政策的总体背景和建构政策问题的重要依据。帝国主义是资本主义社会生产力和生产关系矛盾运动的结果，是资本主义的一个特定历史阶段。这就决定了垄断帝国主义和后工业社会的融合是不可避免的，这个融合的结果对西方国家公共政策的出发点产生了重要影响，并已经成为西方国家整个公共政策过程的重要特征之一。

（二）社会阶级与阶层分析

在人类社会的发展史上，阶级的出现必须有剩余价值作为物质前提。生产力的不断发展促进了剩余价值的产生，带来了阶级出现的可能。直到私有制的出现和社会分工的逐渐发展，阶级的出现才成为现实。马克思主义认为，阶级是一种历史现象，它不是从来就有的，也不是永久存在的。阶级是社会生产发展到一定阶段的产物。同时阶级也会随着私有制的消亡而逐渐走向消亡。阶级出现之后，就有了阶级的划分依据问题。阶级的划分依据是由人们在社会经济结构中所处的不同地位和结成的不同关系决定的。阶级是特定生产关系和物质利益的主体，是在特定社会结构中具有特定经济地位的人们结成的利益共同体。这种地位和关系决定了阶级的诉求和所获得的利益分配结果。列宁指出："所谓阶级，就是这样一些大的集团，这些集团在历史上一定社会生产体系中所处的地位不同，对生产资料的关系（这种关系大部分是在法律上明文规定了的）不同，在社会劳动组织中所起的作用不同，因而取得归自己支配的那份社会财富的方式和多寡也不同。"①

社会价值是利用公共政策来进行分配的。因此，不同的阶级对于同一公共政策的态度是不同的。阶级不同，人们对政策过程的观察方法和角度也各不相同，从而形成了各自的政策立场，产生了对于公共政策的各种争议和观点冲突。争议和冲突的关键在于利益。具体地说，在于冲突各方通过某项公共政策所能够获得的利益的多寡，或者某方所支持的群体所能够获得的利益的多寡，或者是大多数人所能够获得的利益的多寡等。由于分配的不均衡性使然，不同阶级围绕社会价值的分配不断地发生冲突，而作为对社会价值进行权威性分配的公共政策，也会在各阶级的争议与冲突中不断进行调整，最终达到符合统治阶级的利益和意志，并尽量接近或满足符合统治阶级的利益关照标准的人群的利益诉求。可以认为，公共政策过程的展开始终伴随着不同阶级的利益冲突。公共政策过程与阶级利益冲突形成了互相影响互相作用的天然矛盾。因此，公共政策分析不可能不采用阶级观点观察和解决政策问题。阶级观点是指马克思列宁主义关于阶级和阶级斗争的观点。

公共政策的阶级分析法则是指，用马克思主义的阶级观点观察和分析公共政策过程中各种政策现象的基本方法。运用公共政策的阶级分析方法，需要研究社会各阶级的经济地位、政治态度和思想状况，还要分析各个阶级的历史地位和作用以及各阶级的相互关系。

① 列宁．列宁选集：第4卷［M］. 3版．北京：人民出版社，2012：11.

同时，还要分析阶级结构及其结构的改变对于政策过程的影响。运用阶级分析方法分析公共政策时，其目的不仅仅是判明公共政策的阶级属性，而是揭示公共政策过程中的阶级关系，分析这种关系对公共政策过程所产生的影响，进而判断公共政策过程代表了哪个阶级的利益、在多大程度上代表了哪个阶级的利益，公共政策过程对社会发展产生了什么样的作用、对生产力的发展产生了什么样的作用，阶级关系及其调整又在多大程度上影响了政策过程等。利用公共政策的阶级分析法，不能仅仅判明某项公共政策的阶级属性就浅尝辄止，而是需要从多方面、多维度进行缜密深入的科学分析，才能得出正确的政策分析结论。

阶层分析的对象是在阶级内部所形成的各个阶层。虽然有一定的交叉和重合，但阶层分析与阶级分析并不完全一致。阶层是指在同一阶级内部由于经济地位不同所分成的若干层次。阶层分析所反映的是阶级内部社会资源分配与占有的关系，实际上是对阶级内部各种社会活动中所结成的各种利益关系的研究。从研究层次上看，阶层分析是在阶级分析基础上所作的进一步细化分析。公共政策阶层分析的目的，是考察阶级内部各阶层之间的社会资源分配与占有关系与公共政策之间的相互影响与作用，以及这种影响与作用同社会发展之间的各种互动关系，从而做出关于公共政策的各种结论。毛泽东同志的《中国社会各阶级的分析》，对当时中国社会各阶级，尤其是各阶级中不同阶层的状况作了精辟的分析，对中国共产党制定斗争策略起到了重要指导作用。改革开放后我国又出现了“新的社会阶层人士”概念。从群体构成来考察，“新的社会阶层人士”包括四个群体：民营企业和外商投资企业管理技术人员、中介组织和社会组织从业人员、自由职业人员和新媒体从业人员；从自身影响力来考察，“新的社会阶层人士”主要是指改革开放以后在非公有制经济环境中成长起来的一批具有相当社会影响的人士。2015 年，在对我国社会结构的变化进行深入分析的基础上，《中国共产党统一战线工作条例（试行）》做出政策回应，首次将新的社会阶层人士作为统战工作对象。

三、历史分析路径

历史分析路径

公共政策的历史分析路径又称公共政策的历史研究法或公共政策的历史分析法，是利用历史研究手段分析公共政策，并对政策现象进行科学认识的一种方法。应用公共政策历史研究法的目的在于通过研究、解释与分析过去所发生的政策现象，了解政策现象中历史事件的因果关系及其发展脉络，进而获得现行政策的相关结论并进行政策预测。公共政策历史分析方法的价值在于，任何政策现象的发生、发展都有其自身的历史和运动轨迹，并且是作为一个生命过程展开的，同样具有其生命变化周期。因此政策现象研究与历史分析方法的适用范围具有一定的契合性。由于历史分析法明晰的追溯特征，将其应用于政策研究，能够获得利用其他方法不能获得或者很难获得的结果。任何政策现象都是现实世界的一部分，现实是历史的发展，要认识现实尤其是认识现实中具体的政策现象，就需要有针对性地研究政策现象与历史的关联性。公共政策历史分析法的核心要义是运用发展、变化的观点分析政策过程和政策现象。政策过程和政策现象是发展、变化的，分析政策过程和政策现象往往要把其发展的不同阶段加以联系和比较，把历史和现实加以联系和比较，了解其内在发展规律，把握其实质，才能揭示发展趋势，预测政策未来。公共政策的形成总有其历史根源，在分析公共政策时，只有利用历史分析方法追根溯源，弄清公共政策的来龙去脉，才能得出更加符合实际的分析结论。

熊彼得认为，任何规定时间的任何科学状况都隐含它过去的历史背景，如果不把这个隐含的历史明摆出来，就不能圆满地表述这种科学的状况。为了圆满表述这种科学状况，探究政策现象的历史渊源，从历时性中提炼出公共政策的理论命题，就要利用公共政策的历史分析法。尽管公共政策的历史分析法是利用历史研究手段分析公共政策，但这种分析并不完全等同于历史研究，而是将侧重点置于政策研究上，并不是仅仅指搞清楚政策过程中的历史人物、事件发生的时间和地点，或者就政策过程中某一特定时空的某个事实进行详细的考证，然后析出与社会发展相关的结论等传统的历史研究的模式。应用公共政策历史分析方法的关键是，在研究历史的同时发现政策现象的变化规律和逻辑结构，寻找政策过程中决策者的意志、公众诉求、偶然因素、历史渊源、社会条件、政策内容与形式等与政策过程发展方向之间的关联性，寻找政策抉择原因、政策执行结果、政策调整与终结等与公共政策绩效之间的逻辑关系，并从各种现实政策的发展过程中提炼出公共政策的理论命题，即以历史分析的手段探寻一些政策的产生、发展与终结的必然规律。

公共政策的历史分析必须坚持马克思主义的唯物史观。唯物史观第一次科学地回答了社会存在和社会意识的关系问题，明确指出社会存在决定社会意识，社会意识是社会存在的反映，又能动地反作用于社会存在。这一原理对于思考公共政策的形成、执行和评价具有至关重要的意义。唯物史观认为人类社会的运动规律是由低级向高级发展的。这个发展过程也是历史前进过程。作为历史前进过程的组成部分，包括公共政策现象在内的各种社会现象也是运动的。要用发展的眼光看待历史上的公共政策现象，需要将其置于当时的政策环境中去考量，而不是简单地套用今天的理解去赋予政策现象当时的意义。要用辩证的思维去观察公共政策现象的本质联系与内部矛盾，对公共政策现象进行具体问题具体分析，从而准确把握公共政策现象的实质。认识政策规律时，要坚持变与不变的辩证统一。虽然政策过程和政策规律有其相对的稳定性，但同生物进化一样，政策过程和政策规律始终处于不断的运动中。政策过程和政策规律具有开放性和不确定性特征，也面临政策环境中来自社会的和自然的传统禀赋的突变，面临对政策环境的适应性等问题。要正确把握政策过程和政策规律的运动过程，就必须弄清其存在和变化的根据及条件。政策创新和政策发展总是在一定的时空中展开，是一个历时而变的过程。评价公共政策，要坚持实事求是，坚持肯定与否定的辩证统一。进行政策创新，要坚持继承与变革的辩证统一。

法国历史学者费尔南·布罗代尔在1958年发表的论文《历史与社会科学：长时段》中，全面阐述了他提出的长时段历史观（见表7-3）。其核心要义是，历史时间可以分为相互联系的短时段、中时段和长时段。与三个时段相对应的三个时段的影响要件分别是事件、局势和结构。

表 7-3 费尔南·布罗代尔的长时段历史观的构成

	长时段	中时段	短时段
对应的影响要件	结构	局势	事件
影响要件特征	长期不变或者变化缓慢但起着经常、深刻的作用；是几乎不动的历史时间。	在较短的时期内起伏兴衰、形成周期和结构、对历史起重要作用	突发性较强的事变
影响要件举例	地理、气候、生态环境、社会组织、思想传统等	经济周期性波动、人口消长、生产增减	重大自然灾难、突发事件、革命、条约

布罗代尔强调，只有长时段现象才构成历史的深层结构，构成整个历史发展的基础。利用历史分析路径讨论公共政策，不可忽视长时段的各种影响要素对于公共政策的影响。显然，按照布罗代尔的长时段历史观，利用历史分析路径讨论公共政策，应该是具有不同层次的研究。研究者可以根据研究的需要，从长时段、中时段、短时段三个层次选择分析对象。如果分析长时段的公共政策，则重点考察对政策发生影响的"结构"，如地理、气候、生态环境、社会组织、思想传统等；如果分析中时段的公共政策，则重点考察对政策发生影响的"局势"，如经济周期性波动、人口消长、生产增减等。如果分析短时段的公共政策，则重点考察对政策发生影响的"事件"，如重大自然灾难、突发事件、革命、条约等。此外，研究者还可以把政策置于政治、经济、社会、文化等宏观背景下来考察影响政策的历史结构因素。例如分析某项公共政策的内容与绩效是由哪些历史结构因素决定的等，就可以利用"结构"来分析。还可以从一定的时段来考察公共政策的生命周期和变动周期。例如，分析我国计划生育政策为什么会发生重大调整，就可以根据政策的变动周期，结合我国的政策环境变化所形成的"局势"等来分析。应用长时段历史观，还可以就政策过程的某个方面或阶段追根溯源，作历史的分析。

解释性案例 7-4

国务院组建应急管理部

2018 年 3 月 13 日，国务院机构改革方案提请十三届全国人大一次会议审议。根据该方案，国务院将组建应急管理部。对此，国家减灾委专家委员会一位专家向界面新闻表示，"这次大力度的改革，一步到位，其实是对的"。

我国应急建设发展较晚，始于 2003 年的"非典"时期。2006 年，鉴于抗击"非典"的经验，国务院办公厅设置国务院应急管理办公室，其主要职责包括承担国务院总值班工作，办理向国务院报送的经济类重要事项，督促落实国务院领导批示、指示，协调和督促检查各省（自治区、直辖市）人民政府、国务院各部门的应急管理工作等。但国务院应急管理办公室只是一个传达信息、协调各部门的办公室，没有直接指挥应急力量的职能，应急力量仍然分散在各个部门、委员会。一旦发生重大自然灾害，减灾委、武警、安监、医疗等各个部门都必须去现场，分散的力量最终仍然需要由国务院进行统一调度。

我国面临十分严峻的自然灾害。复杂的地形地貌、季风性气候带来的水热分布不均以及复杂的地质情况，使得我国各种自然灾害频发。再加上人口众多，人口集中，很难采取迁移人口的方式进行防范。我国是全世界自然灾害最严重的国家之一，我们应该建成国际最先进的应急管理体系。于是，组建应急管理部就成为国家的一项重要政策议题。

国家决定组建应急管理部，体现了我国对减灾应急的重视度有了一个非常大的提高。这是经过“非典”及之后几年的大灾总结出来的经验和教训。组建应急管理部将是我国应急救援体系走向专业化的重要里程碑，可以提高整个国家的应急反应速度，对于加强、优化、统筹国家应急能力，建构一个统一指挥、权责一致、权威高效的国家应急体系具有非常重要的作用。

资料来源：刘素楠．国务院将组建应急管理部 国家减灾委专家：将大幅提升我国减灾应急效率和专业度[EB/OL].（2018－08－13）[2023－05－25]. https://www.jiemian.com/article/1986134.html. 有改编.

公共政策的历史分析法与社会科学研究主流的抽象演绎法不同，其从历史的政策现象中完成对政策规律的发掘，并将发掘结果从认识上实现从个别到一般的转化。这种分析方法的基本逻辑是在大量占有资料的基础上通过归类、比较、分析、综合等思维方法完成对于政策现象的归纳推理，并在此过程中追求创新性的解释。从历史实际出发和归纳推理是公共政策历史分析法的核心要素。这种方法的明显特征，是带着明确目的借助文献来进行分析。换言之，是在大量占有信息基础上对过去的政策现象进行描述、推理、演绎和解释。这些用来进行研究的信息主要来自与研究主题相关的材料，所以从档案、数据库、白皮书、政府公告、公报、年鉴、手册、笔记、日记、报表、电影、报刊、图画和其他有关历史文献中收集资料，用于分析政策现象，就成为这种方法的必由之路。由于公共政策的历史分析法是以历史上的政策规律探索为目的，因此在一定意义上是关于时间的分析方法，是突出时间重要性或政策现象历时而变的发展过程的分析方法。该方法强调利用对政策现象历史变迁的梳理，来促进对其变化规律的把握；该方法特别强调用科学的方法收集、检验、分析各种历史资料，勾勒各种因果关系，判断公共政策现象发展变化的脉络，从历史事实中归纳政策现象的变化规律，进而陈述历史与现实政策现象的逻辑关系。这一过程不可避免地融入研究者的价值观和对于研究资料的取舍与判断，因此一直被认为是一种主观的研究方法。

近年来，随着大数据技术和信息技术的发展，公共政策的历史分析方法也发生了较大的变化，与其他量化研究方法的融合是其明显的变化之一。其他量化分析方法不断融入公共政策的历史分析方法，为其带来了新的研究方向和新的研究结论。在融入公共政策历史分析方法的量化分析工具中，内容分析法最为简单却应用最为广泛。在公共政策的历史分析方法中引入内容分析法，是为了完成把历史文献中的质性信息转化为简单的定量信息的任务。根据转化结果，可以直接判定文献内容的某些政策特征，也可以再利用其他方法进行数据的深度挖掘，获得更深层次的结论。公共政策的历史分析方法主要是一种质性分析法，但融入了量化分析工具后，与传统意义上的历史分析法具有显著区别。传统意义上的历史分析法所使用的历史文献虽然也有一些简单的数据记录，但主要是以文字记录社会现象、事件及其产生的影响，多数情况下缺乏翔实准确的数据记录。量化分析工具如内容分析法的汇入改变了这种现象，使得公共政策历史分析法具有了量化分析的特征，分析层次上了一个台阶。它除了更多地体现出“非介入性研究”的优点之外，还能够提供对过去政策现象的“程度”方面的刻画，有助于在量的层次上确定已经存在的政策事实，更容易发现政策规律，并能够弥补公共政策历史分析法由于量化研究不足而导致的对其科学性的质疑，从而提升政策研究结论的客观性和论据的充分性。

本章内容小结

在长期的政策研究过程中，我国学者基于现实国情，根据中国经验，从不同角度构建了一些本土化的理论模型。如共识决策模型、学习-适应分析模型、路径-激励分析模型等。

“上下来去”政策过程是一个具有鲜明中国特色的政策过程模型。“上下来去”政策过程模型包含四个子模型：政策认识的实事求是模型，政策操作的群众-领导模型，政策操作的民主-集中模型，政策操作的试验模型。

源于国外经验的政策理论模型对于了解政策过程有一定参考作用。这些模型有：有限理性决策模型、渐进决策模型，等等。

思考与练习

1. 试述“上下来去”政策过程模型的特征和适用性。
2. 试述有限理性决策模型的主要观点。
3. 试述渐进决策模型的特点和缺陷。
4. 简述经济分析路径中的公共选择理论。
5. 简述社会分析路径的方法。
6. 随着大数据和信息技术的发展，公共政策的历史分析路径发生的主要变化有哪些？

在线自测

第八章

定量公共政策分析技术

学习目标

1. 掌握概率抽样和非概率抽样的方法。
2. 掌握描述性统计分析方法。
3. 了解中心极限定理及其用途
4. 掌握回归分析、线性规划方法的内涵及在公共政策分析中的应用。

本章提要

本章主要介绍常用的定量公共政策分析技术。数据分析能够发现蕴藏在表象下难以观察的政策事实和挖掘深层次规律，能够增强研究结果的可靠性和科学性，增强研究过程中论据的充分性，为研究结果的理论升华提供坚实的实证支撑。本章所介绍的方法主要包括数据收集的抽样调查方法、描述性统计分析、数据推断方法、一元回归分析和多元回归分析、线性规划方法、成本-收益分析和成本-效益分析等。

引导案例

关于菲利普斯曲线应用于中国实践的量化分析

1958 年，新西兰经济学家菲利普斯绘制了一条用以表示失业率和货币工资变动率之间存在交替关系的曲线。这条曲线是根据英国 1861—1957 年间失业率和货币工资变动率的经验统计资料绘成的，对于西方国家相关政策制定过程影响较大，学界一般称之为菲利普斯曲线。菲利普斯曲线表明：当失业率较低时，货币工资增长率较高；当失业率较高时，货币工资增长率较低，甚至会成为负值。

根据成本推动的通货膨胀理论，菲利普斯曲线表明了基于西方国家的一个经验事实：失业率和通货膨胀率之间存在着替代关系。即通过一定的数学关系，由失业率可以计算出通货膨胀率，反之亦然。由于该曲线能够直观地反映失业率和通货膨胀率之间的关系，因而经常成为西方国家制定相关经济政策和社会政策的重要参考依据。

但基于西方实践所得出的菲利普斯曲线，其结论能否适用于中国，还需要结合中国的实践，通过一定的研究手段来证明。这个证明过程如果不用量化分析工具，仅仅从定性的角度讨论，很难讨论透彻，甚至可能众说纷纭。

我国学者根据 1998—2007 年的通货膨胀率和城镇登记失业率（见表 8-1），从定量的角度对该问题进行了讨论。

表 8-1　我国 1998—2007 年的通货膨胀率和城镇登记失业率　（单位：%）

年份	通货膨胀率	失业率
1998	−0.84	3.1
1999	−1.41	3.1
2000	0.26	3.1
2001	0.46	3.6
2002	−0.77	4.0
2003	1.16	4.3
2004	3.89	4.2
2005	1.82	4.2
2006	1.46	4.1
2007	4.75	4.0

我国学者以失业率作为因变量，以通货膨胀率作为自变量，然后利用一元简单线性回归分析方法进行相关计算。计算之后所获得的各项数据结果如表 8-2、表 8-3 和表 8-4 所示。

表 8-2　模型汇总表

模型	R	R^2	调整 R^2	标准估计的误差
1	0.633[a]	0.401	0.326	0.4096

a. 预测变量：(常量)，通货膨胀率。

表 8-3　方差分析表[b]

模型		平方和	df	均方	F	Sig.
1	回归	0.899	1	0.899	5.358	0.049[a]
	残差	1.342	8	0.168		
	总计	2.241	9			

a. 预测变量：(常量)，通货膨胀率。
b. 因变量：失业率。

表 8-4　系数[a]

模型		非标准化系数		标准系数	t	Sig.
		B	标准误差	Beta		
1	(常量)	3.601	0.149		24.205	0.000
	通货膨胀率	0.157	0.068	0.633	2.315	0.049

a. 因变量：失业率。

根据表 8-4 的系数，可以写出失业率与通货膨胀率之间替代关系的模型：

$$R_{\text{失业率}}=3.601+0.157*I_{\text{通货膨胀率}}$$

如果假定菲利普斯曲线适用于中国的具体情况，上述模型就应该是 1998—2007 年的 10 年间菲利普斯曲线在中国的表述形式。那么实际情况是不是这样呢？

对表 8-3 的数据分析表明，所构建的模型是显著的，显著性水平为 0.049，小于 0.05；对表 8-4 的数据分析表明，模型中常数项是 3.601，t 值是 24.205①，显著性是 0.000；通货膨胀率的系数是 0.157，t 值是 2.315，显著性是 0.049。所以，两个结果都是显著的。

但是，表 8-2 的分析却表明，模型的拟合优度不好，调整的 R^2 值仅为 0.326，所构建的模型对我国既有实践数据的解释能力不足。由此推断，所构建的模型对于解释我国 1998—2007 年间失业率和通货膨胀率的关系没有太大意义，这就意味着，在 1998—2007 年间，菲利普斯曲线所表达的通货膨胀率和失业率的替代关系在我国并不存在。

上述案例的定量分析所采用的方法是一元线性回归分析。其基本分析思路是利用反证法证明菲利普斯曲线的原理不适用于我国。基本推导路径是，首先利用一元线性回归分析构建一个符合菲利普斯曲线内涵要求的模型，然后通过各项指标证明这个模型不能成立或者无价值，从而进一步得到分析结论：菲利普斯曲线的原理在前述特定的历史阶段不适用于我国，不能将其作为我国相关公共政策制定的参考理论依据。

资料来源：杨维忠，张甜 . SPSS 统计分析与行业应用案例详解 [M]. 北京：清华大学出版社，2011：83. 有改编.

案例思考：

1. 试分析量化分析方法在公共政策分析中的独特作用。
2. 试分析本案例中基本证明思路采用反证法的益处。

本章建议学时：8 学时。

① t 值是 t 检验的统计量值。t 检验是用 t 分布理论来推断差异发生的概率的方法。

第一节　数据收集方法

公共政策分析是一门对于数据分析依赖性较强的学科。政策过程的各个阶段，几乎都能够利用数据分析来对政策现象进行深层次的规律挖掘，并发现蕴藏在表象下难以观察的政策事实。人们利用这些被挖掘出的深层次规律和事实，能够对于政策现象进行科学的理论解释，增强研究结果的可靠性和科学性，增强研究过程中论据的充分性，为研究结果的理论升华提供坚实的支撑。如果缺乏定量决策与分析技术，公共政策分析这一学科将无法圆满解决相当多的公共政策问题。

公共政策分析的结果能否通过政策实践的检验、能否被学术界所接受，在很大程度上依赖于充分占有资料和选择适宜的分析方法。充分占有资料是促进公共政策分析深入进行的基本前提，适宜的分析方法则是提高分析效率、获得正确分析结论的重要工具和保障。政策实践是不断发展的，政策分析对象也在不断发生变化，随着公共政策分析对象不断地向广度和深度发展，政策分析学科的资料收集和分析方法也不断地被丰富和完善。一方面，社会科学研究方法依然在公共政策分析中发挥着巨大作用；另一方面，自然科学领域内的有关研究方法也逐渐被整合到政策分析领域中来，两大类方法的交互作用，使得公共政策分析的数据收集方法呈现高度综合性的特征。虽然数据收集方法较多，但就目前而言，公共政策分析中应用较多的数据收集方法依然是抽样调查方法。

一、抽样的基本概念

（一）总体和样本

抽样的基本概念

总体指的是所要调查对象的全体。样本是总体的一部分。它由从总体中按照一定程序和方法抽得的那部分个体或者抽样单元所组成。如果说总体是要研究的对象，样本就是所要观察的对象。样本是总体的代表，是用来反映总体的。样本有质量高低之分，好的样本能够较好地反映总体，质量低的样本就不能全面、正确地反映总体。因此，根据总体的实际情况和调查的需要，如何尽可能地抽取一个好的样本，是抽样过程中的一个非常重要的问题。

（二）抽样框和抽样单元

为了方便抽样，在抽样之前，需要把抽样的总体转化成抽样框。抽样框指的是供抽样所用的所有调查单位的详细名单，是根据抽样单元所编制的名录。例如要从 5 000 名学生中抽取 400 名学生组成一个样本，则 5 000 名学生的名册就是抽样框。抽样框可以分为名单抽样框、区域抽样框、时间抽样框等。抽样单元是指为便于抽样，把总体分为有限个互不重叠又能够穷尽的部分，这些有限个部分的每个部分就称为一个抽样单元。

（三）参数值和统计值

参数值也可称为总体值，是对于总体中某一变量的综合描述。最常见的总体值是某一变量的各种平均值。统计值也称样本值，是关于样本中某一变量的综合描述，反映的是样本中的所有元素的某种特征的综合数量表现。抽样的目的之一就是通过这些样本值去估计和推断各种参数值。

（四）重复抽样和不重复抽样

重复抽样又称有放回抽样，是一种在总体中允许重复抽取样本单位的抽样方法。即从总体中随机抽出一个样本单位后，将它再放回去，使它仍有被选取的机会，在抽样过程中总体单位数始终相同。不重复抽样又称无放回抽样，即先被抽选的单位不再放回到总体中去，任何单位一经抽出，就不会再有第二次被抽取的可能。

（五）信度和效度

信度是指使用相同研究技术重复测量同一个对象时，得到相同研究结果的可能性，实质上是指研究结果的可重复性。效度是指实证测量在多大程度上反映了概念的真实含义。如果测量结果能够较高的反映概念的真实含义，则称为效度高，反之则称为效度低。

公共政策分析中利用抽样调查方法收集数据的过程，是按照一定的程序从政策研究对象的全体（总体）中抽取一部分（样本）进行调查、观察或实验，并于后续的政策研究中，运用一定的定量处理方法，对政策研究对象（总体）的数量特征进行描述和推断。简单地说，抽样就是从较大的总体中选取一组单个观测值的过程。通过观测值，可以对于总体的情况进行推断。抽样调查与全面调查相比，样本量大大减少，从而可以节省人力、物力和财力。根据是否利用概率原则划分，抽样调查方法可以分为概率抽样调查和非概率抽样调查两类方式。

二、概率抽样的方法

概率抽样调查是公共政策研究获取第一手资料的重要方法之一。所谓概率抽样，就是按照概率原则，从总体中抽取一定数目的单位作为样本进行观察，总体中每个单位都有一定的概率被选入样本。这样做的结果是大大降低了主观上的随意性，使样本更具有客观代表性。概率抽样又称随机抽样，它可以分为两大类：等概率抽样和不等概率抽样。前者总体中的每一个个体被选中的机会相等，后者每一个个体被选中的机会不等。

（一）简单概率抽样

简单概率抽样又称为简单随机抽样，它是其他抽样方法的基础，最直观地体现了抽样的基本原理，其他概率抽样都可以看成由它派生而来。简单概率抽样是指按照相等的抽取概率从总体中选取任一观测值。简单概率抽样分为重复抽样和不重复抽样两类。根据抽样理论，重复抽样比较完善，但由于时间、物力、人力等成本的限制，在大规模的政策调查中通常使用不重复抽样。简单概率抽样对总体中所有个体按完全符合随机原则的方法抽取样本，即抽样时不进行任何分组、排列，使总体中任何个体都同样有被抽取的机会。为了保证总体中每一个个体进入样本的机会均等，首先要保证抽样框的充分性。

在公共政策分析中，比较规范的概率抽样通常使用随机数字表进行。随机数字表无规律可循，所以又称乱数表。该表由电子计算机用 0～9 的数字编制而成，表中的数码和排列都是随机形成的。

利用随机数字表进行抽样的具体步骤如下：

（1）先取得一份总体所有元素的名单（即抽样框），然后将总体中所有元素按顺序一一编号，获得总体的数字。

（2）按照总体的位数随机确定从表中抽取的行数或者列数。

（3）按照选中的行或者列的自然顺序挑选组成样本的个体。挑选的原则是：小于总体数字的样本个体留下，大于总体样本的数字舍弃，直到选够为止。

（4）如果在所选取的行或者列中找不够样本的个体，则从其他行或者列中继续寻找，直至找够。

（5）按照当初的编号，把随机表中选取的数字到抽样框中与样本个体一一对号。然后把对上号的样本个体一一选出，抽样即告完成。

（二）系统抽样

系统抽样又称等距离抽样。它是把总体的个体进行编号后，按照一定顺序规则排列起来，然后再按照一定的编号间隔，抽取代表个体的号码来组成样本的一种抽样方法。系统抽样需要有完整的抽样框，样本的抽取也是直接从总体中抽取个体。

系统抽样的具体步骤是：

（1）把总体中的每一个个体按顺序编号，目的是借此确定出抽样框。

（2）计算出抽样间距 K，即用总体中个体的数目除以样本中个体的数目。

（3）在最前面的 F 个个体中，采用简单随机抽样的方法抽取出一个个体，记下这个个体的编号，以它作为随机抽样的起点。

（4）在所确定的抽样框中，自前述起点开始，每隔 F 个个体就抽取一个样本个体。

（5）抽取的全部个体样本就构成了该总体的一个样本。

与简单概率抽样相比，系统抽样可以使中选单位比较均匀地分布在总体中。当被研究对象的变异程度较大，而在实际工作中由于各种限制，无法抽取更多的样本单位时，这种方式更为有效。

（三）分层抽样

分层抽样又称类型抽样或层次抽样，它是先把总体中的所有单位按照某种特征和标志（如性别、年龄、职业或地域等）进行分类或者分层，然后再在各个层次中采用简单随机抽样或者系统抽样的办法抽取一个子样本，最后将这些子样本联合起来构成总体的样本。分层抽样是在一组明确划分后的子总体或层内随机抽取样本，从而保证了每一层中的样本占抽中样本的比例与其占总体的比例相同。例如，某社区由高、低两类不同收入的人构成。因为诉求不同，高收入阶层选民与低收入阶层选民的政策主张就未必相同。为了得到有关总体的政策主张的确切信息，应该从所有阶层中分别抽取选民。为此，把该社区的全部调查对象（总体）按照收入划分成高收入阶层和低收入阶层两层，然后从每层中按照一定比例抽取一个简单随机样本，这种抽样方法就称为分层抽样。利用分层抽样方法抽得的样本称为分层随机样本。

分层抽样的最大优点在于把异质性较强的总体分成具体的同质性较强的子总体。利用这种办法，在不增加样本规模的前提下，降低抽样误差，提高数据质量。此外，分层抽样法还有另外一个优势，即便于了解总体内不同层次的具体情况，便于对总体中不同的层次进行深入细致的独立研究。

分层抽样中有按照比例分层抽样和不按照比例分层抽样两种方法。按比例分层抽样的方法，是按照各种类型或层次中的单位数目同总体单位数目间的比例来抽取子样本。即分层后，从各层中抽取样本的数量，按照各层占总体的比例来确定。计算方法如下：

$$S_i=\frac{N_i}{N}\times S$$

式中：

S_i——第 i 层应抽取的样本数；

N——总体中含个体的总数；

N_i——第 i 层含个体的总数；

S——预定抽取的样本数。

采取按比例分层抽样的方法，可以确保得到一个与总体结构的内部各组分比例完全一致的样本。但有时总体中某些类型或层次的单位数目太少，不能满足样本量的需要，这时即可采取不按照比例抽样的方法。但是在实际应用中，若要利用这些采取不按照比例抽样的方法所得样本的研究结果推断总体时，则需要先对各层的数据进行加权处理，即通过加权系数，调整样本中各层的比例，使数据恢复到总体中各层的实际比例结构。因此，采取不按照比例抽样的方法略显复杂。

分层抽样的特点是将科学的分层方法与抽样方法相结合。分层有利于减小各抽样层异质性的影响，适宜的抽样则有利于所抽取的样本具有高度的代表性。分层抽样方法适用于总体情况复杂、单位之间异质性较强、单位数目较多的情况。在概率抽样调查方式中，分层抽样调查是一种非常优秀的调查方式。

（四）整群抽样

整群抽样是采用简单概率抽样、系统抽样或分层抽样的方法，从总体中随机抽取一些小的群体，然后将所抽出的若干个小群体内的所有元素构成样本。例如，若调查某省的城市社区医院的运行状况，可以将总体分为众多类似或相同的群体，例如省辖市，然后从一个或几个随机选取的省辖市中抽取样本。与其他抽样方法不同的是，整群抽样的抽样单位不是单个的个体，而是成群的个体。

当待研究的总体是由若干个有着自然界限和区分的子群所组成，并且不同子群之间异质性较强而子群内部的异质性不强时，更适合于前述分层抽样方法；反之，当不同子群之间异质性不强而每个子群内部的异质性较强时，则采用整群抽样的方法较合适。

整群抽样可以简化抽样过程。确定一个群就可以抽出许多个体进行观察。在简单概率抽样和系统抽样中，都要求有一份总体所有成员的名单，即抽样框。但在实际应用中，如果抽样范围较大，这样的抽样框往往难以获得，因此简单概率抽样和系统抽样的应用范围就会受到一定限制，而整群抽样的方法恰恰弥补了这个不足。

（五）多段抽样

多段抽样又称多级抽样、多阶抽样或分段抽样。这种方法是把抽样过程分为几个阶段进行，分段的根据是待抽元素的隶属关系或层次关系。简言之，按照一定的隶属关系或层次关系将抽样过程分阶段进行的抽样方法就称为多段抽样。例如，调查大学生网络消费状况，为相关教育政策制定提供参考，即可采用先抽学校，再抽系，然后再抽班的多段办法等。在公共政策分析中，多段抽样适合总体规模特别大，或者总体的分布范围特别广的情况。其具体做法是：先从总体中随机抽取若干大群（组），然后再从这几个大群（组）内抽取几个小群（组），依此类推，一直抽到所需要的元素。需要注意的是，抽样的每个阶段都要求采用简单概率抽样或等距抽样或分层抽样的方法。每个阶段所使用的抽样方法并不要求相同，在实践中往往根据需要采用不同的抽样方法。人们经常将各种抽样方法在不同的抽样阶段分别应用，整个多段抽样过程往往是多种抽样方法结合使用的结果。

多段抽样与分层抽样的区别主要有两点：一是适用范围不同。分层抽样要求各层之间的差异比较大，层内个体单元的差异小。多段抽样则是要求不同群（组）之间差异比较小，群（组）内部个体差异较大。二是操作方法不同。分层抽样是把总体中的每个一级样本群体都作为下一步待抽样的成员，即进行全面入样，然后再对所有的成员进行下一步的抽查；而多段抽样的第一段则把总体中所有的群体视为一阶单位，对这些一阶单位抽样出一部分进行调查，而不是将所有一阶单位都进行调查；第二段将抽出的样本再次进行抽样。无论是第一段还是第二段，两段抽样都不是进行全面的调查，下一阶段的操作也如此。

解释性案例 8－1

天然草原鼠害发生面积调查

草原鼠害是目前我国危害面积最大、影响最为广泛的草原生物灾害。掌握草原鼠害发生面积是评估其危害程度和制定防治鼠害政策的重要环节。目前采用的草原鼠害发生面积调查方法均存在效率低、准确性差的问题，难以满足草原鼠害精准管理的要求。甘肃农业大学的学者又采用层次抽样方法，利用无人机低空遥感技术，以青藏高原优势害鼠高原鼠兔为测试对象，以甘肃玛曲县 4 个乡镇为测试区域，展开天然草原鼠害发生面积调查。

本研究的调查分为四步：(1) 确定被调查鼠种的一级调查区，即害鼠适生区；(2) 将一级调查区全部依据不同栖息地类型进行分类，作为二级调查的样地，并划分为网格；(3) 逐个在二级样地中随机抽样获得一定数量的样方，作为三级样方用于无人机调查；(4) 依据多个样方平均鼠害发生面积统计出二级样地的草原鼠害发生面积，汇总各二级样地发生面积获得调查区的鼠害发生总面积。

结果显示，本方法高效便捷、精度高，可为大尺度草原鼠害发生面积调查提供技术支持，从而为政府部门制定防治鼠害政策提供重要参考。

资料来源：花蕊，包达尔罕，董瑞，等．基于无人机遥感的天然草原鼠害发生面积调查方法研究[J]．草业学报，2023 (5)：71－82. 有改编.

三、非概率抽样的方法

非概率抽样又称非随机抽样或不等概率抽样。这类抽样的最大特点是抽样时不遵循随机原则，而是按照政策研究人员的主观判断或仅仅按照方便原则抽选样本。与政策过程有关的非概率抽样经常被采用，通常是出于下述原因：受人力、财力、物力、时间等客观条件限制，难以进行概率抽样；调查对象不确定或无法确定，如对某一突发事件进行现场调查等；总体各单位间差别不大，且调查人员具有丰富的调查经验。

非概率抽样技术主要包括以下几种。

（一）偶遇抽样

偶遇抽样又称方便抽样、便利抽样，是根据政策研究者的方便与否，选择偶然遇到的人作为调查对象，或者仅仅选择最容易找到的人作为调查对象，或者选择离得最近的人作为调查对象等。如采取街头拦人法，即在街上或路口随机找某个行人作为被访者来进行调查，询问其对某些公共政策或者公共政策问题等的看法，或者填写相关的问卷等。

偶遇抽样的理论依据是，被调查的总体其每个单位都是无差别的，因此选择哪个单位作为调查对象，调查结果都是一样的。在这个理论的指导下，偶遇抽样假设所遇到的每一个人都是一样的，但实际是有很大差别的，这就导致了偶遇抽样虽然能够及时取得所需要的信息，节约调查成本，但实际的抽样偏差较大，可信度和样本的代表性都有所降低。偶遇抽样一般用于非正式的探索性调查。只有在所调查的总体同质性较强时，抽取的样本才有较高的代表性。

（二）判断抽样

判断抽样又称主观抽样或者目的抽样，它是研究人员凭自己的主观愿望、经验和知识进行判断，从总体中选择具有典型性和代表性的样本作为调查对象的抽样方法。这种判断建立在研究者认为其选择的样本能够代表总体的基础上。因此，应用这种方法的前提，是政策研究者必须对样本的有关特征以及总体的有关特征具有相当深刻的了解，否则将会使抽样失去意义或者出现样本与研究目标偏差较大的情况。

判断抽样一般按照两种类型来选取样本：一是选择最能代表普遍情况的调查对象；二是利用关于调查总体的全面统计资料，按照一定标准主观选取样本。选择最能代表普遍情况的调查对象时，常常以平均型或者多数型为标准。平均型是指在所调查的总体中具有平均水平的样本，具有一定代表性；多数型则是指在调查总体中占多数的样本，具有一定的普遍性。在少数情况下，也会选择极端型作为样本，其目的是研究造成异常政策现象的原因。例如，制定关于缓解西部一些地区水资源匮乏的公共政策，选择样本时就比较适合在西部的常年干旱地区中选择，而不适合选择水资源分布处于国内居中水平的地区。

判断抽样方法具有一定的优越性，体现在样本量小及样本不易分门别类挑选时，能使抽样过程变得简单且迅速。缺点是其精确性过于依赖调查者的经验和主观判断，这样就难免出现一些科学依据不充分的现象。政策研究者对调查对象的了解程度、价值取向、政策水平、知识水平、判断能力、对结果解释的准确程度等都是影响判断抽样效果的重要因素。

（三）定额抽样

定额抽样又称配额抽样，是非随机抽样中应用最广的一种。它类似于概率抽样中的分层抽样，也是把总体中的所有单位按照一定的标志分为若干类（组），然后在每个类（组）中用偶遇抽样或判断抽样的方法选取样本单位。简言之，它是按照样本单位在总体中的比例抽取样本的一种抽样方式。定额抽样要求事先对总体中所有单位按其属性、特征分为若干类型，这些属性或者特征称为“控制特征”。如被调查者的年龄、收入、职业、受教育程度等。这些特征确定后，再按照各个控制特征分配样本数额。这样可以使总体的各个类别都能包含在所抽的样本之中而不至于遗漏。所以，与其他几种非随机抽样方法所得到的样本相比，定额抽样所抽取的样本更完善、更有代表性。

按照定额要求的不同，这一方法可以分为两种：独立控制定额抽样和交叉控制定额抽样。独立控制定额抽样是根据调查总体的不同特征，对具有某个特征的调查样本分别规定单独分配数额，而不规定必须同时具有两种或两种以上特征的样本数额。例如，如果按照收入、年龄、性别三个特征为分类标准来分别规定每一特征下的样本数额，仅仅需要考虑每一个单独的特征下所分配的抽样名额即可，不必考虑三个特征之间的样本数量关系，即没有规定三个特征之间所抽取样本个数的具体数量关系。这样可使调查者有较大的自由去选择总体中的样本。交叉控制定额抽样则是对调查对象的各个特征的样本数额进行交叉分配的方法。所谓交叉分配数额，即既要考虑对总体进行分类时规定的特征标准，每一类特征之下都要进行抽样，同时又要根据研究需要，考虑分配每个特征之间所占名额的比例，按照这个比例来进行抽样。这种做法使得各个特性下的样本数量都同时得到了考虑和控制，克服了独立控制配额抽样方法不能考虑“左邻右舍”的缺点，提高了样本的代表性和全面性。

（四）雪球抽样

在抽样中经常遇到样本不大好寻找的情况，例如酗酒者、吸毒者等。这时就需要利用雪球抽样的方法，来克服样本不太容易寻找的困难。雪球抽样的基本步骤为：找出少数样本单位；利用这些样本单位熟悉情况的优势，了解更多的样本单位；再如法炮制，通过更多的样本单位去了解更多数量的样本单位。由于这种方法类似于滚雪球，因此被称为雪球抽样。

例如，某政策研究部门需要了解家政服务员这一职业每周的工作天数问题，先访问了五名家政服务员，然后再请这五名家政服务员分别提供熟知的其他家政服务员名单和服务场所。利用这种雪球抽样方法，该部门得以对所在地区家政服务员每周的工作天数、节假日休息情况、经济收入状况等有了比较全面的了解，为制定相关政策奠定了基础。

第二节　描述性统计方法

集中趋势测定及离散趋势测定

当相关政策数据收集之后，接下来就要进行数据分析，以从中获得更深入的政策结论。如果数据量很小，直接观察原始数据往往可以获得相关的结论。但当数据量很大、不适合直接观察时，就要借助各种描述指标来实现对数据的描述。其目的是用少量的描述指标来概括大量的原始数据，并借此得出进一步的结论。对数据展开描述的统计分析方法被称为描述性统计分析。在公共政策定量分析工具中占据非常重要地位的、也是最常用的描述性统计方法是集中趋势测定和离散趋势测定。

一、集中趋势测定

集中趋势代表了事物的一般水平和总体趋势。常用的描述集中趋势的指标有平均数、中位数和众数。

(一) 平均数

平均数主要用于概括政策现象的一般水平，也经常用来比较分析所研究对象在不同时空和历史条件下的发展水平。公共政策分析中最常用的平均数是算术平均数。

$$\bar{x}=\frac{x_1+x_2+\cdots+x_n}{n}=\frac{1}{n}\sum_{i=1}^{n}x_i$$

式中：

$\bar{x}$——算数平均数；

x_i——第 i 个观测值。

(二) 中位数

中位数是指将一组数据按照由小到大的顺序排列起来，处于中间位置的那个数就称为中位数。中位数将数列分为两个部分，中位数总是位于中间，不受数列中极值的影响。与中位数不同，平均数总是受到极值变动的影响，这往往使得平均值的变动性增强。中位数可以表达政策现象集中趋势的一般水平。中位数的确定方式如下：

设 $x_1\leqslant x_2\leqslant x_3\leqslant\cdots\leqslant x_n$ 为按照从小到大的顺序排列的 n 个数构成的序列，此序列的中位数记为 $x_{中}$，则：

$$x_{中}=x_{k+1}\qquad n=2k+1(\text{奇数})$$
$$x_{中}=(x_k+x_{k+1})/2\qquad n=2k(\text{偶数})$$

中位数在公共政策分析中最常用于衡量一大组测量值的中点。例如，农民工当年工资的中位数、当年参加医疗保险人员年龄的中位数等。有了这些中位数，可以对于相关概念的发展变化情况做出概括和描述，如农民工工资升降情况、参加医疗保险人员年龄的变化等。在公共政策问题构建的意义上，中位数可以代表社会公众的一种带有居中特点的政策诉求。一般来说，中位数所在的数列常常采用从小到大的排列方式，于是，中位数左边的政策诉求数据小于中位数，右边的政策诉求数据大于中位数。中位数的这些特点能够为相关政策制定或调整提供依据。

解释性案例 8-2

北京活跃求职者的期望年薪中位数

相关调查机构发布的 2023 年北京春季招聘专场的市场行情月报显示，北京专场活跃求职者的平均期望年薪为 35.5 万元，期望年薪中位数为 26.3 万元。

与求职者期望薪资相对的是，招聘端提供的岗位薪资略有不同。猎聘大数据研究院提供的监测数据显示，春季招聘专场上线一个月，北京专场上线职位的平均招聘年薪为 30.7 万元，招聘年薪中位数为 26.0 万元。总体来看，北京专场活跃求职者期望薪资高于招聘薪资，说明求职者对就业市场看好，就业预期相对较高。

从活跃在北京专场求职者的行业分布情况来看，IT/互联网/游戏行业人才占比为

23.41%，排名第一；房地产/建筑行业以11.74%的占比位居第二；金融、科研技术/商务服务、医疗健康位居第三至第五。

这些数据对于政府部门了解劳务市场供需双方的薪资期望，调整各个行业间的薪资水平差距以及发布最低工资标准等政策实践提供了有价值的参考。

资料来源：赵博宇．机构：北京活跃求职者期望年薪中位数26.3万［EB/OL］.（2023-03-10）［2023-05-25］. https://finance.sina.com.cn/jjxw/2023-03-10/doc-imykkqpt3008257.shtml. 有改编.

（三）众数

众数就是将一组数值按照大小顺序排列后，出现次数最多的那个数值。例如，8个家庭的人口分别是7，6，5，3，3，3，2，2。显然，3是这组数值的众数。在公共政策分析中，众数也是经常用来度量集中趋势的量。它的一个重要优势在于，确定众数时只考虑总体中各个数值出现频率的多少，因此众数的大小不受极端数值的影响，而不会像算术平均值等那样，其大小容易受极端值的影响。

二、离散趋势测定

离散趋势反映变量数列中各个值之间的差距和分散程度。与集中趋势反映事物发展的一般水平并不一样，离散趋势反映各个变量从数列的中央数值向两端分离或离散的程度，或者反映非众数与众数的偏离程度。表示离散趋势的量较多，比较常见的是极差、方差、标准差等。

（一）极差

极差是指一组变量数列中最大值与最小值的差，记为R，其计算公式为：

$$R=\max(x_i)-\min(x_i)$$

极差的意义在于，极差越大，离散趋势越大。极差常用来描述社会现象中的极端现象，如两极分化、贫富不均等。由于极差的大小只取决于数列中极大值和极小值这两个极端值的大小，而并未考虑其他数值，因此是一个比较粗糙的测量离散性的指标。

（二）四分位差

四分位差（Q），又称为四分位数间距，是指四分之三分位数（Q_3）和四分之一分位数（Q_1）之间的差。即，将各个变量值按照大小顺序排列，然后用两个四分位数和中位数三个点将此数列分成四等份，三个点的位置分别计算如下：

$$Q_1=\frac{n+1}{4},\quad Me=\frac{n+1}{2}=\frac{2(n+1)}{4}\text{（中位数的位置）},\quad Q_3=\frac{3(n+1)}{4}$$

四分之一和四分之三位置上所对应的变量值分别称为下、上四分位数，即Q_1，Q_3。Q_3与Q_1的差就是四分位差。即

$$Q=Q_3-Q_1$$

显然，Q代表了Q_3-Q_1之间的距离。Me（中位数的位置）把这个距离分成了两半，一半代表Q_1与Me的距离，另一半代表Me与Q_3的距离。

四分位差可以作为衡量中位数代表性优劣的一个重要指标。四分位差越大，中位数的

代表性越差，反映带有居中特点的政策现象的能力越弱；反之，四分位差越小，中位数的代表性越好，反映带有居中特点的政策现象的能力越强。

计算四分位差，首先要求出 Q_3 和 Q_1 的位置，然后再计算两个四分位值的差。根据未分组的原始数据求四分位差的方法举例说明如下：

7 个家庭的人数分别是 2，3，3，3，5，6，7。

Q_1 的位置为 $\frac{7+1}{4}=2$，对应 Q_1 的四分位数是 3，Q_3 的位置为 $\frac{3(7+1)}{4}=6$，对应 Q_3 的四分位数是 6，所以四分位差：

$$Q=6-3=3$$

（三）标准差

标准差也称均方差。计算标准差是分析定距变量离散程度的常用方法，标准差越小，表明平均数的代表性越好，变量数列的离中趋势越小；反之，离中趋势越大。由于资料的来源不同，计算标准差的方法也不尽相同。

根据未分组资料求标准差，其计算公式为：

$$\sigma=\sqrt{\frac{\sum_{i=1}^{n}(x_i-\overline{x})^2}{n}}$$

式中：

σ——标准差；

$\overline{x}$——平均数；

x_i——变量值；

n——总体单位数。

例：某地有两种政策方案甲和乙，通过投票的方式征求公众意见。在 10 个具有投票资格的单位中所获得的赞成票数如表 8-5 所示。

表 8-5 两种政策方案所获得的赞成票数

政策方案	单位 1	单位 2	单位 3	单位 4	单位 5	单位 6	单位 7	单位 8	单位 9	单位 10	总票数	标准差
甲	20	25	28	35	50	70	75	87	90	120	600	33.5
乙	50	48	52	53	56	60	62	74	72	73	600	9.9

虽然两种政策方案所获得的总选票数都是 600 张，但甲政策方案所获票数的标准差为 33.55 张，乙政策方案所获票数的标准差为 9.9 张。标准差越大，说明具有投票资格的单位与单位之间赞成票数的离散趋势越大。甲政策方案在各单位所获得的赞成票数的标准差大于乙政策方案在各单位所获得的赞成票数的标准差，说明各单位之间对于甲政策方案的认识分歧较大。

（四）异众比率

异众比率是指当使用众数指标衡量集中性时，非众数值出现的次数在总次数中所占的比例。其计算公式为：

$$V_r=\frac{N-f_0}{N}$$

式中：

V_r——异众比率；

N——总次数；

f_0——众数次数。

作为描述总体中非众数次数与总体全部次数之比的异众比率，其意义是指众数不能代表的那一部分变量值在总体中的比例。该比例主要判断众数的代表性。在离散性的衡量上，异众比率具有自己的特点，主要用来描述各变量相对于众数的离散状态。其含义是，如果计算所得的异众比率越大，则表明各变量值相对于众数越离散，众数的代表性就越弱；如果计算所得的异众比率越小，则表明各变量值相对于众数越集中，众数的代表性就越强。在应用范围上，虽然定序变量以及定距变量也可以使用异众比率来进行相关计算，但是异众比率更多地用于测量定类变量的离散程度。

例：某政策宣讲团培训班共有120名学员，按照生源地的统计结果是：来自省会城市的20人，来自省辖市的65人，来自县城的14人，来自农村的21人。显然，来自省辖市的65人为众数。

$$V_r=\frac{N-f_0}{N}=\frac{120-65}{120}\approx0.46$$

由结果可知，异众比率为0.46，也即在所给资料中，众数不能代表的比例约占总数的46%，说明该众数的代表性不是很强。

一般来说，根据指标间内在联系的不同，描述集中趋势和描述离散趋势的指标在使用上存在一种对应关系。这种对应关系如表8-6所示。

表8-6　集中趋势和离散趋势的指标在使用上的对应关系

集中趋势	平均数	中位数	众数
离散趋势	标准差	四分位差	异众比率

描述集中趋势的指标和描述离散趋势的指标都有各自的优势，也都存在各种不足。根据其内在联系，人们在使用这些指标时，为了减少混乱，常常按照惯例来分组使用。一般来说，如果描述集中趋势使用了平均数，则按照指标间的内在联系，描述离散趋势常用与平均数具有紧密内在联系的标准差；如果描述集中趋势使用了中位数，则按照指标间的内在联系，描述离散趋势常用与中位数具有内在密切联系的四分位差；如果描述集中趋势使用众数，则按照指标间的内在联系，描述离中趋势常用与众数具有内在密切联系的异众比率。在实践中，前述情况并不绝对，未必严格遵守各个指标一一对应的关系，可以视情况酌情使用。

第三节　推断方法

抽得样本之后，对于样本进行研究，将会从样本中得出相关的公共政策结论。但公共政策分析所需要的并不是关于样本的结论，而是关于总体的结论。那么，如何把关于样本的结论转化为关于总体的结论呢？这就需要从样本的结论推断出总体的结论，即使用样本数据，以样本数据为基础进行推论。

一、与推断有关的概念与定理

（一）样本均值

推断的过程涉及样本均值的概念，因此必须首先引入样本均值这一概念，样本均值常用 $\bar{x}$ 表示，它代表了任一观测值样本集的均值或平均数。样本均值是所观测的样本集的均值。尽管不同的随机样本所得到的样本均值可能会有不同，但任何总体的样本均值都围绕总体的实际均值呈近似正态分布（这与总体分布的形态无关）。

（二）中心极限定理

如果从总体中抽取大量的随机样本，样本均值符合正态分布。样本量越大，样本均值的分布就越符合正态分布。这就是中心极限定理。

与推断有关的概念与定理

例如，在东部地区某省会城市随机抽取 500 名本科生，了解其在校期间的消费情况，为制定相关政策提供参考。假定获得本组的人均消费均值是 900 元，再换另外 500 名本科生了解，假定获得该组的人均消费均值是 920 元，以此类推，最后将得到一系列的样本均值，这些样本均值将围绕总体的实际均值呈近似正态分布，这个事实与总体分布的形态无关。

中心极限定理说明，样本均值将围绕总体均值呈对称分布；样本均值的平均数向总体均值收敛。虽然小部分样本均值可能会偏离真实的总体均值，但大部分样本均值都分布在真实的总体均值左右，这就为从样本的结论推断出总体的结论提供了依据。事实上，绝大多数统计推断正是根据中心极限定理而做出的。所以，这个定理为使抽样调查所得的政策结论从个别推广到一般奠定了科学基础。

（三）标准误差

标准误差即样本均值的标准差，简称“标准误”，是描述样本均值分布的离散程度及衡量样本均值大小的指标。

对于均值为 μ，标准差为 σ 的总体来说，可以按照下式求出样本均值的标准误差：

$$\text{样本均值的标准误差}=\frac{\sigma}{\sqrt{n}}$$

其中 n 是样本中观测值的个数。一个显而易见的事实是，大容量样本不容易受到少数偏离均值较远的观测值的影响。总体的标准差是一定的，由此看出样本规模越大，样本均值的标准误差就越小；总体的标准差越小，样本均值的标准误差越小。样本均值的标准误差是计算总体的政策结论的置信区间时的重要参数。

(四) 置信区间

所谓置信区间，是指在由样本政策结论的特征推断总体政策结论的特征时，在一定的置信度下，总体政策结论的特征数值所在的某个数值区间。例如，“我们有 95%的置信度认为总体均值将在某某数值范围内”，这句话中的“某某数值范围内”指的就是置信区间。如果 $\overline{x}$ 为样本均值，则有如下置信区间的计算式：

总体均值的 90%置信区间为：

$$\overline{x}-1.645\times\frac{\sigma}{\sqrt{n}}\sim\overline{x}+1.645\times\frac{\sigma}{\sqrt{n}}$$

总体均值的 95%置信区间为：

$$\overline{x}-1.96\times\frac{\sigma}{\sqrt{n}}\sim\overline{x}+1.96\times\frac{\sigma}{\sqrt{n}}$$

总体均值的 99%置信区间为：

$$\overline{x}-2.58\times\frac{\sigma}{\sqrt{n}}\sim\overline{x}+2.58\times\frac{\sigma}{\sqrt{n}}$$

在由样本的政策结论（指标）推断总体的政策结论（指标）的各种方法中，区间估计是一种非常重要的方法。区间估计的基本思路，是根据样本的某个特征指标及其抽样误差，以一定的概率推断总体相应特征指标的可能范围。这种推断的优势明显，既能够清楚地表明估计的准确程度，也能够清楚地给出可信程度，因而区间估计是总体参数估计的主要方法。通过区间估计所追求的结果，是能够得到具体的置信区间，而置信区间可能就是所要获得的关于总体的政策结论（指标）。需要指出的是，通过区间估计所得到的关于总体的政策结论（指标）的置信区间只是一个可能的范围，这个可能性一般常用 90%、95%或 99%来表示，具体是三种可能性中的哪一种，要看计算置信区间时所使用的数据来定。显然，置信区间不是一个绝对有把握的范围。换言之，根据区间估计所推断出的总体的政策结论（指标）所在的范围，并不是一个 100%肯定的结果，其可信度是有一定概率的。显然，扩大抽样误差的允许范围，无疑能够提高推断的可信度，缩小抽样误差的允许范围，则能够降低推断的可信度。

二、决策树

有效的数据和合理的统计分析是良好政策分析的关键所在。但是，无论何种类型的政府，面对的政策制定过程绝少是各种因素都确定的过程，在多数情况下掌握政策制定所需要的完全的政策信息是非常困难的，因此公共政策制定大多数存在这样或那样的风险。而且在政策实践中，政策制定过程遇到的挑战越多，政策制定者掌握完全政策信息的概率就越小。更经常遇到的情形是，政府在采取政策制定行动之前不大可能获得完全信息，由此所带来的风险对于政策制定显然是一种不良因素。

进一步说，即使政策方案制定出来后，在政策执行过程中还可能遇到若干种不同的情况，这些情况称为自然状态，每种自然状态均有一定的出现可能性。其可能性大小是可以进行推断的，根据既有的相关资料可以推断出每种自然状态出现的概率。由于政策方案是在面临若干种不确定情况下所制定的，因此政策方案的制定必然具有一定的风险。如何在制定政策时，权衡各种可能发生情况的风险，选出收益较大的政策方案？这就要用到决策树法。

决策树法是面对不确定因素进行政策制定时的一种应对办法。在未来情况尚不确定的情况下，决策树这种方法能够估计不同政策方案损益，并根据损益大小决定政策方案的取舍。作为一种风险型决策的评价方法，决策树主要用于预测政策方案及其面对的结果。在形象上，决策树用树型图来描述各方案的未来收益。

（一）决策树的基本图形

决策树的基本图形如图 8－1 所示。

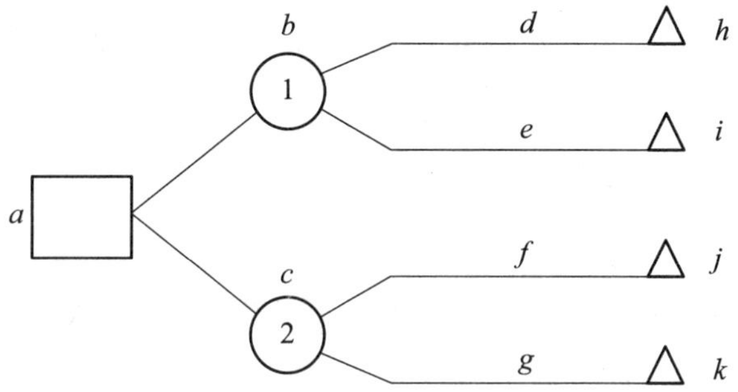

图 8－1　决策树的基本图形

（二）决策树中各种符号的意义

□：表示决策节点。该节点代表被分析的主要政策方案。从决策节点引出的分枝称为方案分枝，表示决策时可以选择的不同的政策方案。每条方案分枝代表一个政策方案，分枝的数目就是可能的政策方案的数目，有几个可能的政策方案就会有几个分枝。a 表示最终损益期望值。

○：表示政策方案节点。节点圆圈中数字为节点号，节点上方的数据 b 和 c 是该政策方案的损益期望值。从政策方案节点出发引出的分枝称作状态分枝，又称概率分枝，表示方案在未来执行时可能遇到的几种不同自然状态，这些自然状态是不以政策制定者意志为转移的客观状态。有多少种自然状态就有多少个分枝。在分枝上可以标明自然状态及发生的概率。概率分枝数反映了该政策方案遇到的所有可能的自然状态数。概率分枝上的数据 d、e、f、g 表示该自然状态出现的概率。

△：表示结果节点。节点旁的数字 h、i、j、k 为每一个政策方案在相应状态下的损益值。

（三）决策树的应用

决策树方法的主要过程是通过计算结果来进行损益比较，再通过损益比较结果来选择政策方案。用决策树方法比较和评价不同的政策方案时，需要进行以下几个步骤的工作：

（1）从左至右，由简到繁，根据可能存在的政策方案的数目和对未来情况的了解画出决策树。

（2）从右到左，计算各政策方案的损益期望值。

1）计算各状态分枝的损益期望值：用方案在各自然状态下的收益值分别乘以各自然状态出现的概率，将计算结果标在结果节点后边。

2）将各状态分枝的损益期望值相加，并将数字记在相应的自然状态点上。

（3）将各种不同方案的损益期望值减去各自的成本后进行比较，决定方案取舍。

（4）按照相关标准，剪去收益较小的政策方案的分枝，保留下来的收益最大的政策方案就是被选中的方案。

例：某海岛市政府决定兴建海水淡化市政工程，有两种政策方案可以决定其主要设备的来源：一种政策方案是进口成套设备，需要花费 4.5 万元。另一种政策方案是自行研制，自行研制又将面临两种自然状态，一是成功，其概率是 0.7，需要花费 2.1 万元；二是失败，其概率是 0.3，需要花费 6.3 万元。请利用决策树分析应该采取哪一种政策方案。

解：1. 画出决策树如图 8－2 所示。

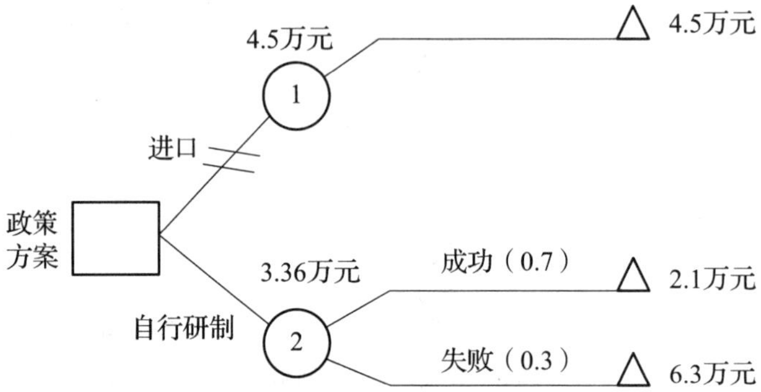

图 8－2　建设海水淡化市政工程的决策树

2. 从右到左，计算各政策方案的损益期望值。

进口：4.5 万元

自行研制：(2.1×0.7)＋(6.3×0.3)＝3.36（万元）

3. 将不同方案的损益期望值减去各自的成本后进行比较，决定方案取舍。

由于自行研制这一政策方案的损益期望值为 3.36 万元，而进口成套设备的损益期望值是 4.5 万元，根据效益最大化原则，政府应该选择自行研制这一政策方案。

三、假设检验

（一）假设检验的基本思想

假设检验是统计推断的重要方法之一，是一种利用样本的相关数据对于总体进行某种推断的方法。即根据所获得的样本，运用统计分析方法对关于总体的某种假设做出拒绝或接受的判断。具体来说，在假设检验中，首先要对总体参数的值提出一个假设，称之为原假设，同时再提出一个备择假设，然后检验这个样本，观察样本信息是支持原假设，还是证明原假设不太可能。如果证明原假设不太可能，就拒绝原假设，否则就接受原假设。简言之，假设检验的基本思想是检验对于总体的某种认识是否得到样本数据的支持。

假设检验的基本思想建立在“小概率事件”原理的基础上，其统计推断方法（推理方法）是类似于带有概率性质的反证法。小概率思想并不复杂，主要是指小概率事件在一次试验中不大可能会发生。或者说，发生概率很小的随机事件在一次实验中是几乎不可能发生的。假设检验所使用的反证法，其逻辑顺序是先提出检验假设，再根据样本数据，利用小概率原理判断假设应该被拒绝还是被接受。即，假设检验的主要思路是：首先提出原假设和备择假设，然后从总体中取出一个样本，检验这个样本，观察该样本是支持原假设，还是证明原假设不大可能；如果证明原假设情况是不大可能的，就拒绝这一假设，否则就接受这一假设。

一般地，在假设检验问题中，原假设是待检验的假设，又称为零假设或基本假设，原假设的本来意蕴是所关注的事件没有发生变化，记为 H_0；原假设的对立面称为备择假设或对立假设，又称为研究假设。备择假设的本来意蕴则是想要证明的结论，记为 H_1。

假设检验的步骤如下。

1. 构造原假设和备择假设

希望证明的假设一般作为备择假设，该假设是原假设的对立假设。例如，原假设如果是“变化”，则备择假设就是“不变化”；原假设如果是“等于”，则备择假设就是“不等于”。当原假设被否定时，自然就可以接受备择假设。

2. 确定统计量

计算样本的某种统计量，可以是 Z 统计量，可以是 t 统计量，还可以是其他的统计量。具体采用哪种统计量，要看样本观察值的条件。对于均值检验，当总体方差已知时，或大样本条件下，现象服从正态分布，可以选用 Z 统计量；如果在总体标准差未知，且小样本情况下，现象服从 t 分布，则选用 t 统计量。

3. 确定显著性水平 α（小概率）

确定显著性水平的引申意义在于确定原假设的接受区域和拒绝区域。显著性水平的大小可以根据研究问题所需要的精确程度和可靠程度确定。

4. 计算统计量的值和确定决策规则

确定了显著性水平以后，根据统计量的分布可以规定决策规则，找出接受区域和拒绝区域的临界。确定决策规则通常有两种方法：一种是临界值法，即统计量与临界值 Z 或 t 进行比较，通常对于双侧检验，统计量大于临界值便拒绝原假设，小于临界值便不能拒绝原假设；另一种是 P 值法，它将统计量所计算的 Z 值或 t 值转换成概率 P，然后与显著性水平 α 进行比较。

$P<\alpha$，拒绝接受原假设；

$P>\alpha$，不能拒绝原假设。

（二）假设检验的两类错误

运用样本来估计总体情况时，并不能 100%肯定它是准确地代表了全部总体的情况，这种估计总是存在一些不确定性。因此，用一个样本检验一个原假设，永远不能 100%肯定检验的结果。虽然由于某种概率过小而拒绝了原假设，但是这种过小的概率还是存在的，被否定的原假设还是会以过小的概率出现的。所以，假设检验有可能会拒绝一个完全符合实际的假设。一般而言，在假设检验中，有可能在两个类别上得出错误的结论：

第一类错误：可能拒绝一个实际上是真的原假设。

第二类错误：可能没有拒绝实际上是错的原假设。

两类错误在方向上是南辕北辙的。如果通过其他的调整减少第一类错误出现的概率，则一定会增加第二类错误出现的概率，如果减少第二类错误出现的概率，则一定会增加第一类错误出现的概率。在小样本的基础条件下，实现第一类和第二类错误发生的概率都接近于零的愿望是非常困难的，除非是在取得一个大的样本的条件下。在样本规模难以达到一定水平时，常常在两类错误的取舍中作些折中处理。

(三) 假设检验的显著性水平

显著性水平，其含义是根据观察值说明样本是来自某一假设总体的最低可接受概率。通过显著性水平这一指标，可以将是否拒绝原假设的判别标准从人为的主观判断转变为客观的衡量标准。

在政策实践中，设定的显著性水平经常为 5%。取自某一总体的样本的观察值概率大于 5%，这种情况下不拒绝原假设。相反，取自总体的样本的观察值概率小于 5%，就拒绝原假设，而接受备择假设。

如果是一个 30 以上的大样本，待检验的特征值将服从正态分布。设定显著性水平为 5%，则当样本取值位于总体均值 1.96 个标准差范围内，将不拒绝原假设，而当样本观测结果超出了这一范围，就将拒绝原假设，具体如图 8-3 所示。

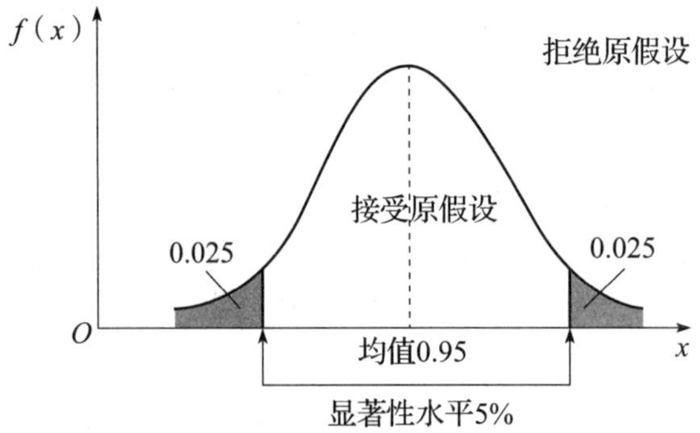

图 8-3 假设检验在 5%显著性水平下的接受与拒绝区域

资料来源：唐纳德·沃特斯．管理科学实务教程［M］．2 版．张志强，译．北京：华夏出版社，2000：247.

在公共政策分析中，假设检验用途较多，例如可以用来判断某一事实是否仍然维持不变。如果事实有所变化，则根据变化后的情况进行政策调整或终止。

例：教育行政部门对某市高中学生每月的校外学习用品消费支出做了一次调查。按照既往的统计资料，这一总体的费用均值为 160 元，标准差为 48.90 元。调查抽取 100 个高中生为样本，结果显示该群体每月校外学习用品消费支出的平均费用为 171.25 元。请用假设检验回答，原来既有统计资料中的校外学习用品消费均值是否仍然为 160 元？

解：

原假设 H_0：每月校外学习用品消费的支出均值仍然为 160 元；

备择假设 H_1：每月校外学习用品消费的支出均值不是 160 元。

样本单位数为 100，

$$样本均值的标准误差=\frac{\sigma}{\sqrt{n}}=\frac{48.9}{\sqrt{100}}=4.89$$

则根据 Z 值公式

$$Z=\frac{\overline{x}-\mu}{\sigma}$$

式中：

$\overline{x}$ 为某一特征值；μ 为总体均值；σ 为总体的标准差

可得，

$$Z=(171.25-160)\div 4.89=2.3$$

查正态分布表知道，与 2.3 相对应的概率为 0.010 7，这比设定的显著性水平 0.05 小，落在拒绝域，因此拒绝原假设。

第四节　回归分析

在数量分析方法中，回归分析应用极为广泛。公共政策过程中有许多政策变量是相互联系、相互制约、相互影响的，一些政策变量发生变化以后，另一些政策变量也会随之而发生变化。如何探究政策过程中某些变量发生变化时受其他政策变量的影响，并预测政策过程或者政策现象的发展趋势呢？最常用的方法就是回归分析，其主要用以分析政策变量之间的数量变化规律。人们通过大量观察，把政策过程中大多数政策变量所表现出的相互关联关系，抽象概括为函数关系，并用模型来描述与推断政策变量之间的具体变动情况，帮助人们准确把握一个政策变量受其他政策变量影响的程度，进而为控制和预测政策过程提供科学依据。用一个政策变量或一组政策变量的变化，通过参数估计等途径，来估计与推算另一些政策变量的变化。这个过程就称为政策分析中的回归分析。

政策变量之间的因果关系大致可以分为两类：一类是确定型的因果关系，可以精确地用函数进行表达，这类因果关系称为函数关系；另一类因果关系不十分精确，是不确定型关系，这类关系被称为相关关系。相关关系是指政策变量间的非确定性依存关系，即，当一个或一组政策变量取一个值时，相应的另一个政策变量可能会有很多不同的值与之对应。政策分析中的回归分析，其主要用途就是描述政策过程中的这类不确定型关系，以找到不确定型关系的大致规律并用一定的统计学形式表示，即找到政策变量之间呈现线性关系的大致规律。回归分析法的类型较多，有一元线性回归分析、多元线性回归分析以及其他种类的回归分析。

一、回归分析的步骤

（一）确定回归方程中的解释变量和被解释变量

由于回归分析用于考察一个变量是如何随其他变量的变化而变化的，即考察一个变量对其他变量的影响，需要考虑变量之间的因果关系。因此首先要确定被解释变量 y 和解释变量 x，然后才能够建立 y 关于 x 的一元或多元或其他形式的回归方程，在建立方程的基础上，才能够利用解释变量 x 来预测被解释变量 y。

（二）确定回归模型

回归模型有两种类型：线性回归模型和非线性回归模型。建立何种回归模型，要根据对于散点图的观察来确定。如果观察结果是被解释变量和解释变量之间存在线性关系，则应建构线性模型；如果被解释变量和解释变量之间存在非线性关系，则应建构非线性回归模型。

（三）建立回归方程

根据收集到的样本数据，按照一定的统计学计算准则，计算出模型中的各个参数，将这些参数代入线性或非线性形式的模型，就成了确定的回归方程。

（四）对回归方程进行各种检验

所建构的回归方程是根据样本数据得到的，是否能够反映总体的统计关系、在多大程度上能够反映总体、能否用于预测等都需要进行检验。

（五）利用回归方程进行控制或预测

建立回归方程的目的很多，根据回归方程对研究对象的发展趋势进行控制和预测，是非常重要的一环。

一元线性
回归分析

二、一元线性回归分析

一元线性回归分析又称简单线性回归分析，是找到只有一个自变量与一个因变量之间线性相关关系的回归方程，然后再做进一步分析的技术。

一元线性回归方程的基本公式为：

$$y=a+bx+\varepsilon$$

式中：

y——因变量；

x——自变量；

a——截距；

b——斜率；

ε——误差项。

求出 a 与 b 后，即可写出一元线性回归方程。在忽略 ε 时，a 与 b 可通过下式求得：

$$a=y-bx$$

$$b=\frac{\sum_{i=1}^{n}x_iy_i-n\bar{x}\,\bar{y}}{\sum_{i=1}^{n}nx_i^2-n\bar{x}^2}$$

式中的 $\bar{x}$ 和 $\bar{y}$ 分别是各期观测值 x_i 和 y_i 的平均值。

通过以上步骤就可以写出一元线性回归方程了。

为了检验一元线性回归预测分析模型的拟合程度，还必须用相关系数 r 进行判断。拟合程度是指所建立的方程或者模型与实际情况相符合的程度。r 的计算公式如下：

$$r=\frac{\sum_{i=1}^{n}(x_i-\overline{x})(x_i-\overline{y})}{\sqrt{\sum_{i=1}^{n}(x_i-\overline{x})^2\sum_{i=1}^{n}(y_i-\overline{y})^2}}$$

r 的值域为 $-1\leqslant r\leqslant 1$。当 $r<0$ 时，表示 y 值随 x 的增大而减小，此现象称为负相关关系；当 $r>0$ 时，表示 y 值随 x 的增大而增大，称为正相关关系；当 $r=0$ 时，表示 y 与 x 没有相关关系。r 的绝对值越大，所建立的方程与实际状况的拟合程度越高。

由于计算复杂，近年来对于斜率和相关系数的计算常采用计算软件进行。但前述的计算过程表达式对于理解一元线性回归方程的由来及基本原理依然不可或缺。回归方程建立之后，就可以描述政策变量的运动规律和预测政策变量的发展趋势等。在回答诸如“一个政策变量与另一个政策变量呈正相关关系或负相关关系”这类问题时，简单线性回归方程具有无可替代的作用。

三、多元线性回归分析

多元线性回归分析也是描述政策变量之间关系的一种分析方法，是一元线性回归分析的扩展形式。其主要作用是对一个因变量与一个以上的自变量之间的线性关系进行量化描述。当一种政策现象受到多种政策变量的影响时，利用多元回归分析可以很好地分离出因变量和每个自变量之间的关系，建立政策变量之间的线性模型，并利用所建立的模型对于相关政策现象做出评价和预测。这种方程的一般形式如下：

$$y=a+b_1x_1+b_2x_2+b_3x_3+\cdots+b_ix_i+\varepsilon$$

式中：y——因变量；

x——自变量；

a——截距；

b——自变量的系数；

ε——误差项。

多元回归分析的价值在于其能够在保持所有其他变量不变的情况下，衡量每个自变量的影响。由于其计算过程复杂，计算时一般利用相关的计算软件来进行。

四、回归输出结果

如果用相关计算软件来求出回归方程进行回归分析，一般输出三类回归方程的指标，大致包括回归统计类指标、方差分析类指标以及回归参数类指标等。回归统计类的主要指标是调整的复测定系数，该指标说明自变量能够解释因变量的程度。输出方差分析类指标的目的是进行回归方程的回归效果检验，该检验结果用于判断回归方程效果的显著性。显著性水平是根据观察值说明样本是取自于某一假设总体的最低可接受概率。回归参数类指标主要用于回归系数的确定与检验。需要特别指出的是，对于简单线性回归来说，回归方程的检验和回归系数的检验是同一个环节，一个环节即可代表两个的检验结果。在多元回归分析中则不同，需要检验回归方程之后再进行回归系数检验。

第五节 线性规划方法

一、线性规划的概念

在公共政策制定和执行的过程中，政府总是试图最好地利用有限的资源，来实现政策效益的最大化，但却总会受到各种因素的限制而很难完全实现政策目标。例如，风景名胜所在地区打算尽可能地增加游客数量和延长游客逗留时间，但却总是受到环保指标、宾馆数量及停车场数量等因素的限制；公共交通部门希望提高运营效率，但却总是受到堵车、道路及交通事故增加的限制；政府规划的市政工程总想使项目成本最小化，但却总会受到项目完成工期的限制。在资源有限的条件下，公共政策过程必须考虑如何最好地利用有限的资源来使政策效益达到最大化。换言之，寻找在有限条件下需要付出的最低代价和能够达到的最佳政策效果之间的关系，以供政策制定、执行和评估过程参考，是政策制定无法回避的重要问题。

在所有这些问题中，存在以下两类因素：

（1）目标，即公共政策所要达到的最优结果，例如最大或最小。

（2）约束条件，即对公共政策所能产生的结果的限制。

这些问题既存在最优的政策目标，又存在限制条件，所以被称为政策过程中有约束的最优化问题。在公共政策分析中，线性规划就是在一定约束条件下实现最佳政策方案的常用方法。绝大多数以公共政策形式表现的资源配置问题都要求政策制定者考虑各种类型的约束条件。例如资本、劳动、法律和行为方面的限制等。线性规划技术可以用来为设计带有约束条件的资源配置政策方案提供尽可能科学的解决方案。

二、线性规划的求解步骤

利用政策过程中的线性规划求解问题主要包括以下三个步骤：

（1）建立模型，即用恰当的数学式表示问题。

（2）问题求解，即求出问题的最优解。

（3）敏感性分析，即查验当条件有所变化时会发生什么情况。

其中，建立模型是比较复杂的一步，也是最关键的一步。问题求解和敏感性分析则可以通过计算机很方便地完成。这里仅介绍建立模型的一般方法。

建立模型的方法实际上是根据有关变量之间的关系，在考虑各种约束条件的基础上列出线性方程的过程。该数学模型的一般形式为：

目标函数

$$\max(\min)z=c_1x_1+c_2x_2+\cdots+c_nx_n$$

满足约束条件

$$\begin{cases} a_{11}x_1+a_{12}x_2+\cdots+a_{1n}x_n \leqslant (=,\geqslant) b_1 \\ a_{21}x_1+a_{22}x_2+\cdots+a_{2n}x_n \leqslant (=,\geqslant) b_2 \\ \cdots \\ a_{m1}x_1+a_{m2}x_2+\cdots+a_{mn}x_n \leqslant (=,\geqslant) b_m \\ x_1,x_2,\cdots,x_n \geqslant 0 \end{cases}$$

min 和 max 称为目标函数，大括号中需要满足的线性方程组称为约束条件。

数学模型建立之后，即可以求解这个模型。所得结果有两种情况：能够满足约束条件的解称为可行解；能够使目标函数达到最优的可行解称为最优解。一般情况下，最优解是所需要的结果。

例：靠近某河流有两家化工厂（见图 8-4），流经第一家化工厂的河流流量为每天 500 万立方米，在两个工厂之间有一条流量为每天 200 万立方米的支流。第一家化工厂每天排放工业污水 2 万立方米，第二家化工厂每天排放工业污水 1.4 万立方米。从第一家化工厂排出的工业污水流到第二家化工厂以前，有 20%可自然净化。

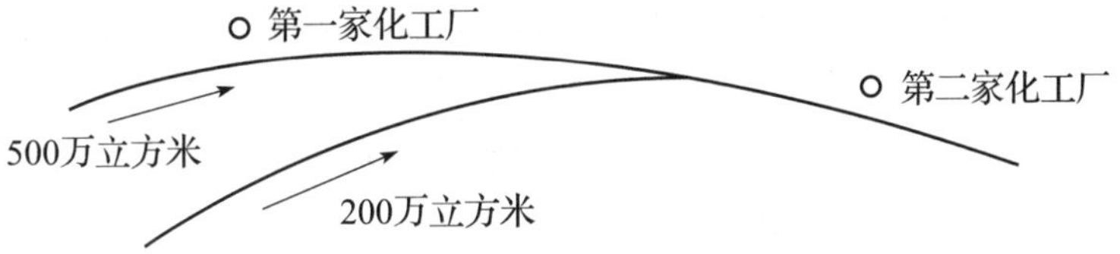

图 8-4　两家化工厂排放污水示意图

环保政策要求，河流中工业污水的含量应不大于 0.2%。为执行这项环保政策，这两家化工厂需各自处理一部分工业污水。第一家化工厂处理工业污水的成本是 1 000 元/万立方米，第二家化工厂处理工业污水的成本是 800 元/万立方米。请问：在满足环保政策要求的条件下，每家化工厂各自应处理多少工业污水，才能使两家化工厂总的处理工业污水费用最小？

解：设第一家化工厂每天处理工业污水量为 x_1 万立方米，第二家化工厂每天处理工业污水量为 x_2 万立方米，从第一家化工厂到第二家化工厂之间，河流中工业污水含量要求不大于 0.2%，由此可得近似关系式

$$(2-x_1)\div 500 \leqslant 2\div 1\,000$$

即

$$x_1 \geqslant 1$$

流经第二家化工厂后，河流中的工业污水量仍要不大于 0.2%，这时有近似关系式

$$[0.8(2-x_1)+(1.4-x_2)]\div 700 \leqslant 2\div 1\,000$$

即

$$0.8x_1+x_2 \geqslant 1.6$$

由于每家化工厂每天处理的工业污水量不会大于每天的排放量，故有

$$x_1 \leqslant 2$$
$$x_2 \leqslant 1.4$$

该问题的目标是要求两家化工厂用于处理工业污水的总费用最小，即实现下式所表达的目标

$$\min z = 1\,000x_1 + 800x_2$$

列出线性规划方程，即这个政策成本最小化问题可用数学模型表示如下：

目标函数 $\min z = 1\,000x_1 + 800x_2$

$$\text{满足约束条件}\begin{cases} x_1 \geqslant 1 \\ 0.8x_1 + x_2 \geqslant 1.6 \\ x_1 \leqslant 2 \\ x_2 \leqslant 1.4 \\ x_1, x_2 \geqslant 0 \end{cases}$$

求解该数学模型可得到：变量 x_1 的最优解为 1.00，变量 x_2 的最优解为 0.80，目标函数的最优值为 1 640。即，第一家化工厂每天处理工业污水量为 1 万立方米，第二家化工厂每天处理工业污水量为 0.8 万立方米，可以在满足环保政策要求的条件下，能使两家化工厂总的处理工业污水费用最小，即政策成本最低。

资料来源：《运筹学》教材编写组．运筹学．3 版．北京：清华大学出版社，2005：9．有改编．

解释性案例 8－3

三甲医院目标任务分配方案的产生

随着城市人口剧增，医疗机构每天面临着成千上万的患者。统计显示，某大型三甲医院近五年住院患者服务量呈逐年增长趋势，五年间增长 220%。快速增长的患者数量给医疗机构的运行带来了巨大负荷，患者“住院难”成为一个急需解决的问题。医院如何向科室合理分配患者数量，对于缓解“住院难”现象至关重要。某地卫生管理部门以 T 医院为试点，探索如何利用线性规划来缓解“住院难”问题。

在具体步骤上，以 2017 年为时间起点，统计分析 2017—2021 年住院患者数据。首先利用时间序列模型 *ARMA*（自回归滑动平均模型）来预测 2022 年该大型三甲医院住院患者的服务量，分析影响科室住院服务量的因素；其次以住院患者的服务量定义目标函数，寻找约束条件，通过线性规划方程进行计算求解，然后根据计算结果的提示向各科室分配 2022 年的目标任务；最后实行目标跟踪，向各科室提供完成目标任务的方向。这些措施缓解了该院的“住院难”问题，有力促进了医院在效率效益等方面的提升，也为当地其他医院以缓解“住院难”为政策目标的政策方案制定提供了指导和借鉴。

资料来源：张玉勋，任俐，张北，等．基于线性规划的医疗机构目标任务分配与实践 [J]．智慧健康，2022，8 (28)：22－26．有改编．

第六节　成本-收益分析

在公共政策分析中，成本-收益分析是将政策的货币成本和总的货币收益进行量化评估并提出政策建议的一类方法。这类方法既可以建议采取何种政策方案，又可以评价政策过程。

成本-收益分析的任务

一、成本-收益分析的任务

威廉·邓恩认为，成本-收益分析有十项任务。这十项任务实际上也代表了成本-收益分析的内容和程序①，具体如表 8－7 所示。

表 8－7　成本-收益分析的十项任务

任务	说明
问题构建	通过确定目的、目标、备选方案、标准、目标群体、成本和收益来阐述问题
明确目标	把一般目的（目标）转换成既具体又可衡量的目的（目标）
明确备选方案	从构建问题阶段确定的几种潜在方案中选出少量最重要的方案
信息的收集分析和解释	找到、分析并解释所需信息以及预计具体方案的结果
明确目标群体和受益人	列出作为群体目标的所有群体（利益相关者）
估计成本和收益	估计备选方案中每一类成本和收益的货币价值
成本和收益折现	把货币成本收益根据具体折现率转换成目前的价值
估计风险和不确定性	使用敏感性分析等方法估计未来要发生的收益成本的概率
选择决策标准	在下面的标准中选择：帕累托改进、净效率改进、分配性改进、内部回报率
建议	选择最合理的方案，考虑对立的道德或因果假设

作为一种政策分析工具，上述十项任务是政策分析中成本-收益分析的基本理论框架。成本-收益分析更多的是用来判断某一具体的公共支出计划是否可以实施。做出能否实施的判断必须有一个基本标准，即这项公共支出计划的收益是否大于其成本。作为一种分析工具，成本-收益分析除了运用于公共部门之外，也可以运用于私人部门，但由于公共部门和私人部门的社会角色存在着相当大的差异，这就决定了在成本-收益分析的结果上，公共部门也与私人部门具有显著的不同。这种不同主要体现在政策目标的确定和政策产出的衡量两个方面。在政策目标的确定上，公共部门政策制定的目标并不排斥追求经济效率的最大化，但效率优先的同时必须兼顾社会公平。运用成本-收益分析方法对于公共支出计划是否可行的判断不得不考虑这些因素，但在技术上，却存在一些因项目的支出主体不同所带来的计算困难。例如，在产出的衡量方面，许多公共政策的投入和产出不能够直接

① 威廉·N 邓恩．公共政策分析导论［M］．4 版．谢明，伏燕，朱雪宁，译．北京：中国人民大学出版社，2011：164-165.

用市场价格来估计，而私人部门的投入和产出则绝大部分能够直接利用市场的价格来估计。例如，政府为维护生态平衡所开展的政策过程及其产出就很难以市场价格来衡量，但私人部门为营造防沙护林屏障所承接的工程就很容易利用市场价格来计算成本和收益。所以，成本-收益分析方法只能是为政策制定提供重要参考的一种工具，其分析结果在不少情况下还不能成为制定政策时的决定性因素。

二、成本-收益分析的类型

对公共政策进行评估所要考虑的成本与收益是多方面的。成本与收益可以按照不同的标准进行分类。就学界普遍接受的分类结果而言，归纳起来主要有下面一些类型。

（一）真实成本与真实收益、货币成本与货币收益

按照公共政策是否为社会创造实在价值的标准，成本和收益可以分为真实成本、真实收益与货币成本、货币收益两类。

1. 真实成本与真实收益

真实成本是公共政策所耗费资源的实际成本。真实收益是一个公共政策过程为公众带来的最后收益。确切地说，真实收益是社会福利的增加部分，是公共政策所导致的真正的净收入的增加值（总收益－总成本），是公共政策为社会创造的实实在在的价值。

2. 货币成本与货币收益

这是指受到市场上相对价格变化的影响所带来的成本与收益，是以一个公众群体的利益牺牲为代价向另一个群体以货币的形式转移收入的形式，这种转移并不增加全社会的收益净值。例如，水泥价格的上涨可能使水泥生产方的收益增加，但却使水泥购买方的损失增加。在这个过程中，收益增加的部分称为货币收益，损失增加的部分称为货币成本。

（二）有形的成本和收益、无形的成本和收益

按照是否能够用货币来衡量的标准，成本和收益可以分为有形的成本和收益、无形的成本和收益。有形的成本-收益是那些能够以货币来度量的成本和收益；无形的成本和收益是不能用市场价格直接估价的成本和收益。

（三）内部成本和内部收益、外部成本和外部收益

按照是否属于公共政策直接施加作用的地区或系统所发生的，成本和收益可以分为内部成本和内部收益、外部成本和外部收益：内部成本和内部收益是指公共政策直接施加作用的地区或系统之内发生的成本和收益；外部成本和外部收益是指公共政策直接施加作用的地区或系统之外发生的成本和收益。

（四）中间成本和中间收益、最终成本和最终收益

按照是否属于一项公共政策过程中加入的其他政策所产生的，成本和收益可以分为中间成本和中间收益、最终成本和最终收益。中间收益是指政府在一个公共政策执行过程中，通过加入其他公共产品的生产来间接提供的收益；中间成本则是指在公共政策执行过程中，由于其他经济活动的加入所产生的一切成本。如修建一座大型水电工程过程中，考虑到建成后游客旅游参观等的需要，也进行了旅游设施的建设。为建设、管理和维护旅游设施所投入的人力、物力就是中间成本。由一项完整的公共政策所提供的最终产品所带来的收益被称为最终的收益；最终成本则是指政府为完成这项最终产品所付出的成本。

（五）原始成本和原始收益、派生成本和派生收益

按照是否符合公共政策的主要目标，成本和收益可以分为原始成本和原始收益、派生成本和派生收益：原始成本和原始收益也称直接成本和直接收益，是与公共政策的主要目标密切相关的成本和收益。派生成本和派生收益又称间接成本与间接收益，这类成本和收益同公共政策的非主要目标有关。派生收益属于公共政策的副产品。

三、净现值、收益成本比率及内部报酬率

成本-收益分析方法更适合于对涉及经济领域的各项政策进行分析，特别是在对政府投资项目进行可行性评估时，需要利用量化指标来进行判断。这些指标主要包括净现值、收益成本比率、内部报酬率等。

（一）净现值

净现值是收益现值总额与成本现值总额之差，确切地说，是指未来资金流入现值与未来资金流出现值的差额。具体计算方法是把未来的资金流入与资金流出均按照预计的折现率计算为现值后，再确定其净现值。这种预计折现率是按资金持有者最低的投资收益率来确定的，是资金持有者进行投资可以接受的最低界限。净现值常用 *NPJ* 来表示。

$$NPJ = \text{收益现值总额} - \text{成本现值总额}$$

净现值是评价公共投资方案的一个指标，这种评价方法考虑了资金的时间价值，公共投资方案评价的主要依据就是净现值的大小。

利用净现值指标做决策的规则是：如果净现值为 0，说明收益现值总额恰好等于成本现值总额，该项公共投资的获利水平为零，是否采用该公共投资方案要看其他方面的价值如何；如果净现值大于 0，说明收益数额大于公共投资成本，从经济角度来看公共投资方案是可行的。若同时有多种可行的公共投资方案，则一般采纳净现值最大的公共投资方案；如果净现值小于 0，说明收回的资金数额不足以抵偿投资所需成本，经济上是不可行的。在不考虑其他方面的价值的情况下，此项公共投资方案不宜采纳。

（二）收益成本比率

为了考察资金的利用效率，人们常常以收益成本比率来当作公共投资方案的评价标准。收益成本比率用 *BCR* 表示。

$$BCR = \text{收益现值总额}/\text{成本现值总额}$$

这一指标与净现值的不同在于，净现值是收益现值总额与成本现值总额的差，是一种绝对差值的表示，而收益成本比率是收益现值总额与成本现值总额的商，是一种相对大小的表示。在几个公共投资项目的初始投资额不相同的情况下，仅仅凭借净现值的绝对差值进行公共政策分析是不够的，还需要结合收益成本比率来进行分析和评估。

利用收益成本比率指标做决策的规则是：当 *BCR* 大于或等于 1，公共投资项目是可采纳的，在几个公共投资项目的初始投资额不相同的情况下，*BCR* 越高，公共投资在经济方面获利越大；如果 *BCR* 小于 1，说明收益现值总额小于成本现值总额，从经济上考

虑，该公共投资项目不可采纳。

（三）内部报酬率

内部报酬率常用 *IRR* 表示。贴现率指今后收到或支付的款项折算为现值的利率，是将未来支付的资金转换为现值所使用的利率。实际贴现率不是一成不变的，往往会因为通货膨胀、税收、机会成本、利率变化、汇率风险等各种不确定因素使其高于银行贷款利率。贴现率的高低与公共政策方案的可行性程度呈现此长彼消的关系：随着实际贴现率的升高，政策方案的经济可行性下降；当实际贴现率升高到某一个临界值时，公共政策方案就失去了经济可行性，这个临界点就是内部报酬率。*IRR* 是使收益现值与成本现值相等时的贴现率，或者说是净现值为零时的贴现率。

内部报酬率的计算一般采用比较简单的绘图法，主要是绘制净现值与贴现率对照图。即根据相关数据做出一个直线图，净现值为零时的贴现率就是所要求的内部报酬率。图 8－5 为内部报酬率的计算示意。内部报酬率在图中反映为净现值为零时直线与横轴的交叉点。内部报酬率的计算也可以采用比较复杂的公式法或相关的财务软件进行。

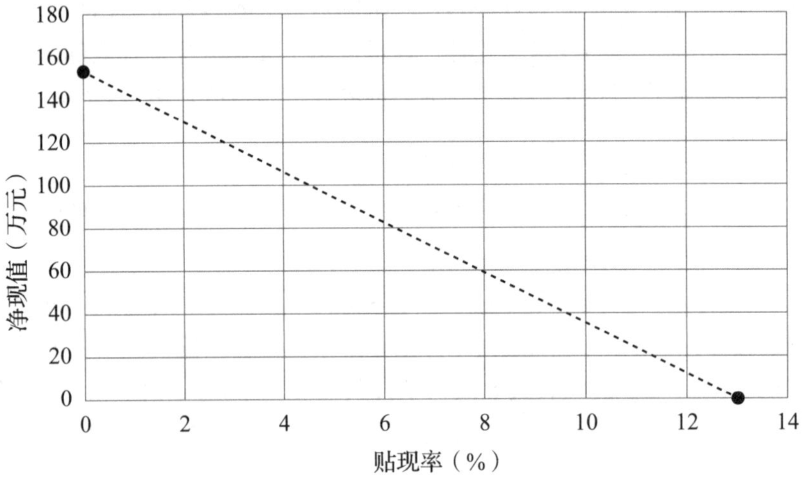

图 8－5　内部报酬率的计算示意

利用内部报酬率指标做决策的规则是：对某个公共投资方案而言，若内部报酬率大于所选定的社会贴现率，该项公共投资方案就有效率，即当其利率小于内部报酬率时，该公共投资方案可行。内部报酬率越高，反映公共投资方案的经济效益越高。如果有若干个可行的公共投资方案，在不考虑其他方面投资价值的情况下，只从经济方面考虑，则选择内部报酬率最大的公共投资方案。

解释性案例 8－4

基于成本-收益分析的公共政策节水研究

随着经济的快速发展，J 省平原水资源的需求量迅速增大，地下水严重超采，农业用水成本剧增，对经济发展和生态建设带来了巨大的负面影响，节约用水迫在眉睫。利用公共政策节水是成本较低、效果直接的有效手段之一。

当地政府通过深入系统研究节水政策在实际执行中遇到的各种问题，从政策规划开始，通过建立提价幅度、提价方式与节水效果模型等来估算节水政策的成本和收益，在此基础上研究政策的优化措施，提出了有效、公平、普适、可操作性兼顾的公共政策节水新模式。该模式可以有效促进水资源优化配置，为农业水价改革特别是地下水超采区的综合治理提供了有益参考。

资料来源：李磊，李伟，任佳佳，等．基于成本收益分析“一提一补”节水政策实施问题与对策研究［J］．中国农村水利水电，2023（8）：180－184．有改编．

四、成本-效益分析

成本-效益分析是通过量化各种政策方案的总成本和总效果之后，对二者进行对比从而提出政策建议的方法。成本-效益分析与成本-收益分析的不同之处在于，成本-收益分析可以使用一个统一的价值单位来度量所有的因素，最常见的是使用货币形式来度量。成本-效益分析则使用两个不同的价值单位来度量，最常见的是对成本使用货币的形式来度量，但效益则使用其他的形式来度量。如对于政府免费为适龄儿童提供疫苗接种服务的行为，只能够利用成本-效益分析。该分析过程中，疫苗的成本可以用货币单位来清清楚楚地衡量，但效益却难以用货币来衡量，只能够用人民身体素质的提高以及对公共政策拥护程度的提高等来衡量。成本-效益分析方法比较适用于处理难以用市场价格来估计的公共政策的得失问题等。一般来说，公共物品和准公共物品、外部性问题和无形成本等问题在多数情况下难以用货币来度量，比较适合于用成本-效益分析的方法进行考量。在政策实践中，这种政策分析方法在公共设施、公共卫生、国防工程、环境保护以及其他公共福利方面应用较多。成本-效益分析最大的局限性在于不易与社会总体福利问题相联系。但当成本使用货币的形式来度量，效益使用其他的衡量形式来度量时，成本-效益分析就是一种很好的政策分析工具。在公共政策分析中，运用成本-效益分析方法的基本要求是，所有备选的政策方案都具有共同的目标。这样，在从经济角度进行政策选择时，只需考虑为达到不同政策方案实现既定政策目标所需付出的经济成本而不考虑其他因素，因为成本最小化的政策方案，往往意味着也是经济效益最大化的方案。

本章内容小结

公共政策分析是一门对于数据分析依赖性较强的学科。政策过程的各个阶段，几乎都能够利用数据分析来对政策现象进行深层次的规律挖掘，并发现蕴藏在表象下难以观察的政策事实。

中心极限定理说明，样本均值将围绕总体均值呈对称分布；样本均值的平均数向总体均值收敛。该定理为抽样调查所得的政策结论从个别推广到一般奠定了科学基础。

对数据展开描述的统计分析方法被称为描述性统计分析。集中趋势测定和离散趋势测定是最常用的描述性统计分析，在公共政策定量分析工具中占据非常重要的地位。

在公共政策分析中，线性规划是在一定约束条件下实现最佳政策方案的常用方法。绝大多数以公共政策形式表现的资源配置问题，都要求政策制定者考虑各种类型的约束条件。线性规划常常用来为带有约束条件的资源配置问题提供尽可能科学的政策方案。

在公共政策分析中，成本-收益分析是将政策的货币成本和货币收益进行量化评估并提出政策建议的一类方法。这类方法既可以建议采取何种政策方案，又可以评价政策过程。

思考与练习

1. 举例说明多段抽样与分层抽样的区别。
2. 试分析四分位差与中位数的关系。
3. 阐释线性规划的内涵及其在公共政策分析中的应用。
4. 以实际政策为例辨析成本-效益分析与成本-收益分析。

在线自测

参考书目

[1] R M 克朗. 系统分析和政策科学 [M]. 陈东威，译. 北京：商务印书馆，1985.

[2] 阿尔蒙德，鲍威尔. 比较政治学：体系、过程和政策 [M]. 曹沛霖，等译. 北京：东方出版社，2007.

[3] 黄达强. 交通行政管理 [M]. 北京：知识出版社，1991.

[4] 保罗·A 萨巴蒂尔. 政策过程理论 [M]. 彭宗超，钟开斌，等译. 北京：生活·读书·新知三联书店，2004.

[5] 陈庆云. 公共政策分析 [M]. 2 版. 北京：北京大学出版社，2011.

[6] 陈振明. 政策科学：公共政策分析导论 [M]. 2 版. 北京：中国人民大学出版社，2003.

[7] 陈振明. 政府工具导论 [M]. 北京：北京大学出版社，2009.

[8] 戴维·L 韦默，艾丹·R 瓦伊宁. 公共政策分析：理论与实践 [M]. 刘伟，译. 4 版. 北京：中国人民大学出版社，2013.

[9] 傅广宛. 中国海洋生态环境政策导向（2014—2017）[J]. 中国社会科学，2020，297（9）：117－134，206－207.

[10] 顾建光. 公共政策分析引论 [M]. 北京：科学出版社，武汉：武汉出版社，2002.

[11] 拉雷·N 格斯顿. 公共政策的制定：程序和原理 [M]. 朱子文，译. 重庆：重庆出版社，2001.

[12] 斯蒂芬·P 罗宾斯，蒂莫西·A 贾奇. 组织行为学：第 14 版 [M]. 孙健敏，朱曦济，李原，黄小勇，译. 18 版. 北京：中国人民大学出版社，2012.

[13] 迈克尔·豪利特，M 拉米什. 公共政策研究：政策循环与政策子系统 [M]. 庞诗，等译. 北京：生活·读书·新知三联书店，2006.

[14] 宁骚. 公共政策学 [M]. 3 版. 北京：高等教育出版社，2018.

[15] 王其藩. 系统动力学 [M]. 2 版. 上海：上海财经大学出版社，2009.

[16] 威廉·邓恩. 公共政策分析导论 [M]. 4 版. 谢明，伏燕，朱雪宁，译. 北京：中国人民大学出版社. 2011.

[17] 谢明. 公共政策导论 [M]. 5 版. 北京：中国人民大学出版社，2020.

[18] 袁方. 社会研究方法教程 [M]. 北京：北京大学出版社，1997.

[19] 约翰·W 金登. 议程、备选方案与公共政策 [M]. 2 版. 丁煌，方兴，译. 北京：中国人民大学出版社，2017.

[20] 詹姆斯·M 布坎南. 自由、市场与国家 [M]. 吴良健，桑伍，曾获，译. 北京：

北京经济学院出版社，1988.

［21］张金马. 公共政策分析：概念·过程·方法［M］. 北京：人民出版社，2004.

［22］朱春奎. 公共政策学［M］. 北京：清华大学出版社，2016.

［23］WEIMER D L，VINING A R. Policy analysis：concepts and practice［M］. NJ：Prentice Hall，1992.

［24］STARLING G. Strategies for policy making［M］. Chicago：Dorsey，1988.

［25］LASSWELL H D. A preview of policy science［M］. New York：American Elsevier，1971.

［26］HOWLETT M，RAMESH M. Studying public policy：policy cycles and policy subsystems［M］. New York：Oxford University Press，1995.

后 记

经全国高等教育自学考试指导委员会同意，由公共管理类专业委员会负责高等教育自学考试“公共政策”课程教材的审稿工作。

《公共政策》自学考试教材由傅广宛教授担任主编。全书由主编傅广宛教授统稿。参加本教材审稿讨论会并提出修改意见的专家有：主审中国人民大学杨宏山教授，副审中央财经大学崔晶教授和副审南京农业大学向玉琼教授。在此，对付出辛勤劳动的所有编审人员表示感谢。

公共管理类专业委员会最后审定通过了本教材。

全国高等教育自学考试指导委员会

公共管理类专业委员会

2023 年 5 月

图书在版编目（CIP）数据

公共政策 / 傅广宛主编. -- 北京：中国人民大学出版社，2023.12
全国高等教育自学考试指定教材
ISBN 978-7-300-32213-1

Ⅰ.①公… Ⅱ.①傅… Ⅲ.①公共政策－高等教育－自学考试－教材 Ⅳ.①D0

中国国家版本馆 CIP 数据核字（2023）第 183006 号

全国高等教育自学考试指定教材
公共政策
（含：公共政策自学考试大纲）
（2023 年版）
全国高等教育自学考试指导委员会　组编
主编　傅广宛
Gonggong Zhengce

出版发行	中国人民大学出版社		
社　　址	北京中关村大街 31 号	**邮政编码**	100080
电　　话	010－62511242（总编室）		010－62511770（质管部）
	010－82501766（邮购部）		010－62514148（门市部）
	010－62515195（发行公司）		010－62515275（盗版举报）
网　　址	http://www.crup.com.cn		
经　　销	新华书店		
印　　刷	北京市鑫霸印务有限公司		
开　　本	787 mm×1092 mm　1/16	**版　　次**	2023 年 12 月第 1 版
印　　张	14.5 插页 1	**印　　次**	2023 年 12 月第 1 次印刷
字　　数	340 000	**定　　价**	45.00 元

版权所有　侵权必究　　印装差错　负责调换